张生　主编

近代化与法治改革

本论文集的出版得到国家社科基金社团项目
"中国传统法律及其近代转型"的资助

目 录

序　中国近代化进程中的制度化难题 …………………… 张　生　1

从中国出发的全球法律史：一场跨文明的对话 …………… 李富鹏　12
晚清民国的社会变迁与法文化重构 ………………………… 黄源盛　30
帝国改革、宪法发展与神圣罗马帝国的"近代性" ………… 王银宏　63
中国近代法律转型的德国声音
　　——以《中德法报》为中心 ……………… 陈新宇　卢晓航　96
近代中国法学教育的女性叙事 ……………………………… 蔡晓荣　135
举足轻重：晚清宗人府与贵胄法政学堂 …………………… 张剑虹　168
洋务运动时期朝野知识分子对于西学的认知-评价心理 …… 李　栋　180
近代新式"特别法院"建制考论
　　——以《收回中东铁路司法制度之临时办法》为中心 …… 邓齐滨　223
"减少人民诉讼负担"：哈尔滨解放区地方法院的调解实践
　　　　　　　　　　　　　　　　　　　　 宋　鲨　何长春　254
马锡五审判方式的历史考察 ………………………………… 刘　瑶　273

序　中国近代化进程中的制度化难题

张　生*

从时间的角度来看,"近代化"通常被视为"现代化"的早期阶段,因此本书将清末民国时期的近代化,置于连续的现代化进程中加以考察。而中国的现代化又是世界现代化版图中的一部分,既有中国的特殊性又带有世界各国现代化的普遍性。中国共产党的二十大报告提出了"中国式现代化":"中国式现代化,是中国共产党领导的社会主义现代化,既有各国现代化的共同特征,更有基于自己国情的中国特色。"① 回顾历史,世界上实现现代化的只是少数国家,成功者皆有共同的特征。

一、世界各国现代化的共同特征

现代化的核心理念是发展,但与传统的发展有所不同,它是在技术革命条件下的、带有质变性质的、全面而持续的发展。从事现代化研究的学者,以产业革命为历史分界线,将人类社会划分为传统社会和现代

---

* 张生,中国社会科学院法学研究所研究员。
① 习近平:《高举中国特色社会主义伟大旗帜　为全面建设社会主义现代化国家而团结奋斗——在中国共产党第二十次全国代表大会上的报告》(2022年10月16日),《人民日报》2022年10月26日第1版。

社会。虽然现代社会是传统社会的延续,但两者的主要区分是以工业革命为起点及其所带来的社会生产方式、社会关系的一系列变化。多国学者曾从比较的视角对现代化做出总结:"现代化是传统社会向现代社会的转变过程。它是多层面同步转变的过程,是涉及人类生活所有方面的深刻变化。"① 自第一次工业革命以来的世界史表明,现代化具有整体性、持续性和阶段性的特征,成功的现代化都是在良好的法治保障下实现的。

(一)现代化的共同特征:整体性、持续性与阶段性

一个国家的现代化可能首先在某一个领域展开,但是现代化的进程最终体现为社会结构的整体性变迁,"现代化可以看作是经济领域的工业化,政治领域的民主化,社会领域的城市化以及价值观念领域的理性化互动过程"。② 成功实现现代化的国家,通常有发达的第二产业和第三产业,其经济基础建立在现代科学技术的基础上;其政治体系实现制度化民主和法治化运作;其社会具有较高的城市化水平,其开放而秩序良好;其社会文化既崇尚科学又具有人文理性,各个阶层有着共同的价值共识;整个社会的政治、经济、文化系统协调统一,能够通过法治手段解决社会矛盾和各种纠纷。世界银行于 1990 年代开始发布《全球治理指数》(包含 1996—2021 年的评价数据),通过六大指标体系反映一个国家治理的现代化水平。③ 这一指数侧重于对政府治理的评价,未包

---

① 杨豫、陈祖洲:《译者前言》,西里尔·E. 布莱克编:《比较现代化》,杨豫、陈祖洲译,上海译文出版社 1996 年版,第 7 页。

② 同上。

③ 这一测评指标体系可参见世界银行官方网站,对于世界银行测评体系的评价可以参见程同顺、李畅:《世界银行"世界治理指数"对中国的测量与启示》,《理论探讨》2017 年第 5 期。

括科技、经济与社会文化等更广泛的领域,同时带有一定的意识形态色彩,不够中立客观。《G20国家治理指数》更为全面、客观①,涵盖了"基础性指标"(包括健康、教育、生活水平、社会环境四类指数)和"优化指标"(包括国家调控、可持续性、创新竞争三类指数),结合各国产业经济数据,基本可以呈现一个国家的整体现代化水平。

现代化的持续性体现为在经济周期性变化和社会分化震荡的冲击下,依靠科学技术进步和政治法律变革所提供的动力,能够克服阻碍发展的各种因素,维持社会秩序的稳定,不断地推动社会发展和文明程度的提高。一般而言,高素质的公民、科技创新能力、有活力的社会组织是现代化的推动动力。特别是在法治的保障下,人的自由发展,为现代化的持续推进提供原动力。正是基于人的自由发展与社会组织的制度化,有学者将现代化归结为"人的现代化"。② 在《G20国家治理指数》的"优化指标"中有狭义的"可持续性指数",该指标包括了更为具体的"粮食生产""政府诚信""银行不良资产""公共部门债务"等指标,主要反映关乎持续发展的社会经济基础和推动力。

由于科学技术变革、经济运行的周期性,以及政治法律、社会组织模式的变迁和社会文化的变化,现代化进程可以划分为连续而不同的阶段。在不同发展阶段,科技形态、经济模式、发展速度、社会组织模式等都有所不同。例如,以技术变革与经济模式的变化为线索,可以将现代工业划分为机械化、电气化、信息化、智能化四个阶段。在不同的阶段,支撑性技术形态不同,相应的产业模式、社会组织形态都有所不同,政治法律体系也会发生相应的变革。在不同发展阶段的过渡期,现代

---

① 人民论坛测评中心(执笔人刘春霞):《G20国家治理指数测评报告》,《人民论坛》2020年第11期。
② 参见英格尔斯:《人的现代化》,殷陆君编译,四川人民出版社1985年版。

化甚至会出现停滞,但是现代化进程是不同阶段的连续性发展。也正是因为现代化的阶段性,缺少持续发展动力的国家,会停滞在现代化的某一个阶段,甚至出现衰退。例如"中等收入陷阱"就是从中等收入阶段进入高收入阶段的经济门槛①,能够以技术变革、经济增长超越这一障碍的国家,才能进入现代化进程中的发达国家行列。

(二)法治是实现现代化的制度保障

法治既是现代化的一部分,又是整个现代化治理体系的制度保障。从现代化的整体性特征出发,国家治理体系中包含的公民基本权利保障、福利制度、政府调控手段的合法性、腐败控制、司法的公正与效力等诸多方面,都需要通过法律制度加以规定,通过法律实施转化成现实秩序。世界银行发布的《全球治理指数》,在其"六项一级指标"中,第五项就是"法治",其他五项指标均涉及法治内容,例如其第一项指标"话语权和问责"、第二项指标"政治稳定与杜绝暴力"、第三项指标"政府效能"、第四项指标"规制质量"、第六项指标"控制腐败"②。在《G20国家治理指数》中,无论是"基础性指标"还是"优化性指标",均涉及"法定权益""公共财政预算""营商便利""政府诚信""司法效力"等指标,可见其是建立在法治基础之上的。

从现代化的持续性和阶段性来看,科技创新和产业分工为现代化提供动力,在提高社会物质生产能力、增进社会财富积累的同时,也造成了社会阶层分化、产生新的社会矛盾,造成社会财富分配的贫富不均。世界上很多国家虽然在现代化进程中开启了技术革命、社会变革,但在后续的发展过程中,或因贫富分化造成秩序动荡,或因技术创新难以持

---

① 蔡昉:《从中等收入陷阱到门槛效应》,《经济学动态》2019年第11期。
② 参见程同顺、李畅:《世界银行"世界治理指数"对中国的测量与启示》。

续,造成发展动力丧失。据世界银行统计,全面实现现代化的国家仅有三十几个。这些全面实现现代化的国家,都是不仅有法制,而且实现了制度化的法治,在政治、经济、社会文化等方面实现均衡发展,这些国家除具有少数自然资源优势外,法治体系的完善、实现国家治理的制度化是其共同特征。

二、清末民国时期的制度化难题

(一)近代化法律改革的拖延与西方化

清末民国时期,中国的近代化法律改革经历了三个阶段:清末新政与全面改革、民国北洋政府与南京国民政府的法律改革。清末自与列强签订《北京条约》之后,即开始实行新政,在产业近代化、军事近代化、国家外交事务方面的改革是这一时期的重点。中日甲午之战的战败,标志着三十余年新政的失败。拖延到与列强签订《辛丑条约》之后,在深重的亡国危机面前,清政府不得不开始了全面的近代化改革。在十年之间,政治、经济、社会、法律等各方面的改革全面展开。在法律方面,以预备立宪为目标,以官制改革为先导,以大陆法系国家的成文法体系为蓝本,翻译列国法令、著作,相继起草了各项基本法典草案,奠定了中国近代化法律体系的基础。清末立法改革虽然高效,但未及改革计划的全面实施,腐朽的清政府被辛亥革命所推翻。

清末立法既有君主政体的保守问题,也有仿效外国与本国国史民情不相符的问题,至民国北洋政府时期,虽然援用了清末的西方化法律,但在行政、司法方面多有变通调适,对部分法律做了立法修订。北洋政府时期,由于袁世凯复辟帝制,导致国家陷于军阀混战,政治的动荡严重影响了法律改革的持续推进。

南京国民政府形式上实现了国家的统一,在清末民初的基础上迅速完成了"六法全书"体系,刑事、民事、诉讼、司法组织等各项基本法在短短的三年之内全部完成。宪法草案在1936年也初步完成,但未及召开国民代表大会审议通过,法制建设便为日本全面侵华战争所阻断。南京国民政府的立法具有鲜明的时代性,各项基本法律的起草多由留学归来的法律人所主持,他们试图荟萃各国法制之优长,带有明确的以法制推进政治、社会改革的意图。

清末政治上的保守,延误了近代化改革的进程,为后来的改革带来了巨大压力。民国时期迫于内忧外患的困扰,立法者迫不及待地要改变国家的落后局面,试图通过先进的法律制度来促进社会的近代化。在对待"传统与近代"的态度上,负责立法的政治家和法律家是一致的,他们都认为传统与近代是两个截然不同的时代,传统社会建立在农业的基础上,是落后的、必须加以改变的;社会进化的方向是近代社会,近代社会建立在工商业的基础上,是先进的、代表着未来的发展方向。正是基于社会进化论,"传统与近代"被截然分裂,西方化的法律制度被当作实现近代化的工具,其根基是未来的近代社会。但作为立法者的政治家和法律家,他们对未来近代社会的看法是有分歧的。政治家普遍怀有文化自觉,认为优秀传统文化和传统法在近代社会仍具有意义。参与立法的法律家则大多在国外接受教育,对外国的羡慕和认同却是自然而又普遍的,对传统法既缺少文化认同,也了解得不够系统。因此,法律家在起草法律时,多是立足于理想化的近代,而脱离了中国社会。立足于近代化理想,以外国法塑造中国社会,民国法学家蔡枢衡对脱离中国社会而继受外国法的这一立法方式曾有深刻的批评,他说:"三十年来的中国法,起初完全是在比较各国立法的氛围中产生出来的。后来的立法理由中虽常常可以发现'斟酌中国实际情况'的语句,事实上,实在没有斟酌过什么,也没有多少可以斟酌的资料。所以事实上依然没有超出'依从最新立法例'的境界。"①

(二)近代法律制度化的障碍

法律的制度化指法律得到有效实施,法律规范转化为现实社会制度秩序,即法制转化为法治。从"法制"转化为"法治",在近代中国存在三方面主要的障碍。

在近代化转型和救亡图存的双重背景下,能够适应社会需要、促进社会发展,是良好法律的基本标准,而制定生成适应社会需要的良好法律规范,是实现制度化的前提。清末民国时期在救亡图存的压力之下,亟须学习西方先进的法律制度,无论清末立法还是民国时期的立法,都具有"从外国法到中国法"的全面仿效问题。仿效得来的外国先进法律制度,在形式上是"先进的",但却是超越中国社会现实的,不能完全符合中国发展的需要,无法解决诸多现实问题。近代中国政府和参与立法的法律家,虽然强调选择符合中国需要的外国法,在司法适用中根据社会需要解释调适仿效而来的外国法;然而在几十年间没有制定生成一套符合中国国情的法律体系。非常明显的是,刑法从《大清刑律》到北洋政府的修正案,再到1928年《中华民国刑法》,两年之后又有修订刑法之提议,至1935年颁布新的刑法。刑法的频繁修订仅是一个例证,制定生成适应社会需要的法律体系,不是一次性立法所能完成的,需要立法、执法、司法部门和社会不断交流、反馈,系统掌握外国法,并能与中国现实相结合,制定生成中国主体性的法律体系。清末民国时期未

---

① 蔡枢衡:《近四十年中国法律及其意识批判》,载蔡枢衡:《中国法理自觉的发展》,清华大学出版社2005年版。

能建立法制的中国主体性,近代法制实践的积累也较为有限,因而法制的适应性和制度权威均未能形成。

政治的稳定与民主化转型,是法律规范得以实施、形成制度秩序的基础。在从"法制"到"法治"的制度化转化过程中,政府起到重要作用。"法制"的制定生成,需要稳定的政府,能够动员、整合社会力量和法律共同体,持续建构中国主体性法律体系。同时,政府要实现法律框架下的民主转型,政府要真正接受法律的约束,政府根据法定程序由人民代表组成,并且依法履行职责,将法律制度转化为法治秩序。近代中国从未建立代表全体人民的民主法治政府,这是法治失败的重要原因。具体而言,政府未能获得人民的普遍支持,其政府组织既不稳定也不具备权威性,清末法律改革和预备立宪在1908年因政府人事更迭,法律的制定和实施随着政府的动荡而缺少连续性;民国时期政府的稳定性系于新、旧军阀的军事力量对比,政府在军阀内战中动荡。动荡的政府的首要目标是巩固其地位,所以并不接受以人民名义制定的宪法的约束,法律体系因此不可能在政府的维护下实现制度化。

社会经济的发展与人的现代化,是法律规范得以长期维持和发展的保障。清末民国时期在一定程度上打破了封建制度的束缚,社会经济、文化教育取得了一定程度的发展,新式政治法律人才的培养都取得可观成效。然而中国是一个人口大国,从社会经济结构来看,清末民国时期中国的农民占到总人口的百分之八九十,产业近代化、城镇化水平都很低,法律的制度化扩散效应就是在城镇都较为有限。加之国力屡弱,近代中国无法抵御列强的经济、军事侵略,社会经济不能持续发展,国民的教育水平、科学文化素质不能持续提高,这就造成法律的制度转化社会动力不足。

中国主体性法律的制定生成、政府的民主法治转型、社会经济与人的全面发展,直到中国共产党领导的新民主主义革命取得胜利,才迎来新的转机,掀开了中国法治的新篇章。

三、新民主主义法治的新篇章

1921年中国共产党的成立,为破解自主法律生成与法律制度化的难题带来了历史转机。中国共产党在推进马克思主义中国化时代化过程中,始终以"为中国人民谋幸福、为中华民族谋复兴"为使命,在马克思主义基本原理的指导下书写了新民主主义法治建设的新篇章。新民主主义革命时期,中国共产党在领导人民进行革命斗争的同时,积极探索适合中国国情的法治道路。这一时期,党不仅需要推翻帝国主义、封建主义、官僚资本主义这"三座大山",还要通过法治手段巩固革命成果,保障人民的基本权利。党在局部执政地区逐步建立了以宪法性法规、刑事法规、土地劳动法规、民事婚姻法规和司法制度为主要内容的新民主主义法律体系。

在新民主主义革命初期,中国共产党通过党的纲领和章程表明:"党没有自己特殊的利益","党代表中国最广大人民的根本利益,党的一切工作都是为了实现好、维护好、发展好最广大人民根本利益"。在通过武装斗争建立新民主主义革命政权之后,中国共产党即开始通过宪法性文件确认"人民当家作主"的法律地位。1931年11月7日中华苏维埃第一次全国代表大会通过的《中华苏维埃共和国宪法大纲》,其中第2条规定:"中国苏维埃政权所建立的是工人和农民的民主专政的国家。苏维埃全部政权是属于工人、农民、红军兵士及一切劳苦民众的。"《中华苏维埃共和国宪法大纲》是中国历史上第一部劳动人民制定的宪法,奠定了人民宪法的雏形。1941年的《陕甘宁边区施政纲领》

规定中国共产党与各党派、群众团体按照"三三制"组织抗日民主政权，保证一切抗日人民的人权、政权、财权及言论、出版、集会、结社、信仰等各项自由民主权利。1946年的《陕甘宁边区宪法原则》总结了民主革命的经验，始终把保障、扩大人民的基本权利作为首要法治目标。1949年《共同纲领》的序言中也载明了"中国人民由被压迫的地位变成为新社会新国家的主人……中国人民政治协商会议代表全国人民的意志，宣告中华人民共和国的成立，组织人民自己的中央政府"。第12条规定："中华人民共和国的国家政权属于人民。"这里所强调的人民"自己的政权"或者"自己的中央政府"，正是"人民当家作主"的体现。

从中华苏维埃共和国时期的全国苏维埃代表大会，到陕甘宁边区政府时期"三三制"的重大政权建设制度创新，中国共产党带领人民探索出一套符合国情的民主政治制度，始终坚持人民当家作主，通过法律制度保障人民参政议政。1948年9月，中央政治局召开扩大会议。毛泽东在会上论述了即将成立的新中国的国体和政体，并要求各级政府都要加上"人民"二字，各种政权机关都要加上"人民"二字，如法院称作人民法院，军队称作人民解放军，以示和国民党蒋介石政权的本质区别。1948年11月30日，中共中央发出《关于新解放城市中组织各界代表会的指示》，规定在城市解放后应以各界代表会议为党和政权领导机关联系群众的最好组织形式。1949年9月召开的中国人民政治协商会议，就是由全国各界代表组成的行使国家最高权力的机关。

公正是法治的"生命线"，也是检验人民当家作主的法治实践标准。土地革命时期，中国共产党在革命根据地建立了初步的司法制度，注重通过调解解决民间纠纷，减少诉讼成本，维护社会和谐。至抗日战争时期，人民民主政权不仅制定了大量的法律法令，还建立了审判机关、检察机关、侦查机关，基本形成较为完整的司法组织系统，党在陕甘宁边区创造了"马锡五审判方式",实行审判与调解相结合,方便人民诉讼,形成了人民调解制度。

在新民主主义革命实践中,中国共产党把马克思主义基本原理同中国具体实际相结合,把马克思主义基本原理同中华优秀传统文化相结合,确立了中国法律体系和法律实践的主体性,破除了仿效外国"先进法律"才能实现现代化的偏见,坚持依靠人民、为了人民,不断完善法律制度、宣传践行法律制度保障人民的权益。

从中国出发的全球法律史:一场跨文明的对话*

李富鹏**

摘　要　从中国出发的全球法律史,试图提供一种跨文明的对话,以平等的声音逐渐矫正近代西方主导的法律知识生产机制与话语体系,进而拓展以中国法为基点之历史与当下的全球法律空间。这种中国范式,既可作为一种补充性视域,有助于揭示中国法律传统在文明互鉴之历史进程中的特质、机制与赓续,又承担了跨文明对话的时代使命,克服全球南方的普遍失语,以中国自主的法学知识体系,为人类命运共同体贡献中国法的全球性思考。

关键词　全球法律史　中国范式　空间转向　文明互鉴

一、法律史的空间转向:一种全球范式的兴起

处身于时间之维,法律史学一直面对着大时代的"拷问",尤其在自身与世界之激变、转折和重构的时刻。随着民族国家兴起,法律史学科自19世纪在欧陆诞生以来,便肩负着双重的学术使命——既面向民族之过去,通过一种历史性的法律解释、抽绎与转化,以法的历史素材完

---

*　本文原发表于《中国社会科学评论》2024年第2期。
**　李富鹏,中国政法大学法学院副教授、法律史研究所所长。

成法典化,最终搭建起实证主义的法律大厦;又朝向当下乃至未来,对内逐渐凝练本国法之规范基础、体系与边界,对外不断拓展以民族国家为单元的条约法体系,形成一种不均衡的世界法秩序。这种对内抟聚、对外征服的西方法模型,伴随帝国、殖民与资本席卷全球,并通过历史的重塑历经两次世界大战而逐渐冷却,陷入一种民族国家的范式危机。

(一)欧洲化与去欧洲的双重演变

反思法律史的"空间性",以下问题一直笼罩着战后的欧洲——如何避免战争而实现永久和平?如何克服民族精神的特质性而形成区域性法律传统的共识,乃至进行跨法律传统的互动与互鉴?如何超越民族国家的法体系以塑造跨国家、超国家的法律共同体?作为二战欧洲战场的发动国与战败国,德国对此的反思尤为强烈。1964年,马克斯·普朗克欧洲法律史研究所(MPIeR,以下简称"马普所")在法兰克福成立,其学术使命是寻找欧洲法律的"共同根基",而法律及其历史性正是实现欧洲一体化的核心工具。极具象征意味,欧共体委员会的第一任主席哈尔斯坦(Walter Hallstein)出任马普所的第一任理事会主席。以创所所长科英(Helmut Coing)为代表的法律史学家,试图将萨维尼的形象从民族精神的法律概念中解放出来,将其复归为"一个良善的欧洲人",因为"除非被视为欧洲历史的一个组成部分,否则近代民族国家的历史是不可理解的"[1]。作为学术宣言,科英在《作为统一研究领域的欧洲近代私法史》一文中,强调欧洲近代私法基于共同的欧洲传统,而民族国家的法典化时代,并不因为诉诸民族精神而割裂亲缘。[2]

---

[1] 托马斯·杜斐:《全球法律史导论》,李富鹏等译,商务印书馆2019年版,第82页。
[2] Helmut Coing, "Die europäische Privatrechtsgeschichte der neueren Zeit als einheitliches Forschungsgebiet. Probleme und Aufbau", *Ius Commune*, No.1 (1967), pp. 30-33.

对于战后一代而言,随着民族主义及其法律叙事的瓦解,欧洲构筑了一个超越国界的架构,足以容纳各自民族国家的法律遗产,但这个欧洲框架却又逐渐地封闭,乃至自我中心化。正如民族国家概念一样,所谓的欧洲传统被刻意强化,甚至被塑造为一种共享的法律概念、语法与推理方式,又导致了欧洲法律史之单线叙事的封闭模式。"欧洲"逐渐被塑造为一个独立、隔绝、自成一体的文化疆域,甚至从"共同法"的过去直达欧洲一体化的共同未来。[1]科英等欧洲法律史家仅聚焦于欧洲,既以欧洲拯救民族国家,克服分化、隔绝与敌对,又因其以欧洲为中心的法律偏见主导了对整个世界的理解与误解。

当然,对于主要由德国学者主导的欧洲法律史的中心化叙事,有欧洲学者不断警告着本质主义的欧洲概念,比如意大利的格罗西(Paolo Grossi)与葡萄牙的叶士朋(António Manuel Hespanha)。[2]这或许不仅因为他们身处欧洲一体化的政治边缘(迟至1980年代,葡萄牙才加入欧盟),更在于他们位于欧洲的地理边缘,分别连接着地中海与大西洋,通往更为复杂的多元规范、历史经验与空间想象。格罗西进行了一场时间游戏,他先跳过近代而深入中世纪,又以中世纪直接通向后现代,以法律渊源多元主义的中世纪反思西方近代法,反思以国家为中心、法律至上的大陆法理学的思维方式,[3]以及这种法律史方法所塑造的西方近代国家。[4]叶士朋则唤醒了旧大陆与新大陆的空间纠缠,他反思葡萄牙帝国的架构、机制与实践,对旧体制之欧洲研究产生了"一种认识论

---

[1] Helmut Coing, "Die europäische Privatrechtsgeschichte der neueren Zeit als einheitliches Forschungsgebiet. Probleme und Aufbau", p. 4.

[2] 参见 Paolo Grossi, *L'Europa del diritto*, Milano: Giuffré, 2007. António Manuel Hespanha, *A Cultura Jurídica Europeia-Síntese de um Milénio*, Almedina, 2012。

[3] Paolo Grossi, "Die Botschaft des europäischen Rechts und ihre Vitalität: gestern, heute, morgen", *Rechtsgeschichte - Legal History Rg*, Vol. 22 (2014), pp. 259-260.

[4] Paolo Grossi, *L'ordine giuridico medievale*, Laterza, 1995, pp. 258-259.

的重大转变",同时对殖民统治形成了较少葡萄牙中心主义的视角。①他的最后一本书《大地之子:葡萄牙扩张边缘地区的混血身份》,仍在试图修正以葡萄牙为世界历史之楷模的历史写作。②

简言之,试图超越民族国家之空间框架的欧洲法律史,同时包含了欧洲本质主义与去欧洲中心主义的双重倾向。不同于科英、维亚克尔等学者重拾欧洲、发明传统、自成一体的努力,格罗西与叶士朋代表了后一种方向,他们通过引入更绵延的时间参照、更广阔的空间纠缠,以反思欧洲概念,反思近代性,反思西方法。换言之,近代西方法不仅不是一种历史的必然、典范与归宿,它甚至构成了理解欧洲自身历史之法律复调和欧洲之外其他区域之法律传统的观念障碍。

(二)一种全球范式的兴起

19世纪以来,西方对于非西方的法律观察并不鲜见,却总带有非对称的预设——要么是法律东方主义式的外部窥视,服务于法律人类学家的异域好奇与殖民需要;要么是韦伯(Max Weber)的西方主义(Occidentalism)文明建构,通过制造西方与非西方的对照,凸显西方近代法律的优越感。不同以往,"冷战"之后,第三世界国家的法律发展与改革,引发了法律全球化的第三次勃兴。全球南方的法律理论诉求,去欧洲/西方中心主义的法律史思潮,联手掀起了一场更大范围的认识论解放。一种西方法律之全球扩散的单向度叙述,逐渐被后殖民、后现代与批判理论所解构;另一种关联、互动与网络的认知转变催生着比较法律史、跨国法律史与全球法律史的生发。恰如本顿(Lauren Benton)所

---

① Tamar Herzog, "António Manuel Hespanha according to Tamar Herzog", *Práticas da História-Journal on Theory, Historiography and Uses of the Past*, No. 9 (2019), p. 133.

② 参见 António Manuel Hespanha, *Filhos da terra: Identidades mestiças nos confins da expansão portuguesa*, Tinta-da-china, 2019。

言,"全球法律史领域正以创纪录的速度形成",而"一个不仅仅是国别法律史集合之法律的世界历史现在已清晰可见"。① 当然,关于什么是全球法律史,学者们仍缺乏共识,他们往往基于各自法律传统、历史经验与空间优势,伸出触角,勾连起跨国性法律知识的历史景观。因此,下文将选取全球法律史的代表性主题,予以散点透视。

关于欧洲传统的"共同法"主题,意大利学者马可西(Giuseppe Marcocci)与阿尔巴尼(Bendetta Albani)利用陆续开放的教廷档案,将欧洲法律史三大支柱之一的教会法研究发展为法律规则(教会法、道德神学与礼仪等)的全球传播与教廷的全球治理,尤其是关于特伦托大公会议(1545—1563)之后的研究多见。作为欧洲第一个近代国家,教廷不仅启发了欧洲的民族国家形成,而且承担一个典型的全球角色,随着各差会在各大洲的建立、运行与实践。全球视角下的教会法研究突破欧洲中心,而"特别关注欧洲内外法律体系之间的相互关系,以及不同历史背景下法律体系与其他规范秩序之间的复杂互动关系"。②

关于帝国与殖民主题,北美学者本顿与赫尔佐格(Tamar Herzog)的研究揭示了法律与地理、政治、社会之间复杂的相互作用,为理解全球法律史的发展提供了重要的视角。本顿将法律置于理解1400年以来世界历史的中心,全球结构则被设想为由实践构建并由冲突塑造的制度矩阵。③ 本顿的另一本书试图揭示帝国空间生产中地理话语、殖

---

① Lauren Benton, "Law and World History", in Kenneth R. Curtis and Jerry H Bentley (eds.), *Architects of World History: Researching the Global Past*, John Wiley & Sons, 2014, pp. 134-135.

② Benedetta Albani, "The Apostolic See and the World: Challenges and risks facing global history: Invitation to debate", *Rechtsgeschichte-Legal History*, Vol. 20 (2012), pp. 330-331.

③ Lauren Benton, *Law and Colonial Cultures: Legal Regimes in World History, 1400-1900*, Cambridge University Press, 2002, p. 4.

民政治和国际法之间的相互关系。① 同样关注地理,赫尔佐格通过比较西班牙和葡萄牙在欧洲、美洲两个大陆的扩张,分析了边界构建和领土争夺如何塑造了两国的法律和政治结构。换言之,边界不仅是地理上的划分,也是法律和文化的构建,对国家主权和身份有着深远的影响。②

关于国家法、法律多元主义与法律实证主义,皮里(Fernanda Pirie)与霍尔珀林(Jean-Louis Halpérin)的作品通过考察法律如何在各种政治、社会和经济背景下发展,展示了全球法律史对法律概念理解的多样性。作为法律人类学家,皮里提出了一种描述性的方法,挑战了传统上对国家法律中心地位的假设,强调多样化法律实践对于理解他者的重要性。③ 霍尔珀林合作主编的文集则直面法律实证主义在19世纪的全球兴起,通过广泛的个案研究——直接殖民主义(摩洛哥、埃及、印度)与本土改革主义(奥斯曼帝国、中国、日本),法律实证主义这种新范式代表了一场真正的全球性革命,区隔着古今。④

关于国际法史,科斯肯尼米(Martti Koskenniemi)最具代表性,他的最新作品阐述了法律想象力在国际秩序形成过程(1300—1870)中发挥的重要作用,指出欧洲对于不同法律观念(公权与私权、主权与财产权)的地方性结合,促进了诸欧洲帝国的形成,推动着欧洲权力的全

---

① Lauren Benton, *A Search for Sovereignty: Law and Geography in European Empires, 1400-1900*, Cambridge University Press, 2010, p. 9.

② 参见 Tamar Herzog, *Frontiers of Possession: Spain and Portugal in Europe and the Americas*, Harvard University Press, 2015。

③ 参见 Fernanda Pirie, "Beyond Pluralism: A descriptive Approach to Non-state Law", *Jurisprudence*, Vol. 14, No. 1 (2023), pp. 1-21。

④ 参见 Baudouin Dupret and Jean-Louis Halpérin, *State Law and Legal Positivism: The Global Rise of a New Paradigm*, Brill Nijhoff, 2022。

球扩张。① 与此相呼应,"第三世界国际法理论"(TWAIL)作为一个批判性的学术运动,旨在从第三世界国家的视角审视和重新评估国际法的历史与发展。比如,安吉(Antony Anghie)指出,国际法的很多基础理念和实践,深受殖民时代法律、政策的影响,仍维持和加剧着全球不平等和不正义。这种新方法,虽从"第三世界"出发,却关涉全球。② 作为一种新的空间想象方式,学者们基于自己的禀赋与关注,不断拓展相关主题。限于篇幅,不再一一赘述。

二、去西方中心主义:全球法律史的理论视角

相比于上述学者关于全球法律史的主题式研究,马普所的研究彰显了学术的建制优势和强烈的理论抱负。2009年,杜斐(Thomas Duve)以"全球法律史"议题,获得遴选委员会认可,接任所长(第一位所长),实现了马普所之空间范式由"欧洲"到"全球"的根本转向,此后该所的研究重点是伊比利亚帝国(西班牙、葡萄牙)的全球法律史,横跨了亚洲、非洲、欧洲与美洲。2015年,沃格那(Stefan Vogenauer)从牛津大学比较法教席转任马普所的第二位所长,他以英美的"普通法世界中的法律转移"为侧重,参与"全球法律史"议题。

正如学者对于全球法律史的定义缺乏一致性看法,全球法律史的理论方法同样因基于不同的研究课题而呈现较大差异。因此,杜斐对于全球法律史的理论贡献,主要是一种认识论解放、一种视角的敞

---

① 参见 Martti Koskenniemi, *To the Uttermost Parts of the Earth: Legal Imagination and International power 1300–1870*, Cambridge University Press, 2021。

② Antony Anghie, "Rethinking International Law: A TWAIL Retrospective", *European Journal of International Law*, *Vol.* 34, No. 1(2023), pp. 7–112.

开,而非一种学术范式的完成。以下将结合马普所的理论贡献与中国语境,分别评述复规范性(Multi-normativity)、文化转译(Cultural Translation)与全球地方化(Glocalization)等三个视角。

(一)复规范性

作为一种认识论的解放,"复规范性"针对的是近代西方的法概念,试图以一种抽象的"规范性"取代任何具象的法概念,尤其是西方近代的国家法概念。根植于历史法学派的时代使命,欧洲法律史学关于"法"的概念不断狭窄化,逐渐聚集于通过代议制民主程序制定、作为正式法律渊源、服务于法律实证主义的"国家法"。这种近代西方式的法概念,严重阻碍了对非西方法律文明的观察、体认与理解,而往往被归入习惯或习惯法的范畴,沦为一种不成文、非正式或欠缺理性的代称。例如,"对于走向民族国家的近代中国而言,我们一直将19世纪以来的民族国家、法典化与实证法学作为静态假设。最终,没有历史的(静态)西方法律,造成了没有法律的中国历史"。① 同时,这种西方"近代"的法概念,也无助于欧洲对自身的理解,无论是中世纪之复调式的法律渊源,还是早期近代国家之司法管辖的多元性,甚至阻碍着对"后现代"法律现象的严肃讨论。

针对西方法的一元主义,学界提出了若干"多元主义"的替代方案:1980年代便开始流行的"法律多元主义"仍包含着"法"的名相;"规范多元主义"不仅回避了"法"概念,而且试图以更广义的规范囊括法律;② "司法多元主义"则进一步强调规范运行的实践与机

---

① 李富鹏:《全球法律史的中国写作——"复规范性"与法律史学的空间感》,《清华大学学报(哲学社会科学版)》2019年第6期,第14—15页。
② William Twining, "Normative and legal pluralism: a global perspective", in Peer Zumbansen (ed.), *The Oxford Handbook of Transnational Law*, Oxford University Press, 2021, pp. 31-66.

制。① 相比而言,"复规范性"尤其针对跨文化分析,它将这种复数、复向与复合的交流特质,视为"规范性"之意义赋予过程。② 换言之,复数、复向与复合等语义面向,不仅是描述"规范性"的修饰词,揭示跨文化法律交流之混杂性,而且深刻内嵌于"规范性"之萌生过程。人类作为一种悬挂在意义之网上的生物,任何单方主体所认可的"规范性"都将在跨文化纠缠中丧失与重生。"规范性"不仅不先在于他者,而且将在与他者相遇后更新对自身的意义。因此,当研究者躬身走近"多元的社会—法律竞技场"③,将发现"复规范性"不是各方预先制定的多元规则,无论针对竞技者与观众,还是裁判与组织者,它都是在各种主体彼此纽结、缠斗与制衡过程中逐渐凝固的片段。即便如此,对于这个规范性的生成瞬间,各方一定仍怀着差异性的理解,急需法律的文化转译。

(二)文化转译

作为一种从植物学或医学借来的隐喻,法律移植与法律继受这对孪生概念,特别强调法律知识的旅行起点与终点,并暗示着一种进步主义。④ 这种反历史主义的比较法立场,自引入之初就特别符合国人的改革心态,并逐渐固化为一种输出与接受,模范与后进,乃至先进与落

---

① 参见 Paul Schiff Berman, "Jurisdictional Pluralism", in Stephen Allen, Daniel Costelloe, et al. (eds.), *The Oxford Handbook of Jurisdiction in International Law*, Oxford Handbooks, 2019。

② Thomas Duve, "Global Legal History-A Methodological Approach", *Max Planck Institute for European Legal History Research Paper Series*, No. 4 (2016), p. 14.

③ Brian Z. Tamanaha, "A Framework for Pluralistic Socio-Legal Arenas", in: Marie-Claire Foblets, JeanFrançois Gaudreault-Desbiens et al. (eds.), *Cultural Diversity and the Law. State Responses from Around the World*, Bruxelles: Bruylant, 2020, pp. 381-401.

④ Michele Graziadei, "Comparative Law, Transplants, and Receptions", in Marhias Reimann and Reinhard Zimmermann (eds.), *The Oxford handbook of comparative law*, Oxford University Press, 2019, pp. 442-473.

后的二元叙事。这种欧洲中心主义的理论预设,导致欧洲不再是一个被比较的对象,而是一种规范性前提,中国则成为需要改造的客体。这又隐含着某种不难理解的逻辑悖论:面向他者(主要是西方)的自我改造,又因为无法完全复刻而总是流于失败。

根据文化研究的"翻译转向"[①],法律的"文化转译"绝非局限于语言与文本的对译,而试图通过语言所代表的广义文化指称,走入跨文化交流的意义世界。无论认知、思想与行动,每一次转译都是一次知识决断、一次重构性的指称行为。[②] 陌生者之间的沟通,总是通过似是而非的牵强附会,无论是南宋人直把杭州作汴州,还是哥伦布误以美洲为印度,无论是偏主观的拟造,还是偏客观的"错误",都逐渐增加了数据节点,调整了信息比重,从而重构了知识谱系。因此,法律的"文化转译",将近乎被动的知识继受者视为更主动的知识建构者,试图超越两点一线的叙述而走入知识流通的中间环节,进而追问转译过程中的连续与断裂,互动与抵抗,以及各个行动主体的自为与能动。[③] 通过"连续语境化",法律的"文化转译"将多个历史偶然性串联为一种知识流动的空间连续感,它关注法律文本为何被选择、如何被阐释、产生脱嵌又再语境化的复杂过程。通过"层累语境论",每一次指称行为对显性指称的建构,都牵连于隐性指称——一个深远而广大的知识背景,隐性却显著地影响着每一次的知识决断与法律选择。

---

① 参见 Doris Bachmann-Medick, "Translational turn", in Peter Burke and R. Po-chia Hsia (eds.), *Handbook of translation studies*, Volume 4, John Benjamins Publishing Company, 2013。

② Martin Mulsow, "A reference theory of globalized ideas", *Global Intellectual History*, Vol. 2, No. 1 (2017), pp. 67-87.

③ Thomas Duve, "European Legal History-Concepts, Methods, Challenges", in Thomas Duve (ed.), *Entanglements in Legal History: Conceptual Approaches*, Max Planck Institute for European Legal History, 2014, pp. 58-59.

(三)全球地方化

作为一种空间装置,全球与地方,构成了全球法律史书写的两极。一方面,全球视角不意味着空间尺度的无远弗届,而是空间结构的彼此相连。作为一种认知解放的空间预设,全球视角对抗着中心主义,所以它将地理的欧洲降维成一个全球性区域,亦将观念的西方还原为一种世界文明形态。同时,全球视角亦调整着世界知识生产的非均衡与不对称,尤其将全球南方纳入参照体系。[①]另一方面,地方性仍处于方法论的优先位置,因为只有地方才为规范性知识的全球转译提供了具体的条件、场景与情境。换言之,当欧洲被降低为一个世界性地方,研究者将更为逼真地贴近西方法律传统的生成语境而远离宏大叙事的观念干扰。[②]全球法律史的知识关切,不再是从西方到非西方、从全球北方到全球南方,而是从若干个地方到另外一些地方。通过季风、商人与帝国等媒介,全球网络与地方节点共同催生了"复规范性"之"全球地方化"的知识旅程,形成多向度、多层次、多中心的规范性知识之流动与转译的知识景观。

作为一种历史体制,"全球地方化"也将处理一些跨国家或超国家的法律基础设施。因为扁平化的全球不再是一种观念构想、一种未曾相见的彼此攸关,而是逐渐沉淀为全球或准全球的结构、机制与治理框架。换言之,全球网络不仅是地方节点的知识通道,还一定程度上对地方进行着体系性调试与界定。但是,"全球地方化"对"法律全球化"之

[①] Thomas Duve, "Global Legal History: Setting Europe in Perspective", in Heikki Pihlajamäki, Markus D. Dubber and Mark Godfrey (eds.), *The Oxford Handbook of European Legal History*, Oxford University Press, 2018, pp. 116–140.

[②] Thomas Duve, "Global Legal History–A Methodological Approach", *Max Planck Institute for European Legal History Research Paper Series*, No. 2016-4 (2016), p.11.

怀有优越感的乐观表述保持克制、警惕与反驳。①面对"法律全球化"所暗示的不可逆的扩散主义观点,规范性知识的"全球地方化"有助于提醒研究者回归地方的经济、社会与文化语境,②以一种多元的地方性考察克服单一的全球性想象,并以多元的地方近代性克服一元的西方近代性。

三、如何从中国出发:全球法律史的中国声音

全球法律史释放的理论活力,呼唤着学术话语的更新,但全球之北方与南方却普遍陷入一种失语状态。一方面,欧美学术界往往以国别或区域比较的方式,突破自身的认知边界,但是这种学术生产方式不仅导致学术文集只是若干国别法律史的拼盘,③而且仍束缚于西方中心主义的主题预设。④众多带有"全球"字样的法律史学术作品、项目与会议,被指责为仍是帝国史、殖民史的旧话重谈。另一方面,全球南方的学术失语,要么表现为拉美世界的愤怒与呐喊,要么如非洲国家一般集体缄默。这是因为被殖民者参与学术生产的官方语言、档案记录与教育体制,常常是当年的殖民者所留下的。

无论是旧话重谈,还是呐喊与沉默,这种普遍的学术失语折射出西方长期主导下的不对称的学术话语与知识生产机制。但是,在西方与

---

① 参见 Victor Roudometof, *Glocalization: A Critical Introduction*, Routledge Taylor & Francis Group, 2016。

② Thomas Duve, "What is global legal history?" *Comparative Legal History*, Vol. 8, No. 2 (2020), p. 113.

③ 例如 Joshua C. Tate, José Reinaldo de Lima Lopes and Andrés Botero-Bernal (eds.), *Global legal history: A comparative law perspective*, Routledge, 2018。

④ Fupeng Li and Zijian Zheng, "State law and legal positivism: the global rise of a new paradigm", *Comparative Legal History*, Vol. 11, No. 2(2023), pp. 280-286.

被殖民者之间的自我反省与指责诉苦的二元同构,仅仅释放了解构主义的力量,缺乏一种建设性的心态、倾听与对话。在这个意义上,全球法律史的中国声音也许是一种文明互鉴的矫正性力量。下文将从中国出发,依次讨论规范、秩序与法律空间等三个议题,以回应如何进行全球法律史的中国对话。

(一)规范:从礼仪之争到礼法之争

面对全球法律史之"规范"议题,如何理解中国之"礼",不再是一种历史还原论式的自我重述,而是一种文明互鉴过程中的观念激荡。近代中国的法律史学始终存在着两种思想脉络。一种思路起源于1904年梁启超发表的《论中国成文法编制之沿革得失》,将论述落在近代西方法的核心——国家制定法与法典化,一直到寺田浩明的"非规则型法"与黄宗智的法之"非正式性",这种思路以一种"非西方"的空间范式,建构着中国法律史的对抗性表述。[①] 另一条脉络发端于1909年严复翻译的孟德斯鸠之《法意》,尝试以中国之理、礼、法、制等四个概念对应西文"法"字,一直到梁治平的法律文化与马小红的"礼与法",其通过跨文化对话方式,阐发中国传统之规范特质。[②] 笔者认为,后一种思想脉络尤其保持着一种文明主体性的思考方式,有助于回应全球法律史的认知解放。

针对"规范性"之跨文化转译,明末清初的中国礼仪之争与清末的

---

① 参见寺田浩明:《权利与冤抑:寺田浩明中国法史论集》,王亚新等译,清华大学出版社2012年版,第357—359页;王志强:《"非规则型法":贡献、反思与追问》,《华东政法大学学报》2018年第2期。

② Philip CC. Huang, "Between informal mediation and formal adjudication: the third realm of Qing civil justice", *Modern China* Vol.19, No.3 (1993), pp. 251-298;黄宗智:《清代的法律、社会与文化:民法的表达与实践》,法律出版社2014年版,第8页。

礼法之争,成为讨论"礼"如何在中西法律交流中被重新赋予规范意义的关键历史片段。对于前者,中国礼仪之争一直是中西文化交流史的重要主题,但鲜有法律(史)角度的研究。实际上,对于中国礼仪之规范性的文化转译,经历了严格的教会法程序,包括事实的调查与公证,管辖权主张与冲突,专门委员会的组成与审理,以及决疑术的跨国借鉴与适用。[1] 同理,中国民众、士绅与皇帝也卷入了这场规范性争论,发出《礼仪之争中的中国声音》。[2] 关于全球性,"事实上,史学界把美洲印第安人的礼仪和习俗描绘成不可避免地迁就基督教,这并不奇怪。与此相反,在亚洲,基督教却不得不适应,马拉巴和中国的礼仪就是一个例子……关于印度马拉巴和中国礼仪的争论是真正全球性的"。[3] 关于地方化,同样发生于明清之际的"伊儒会通"与礼仪之争一样,同处于明清易代之合法性重构的地方语境与思想脉络,却展现出文明互鉴的不同面向。[4]

清末的礼法之争同样被卷入全球性的法典化浪潮。关于"礼"的规范性理解,一方面,礼法之争被简化为道德与法律之争、作为道德的礼教被逐出法律范畴,这清晰反映了20世纪初主导全球的法律实证主义已进入中国的地方语境。[5] 另一方面,礼法之争的双方又必须"认真对待风俗习惯",礼教派侧重纲常伦理,法理派则主导着清末的大规模习惯调

---

[1] Andreea Badea, Bruno Boute, et al. (eds.), *Making Truth in Early Modern Catholicism*, Amsterdam University Press, 2021.
[2] 参见钟鸣旦:《礼仪之争中的中国声音》,陈妍蓉译,上海人民出版社2021年版。
[3] Ines G. Županov and Pierre Antoine Fabre (eds.), *The Rites Controversies in the Early Modern World*, Brill, 2018, p. 2.
[4] 参见季芳桐:《伊儒会通研究》,宁夏人民出版社2015年版。
[5] 参见梁治平:《礼教与法律:法律移植时代的文化冲突》,广西师范大学出版社2020年版。

查。① 简言之，无论将中国之"礼"界定为道德、伦理或习惯，"礼"的规范性始终在跨文化对话与转译的过程中被重新赋予意义。简言之，中国之"礼"是一个绝佳的全球法律史之"规范"议题的分析对象，因为它始终处于中西法律文明对话的核心，而没有沦为一种简单的法律东方主义。②

（二）秩序：从国内法到国际法

近代中国的法律转型始终保持着文明主体意识，并往往以一种"法律工具主义"的论调区别于印度之完全殖民、日本式全盘西化，或伊斯兰世界的世俗化。③ 它不仅是一场与西方主导法律范式的持续对话，还深具亚洲地方意识：俄国（1906年5月）、波斯（1906年12月）、奥斯曼帝国（1908年7月）与清政府（1908年8月）相继制定了本国的第一份宪法性文件，形成亚洲内部立宪改革的横向参照。④ 具体而言，晚清由外而内的秩序危机，渐次推动着域外法学知识的引入。一方面，国际法方面的转译有从1839年的《滑达尔各国律例》到1864年《万国公法》，另一方面，国内法方面的转译有从1880年《法国律例》到1907年前后"六法全书"体系确立，传统中国的法律观念与近代西方法之间彼此转译，深刻改变了中国人思考法与国家的知识参照系。⑤

---

① 参见邓建鹏：《晚清礼法之争前后关于习惯的认识和争论》，《华东政法大学学报》2023年第1期。

② 参见李栋：《东法西渐视角下的"法律东方主义"》，《法律科学（西北政法大学学报）》2024年第1期。

③ Avi Rubin, "Modernity as a Code: The Ottoman Empire and the Global Movement of Codification", *Journal of the Economic and Social History of the Orient*, Vol. 59, No. 5 (2016), pp. 828-856.

④ Egas Moniz Bandeira, "China and the Political Upheavals in Russia, the Ottoman Empire, and Persia: Non-Western Influences on Constitutional Thinking in Late Imperial China, 1893-1911", *The Journal of Transcultural Studies*, Vol. 8, No. 2 (2017), pp. 40-78.

⑤ 参见李富鹏：《改造"律例"——晚清法律翻译的语言、观念与知识范式的近代转化》，《政法论坛》2019年第6期。

关于国内法秩序，除了域外法律的引入与转译，一种国家体制因应全球变局而引发的结构性变革，尤其值得关注，即晚清"总理衙门"的设立、运作与实践。为了有效管理日益复杂的外交关系，总理各国事务衙门成为清朝官僚体系中一个独特的实体，逐渐以外交统摄六部，形成实际上的"洋务内阁"。[①] 这种跨部门的资源、信息与人员的管理形式，针对具体目标的评估、考核与决策等治理方式，突破了传统官僚制的科层制理性。中国政法大学与马普学会合作组建的"马普伙伴研究组"，将"总理衙门"建立引发的国家体制变革视为一个近代中国构建"项目制国家"的发端，[②] 试图揭示近代中国如何以一种"计划理性"，参与19世纪以降不断加剧的全球竞争。换言之，传统官僚制国家之科层制理性，近代民族国家之形式法理性，以及项目制国家之计划理性，彼此交汇，折射出近代中国嵌入全球秩序的复杂制度设计。[③]

关于国际法秩序，中国学者深入参与了欧美学界之自我反思的后殖民叙事。一方面，以一种解构的方式加入"帝国史转向"的批判性思潮，无论是评述关键性人物，如博丹、格劳秀斯，还是拆解重要核心命题，都揭示了国际法普遍叙事之下的东方悖论，从而凸显"法学研究中国道路自觉"。[④] 另一方面，深入近代中外交涉的文本、档案与实践语境，既强调法律对于塑造跨文化秩序的关键角色，[⑤] 又针对治外法权细致刻

---

① 参见王瑞成：《"权力外移"与晚清权力结构的演变（1855—1875）》，《近代史研究》2012年第2期。

② 参见Charles S. Maier, *The Project-State and Its Rivals: A New History of the Twentieth and Twenty-First Centuries*, Harvard University Press, 2023。

③ 关于马普伙伴研究组，请参见https://www.lhlt.mpg.de/2869862/jp-mapping-conflicts?c=2125541。

④ 参见章永乐：《"帝国研究转向"与法学研究的中国道路自觉》，《社会科学》2023年第11期。

⑤ Li Chen, *Chinese Law in Imperial Eyes: Sovereignty, Justice, and Transcultural Politics*, Columbia University Press, 2015.

画了一系列不平等与不对等的局面。①上述对国际法之中国角色再语境化的历史分析,呼应着后殖民主义与"第三世界国际法理论"的思路,虽深刻揭露了国际法之中国实践的断裂、矛盾与虚伪,但鲜于提供建设性的中国方案。

(三)法律空间:中国法的全球性空间

任何去西方中心主义的学术倡议,主要针对理论预设,而非观察视域。因为研究者只能从自身或切近处出发,编织跨文化法律交流的全球性空间。正如全球史的核心关怀是跨境、流动与交换,以及大规模结构性转型和整合,全球法律史提供了一种想象力,一种关于如何从中国出发,向内抑或向外,形成若干全球性的法律空间的想象力。首先,关于跨境,中国不仅有绵延之地理与文化边疆,形成若干跨文化的规范圈,而粤港澳大湾区的"一国两制三法域"尤为值得从全球法律史的视角,围绕具体规范性议题进行长时段的历史观察,将"一国两制"的法律实践置入三个法律传统所交织的历史时空。其次,关于流动与关联,"一带一路"倡议之历史空间的当代拟构,已经引发了欧洲学者的关注,"今天,比较法不能不更仔细地研究中国法律之历史文化维度和今天的正式形式,以设想它可能如何演变以及它可能如何影响其他法律体系"。②最后,关于大范围的规范性体制,"中华法系"无疑是最重要的概念框架。不过,针对"中华法系"的历史分析,从杨鸿烈于1937年所著《中国法律在东亚诸国之影响》起,便存在着不同的面相,分别定位于法律谱系、法律体系或法律家族。目前的研究多关注中国法律自身

---

① 参见屈文生:《不平等与不对等:晚清中外旧约章翻译史研究》,商务印书馆2021年版。
② 参见Federico Roberto Antonelli, *Chinese Law. From the Ancient to the New Silk Road*, Libreriauniversitaria.it, 2023。

之谱系与体系,且往往有本质化倾向;对于家族意义上的讨论,又往往重蹈西方中心主义之输出、扩散与影响的旧辙。"中华法系"作为一个始终处于历史演变的松散的法律空间,一方面,我们可以从地方性(包括但不限于日本、韩国、越南)入手,观察到更为复杂的互动与转译过程,另一方面,研究视域不妨延伸到十九世纪以降的法典化时代,乃至当下,因为交叠的历史文化之观念结构同样影响着近代东亚的法律改革。如此,"中华法系"之形成与演变便是一种多声部的交响,而更有助于引起各成员之间关于法律家族的共鸣。

四、结论

作为一种认知解放,全球法律史试图以流动、跨界与纠缠的预设,超越民族国家、近代性与西方法,进而敞开法律史写作的空间、时间与规范性等基本要素。不过,近代西方所主导的不对称的学术话语与知识生产机制,不仅导致了作为被殖民者的广泛全球南方国家的学术失语,他们往往"无力说"或"照着说",还造成欧美学者自身亦难于突破认知边界,而陷于故事新编与老生常谈。在这重意义上,从中国出发的全球法律史,既作为一种补充性视域,有助于揭示中国法律传统在文明互鉴之历史进程中的生成机制,又作为一场跨文明的对话,以平等的声音逐渐矫正不对称的话语体系,进而拓展以中国法为基点之历史与当下的全球法律空间。

晚清民国的社会变迁与法文化重构*

黄源盛**

摘　要　法文化的变迁本身就是法律规范、法律制度、法律思想、司法实践乃至法律意识等因素同步发展的过程。晚清民国法律近代化之所以困难重重,主要原因或在于谋求近代化的过程中,一直未能与传统取得协调,从而也就未能获得传统的协助,甚至相互干扰,牵制了近代化的脚程。针对1902—1949年清末民国的社会变迁与法文化发展,从法律继受的宏观视野,试图探寻此半世纪以来改朝换代与法律体系之间的承转关系,并针对超前立法与法教、传统法律秩序与近代法律思潮的调和、继受过程中的法治认同与法律在地化、社会转型期有关伦常条款的存废等若干纠结的法文化问题进行思辨。

关键词　法律文化　晚清民国　法律继受　法治认同

世界上任何一个民族、国家或地区的文化,除由独创外,大都是因相互影响的结果;在各个不同的历史发展阶段,两个以上的个体彼此接触之后,对于外来的文物制度加以选择、吸收。就这样,文化因接触

---

* 本文系国家社会科学基金重点项目"晚清民国及当今两岸判例文化的承与变"(19AFX004)的阶段性成果。
** 黄源盛,中南财经政法大学文澜学者讲座教授、政治大学法学院特聘教授。

而传播,同时,也在他文化的激荡下,创造出自己独特的文化,法文化的发展也不外乎此。

由于与异文化交融的社会变迁过程,是法文化转换的特殊现象,此种现象有"法律移植""法律继受"与"法律嫁接"等不同说法,我较常以"法律继受"名之。① 该词依广义来理解,系指"法文化往不同社会移动的现象",亦即法律离开孕育其长成、发展的原生态环境,而移至异处落地生根的"法文化变容过程"。要问的是,法或法文化是否纯为特定民族、历史情境下的产物,因而无法移转? 抑或是具有普遍性而能通过人类的智慧做典范的转移? ②

对于中国而言,20世纪前半叶是个多事之秋的时代,列强虎视眈眈,清王朝崩溃之后,民国肇建,战争延绵几无宁日。倘纯就法制而言,姑不论清末以前源远流长的传统中国法时期,仅以晚清民国法史的时代区分来看,约略可分为三:第一阶段,1902—1911年(清光绪二十八年至宣统三年)的法制蜕变期;第二阶段,1912—1928年(民国元年至民国十七年)的南京临时政府与北洋政府法制过渡期;第三阶段,

---

① 此等概念有先予界定的必要。泛泛而言,所谓"法律移植",如同人体器官的心脏、肾脏一样,从某人的身体摘取出来,移至他人身上再行重生;被移植的法律包括法律的形式、内容、体系及理论。所谓"法律嫁接",是借用植物无性繁殖方法的讲法,剪取母株上的一段枝条或一个芽,接到另一个植物上,使接合成新的植枝。亦即把先进法律国家法律之果嫁接于固有法体系之树,糅合一体,生长于本土社会环境之中。至于"法律继受"一词,是从"receptio"这个拉丁字衍生而来,德文为"Rezeption",系日本的和制汉语。乃指一个国家或一个地区汲取其他国家或地区某特定法律规范、法律制度的全部或一部而言。它原本是法史学上的概念,最初仅用来说明罗马法排挤日耳曼法的过程,晚近以来专指中世纪欧洲普遍继受罗马法的历史现象。参见雷宾德(Manfred Rehbinder)讲述:《从法社会学观点探讨外国法的继受》,陈添辉译,《司法周刊》第1229、1230期(1994年),第3版。

② 泽木敬郎:《法の继受》,载伊藤正己编:《外国法と日本法》,岩波书店1973年版,第113—119页。

1928—1949年(民国十七年国民政府立法院成立至民国三十八年)的法制整建期。

历史告诉我们,法文化的变迁本身就是法律规范、法律制度、法律思想、司法实践乃至法律意识等因素同步发展的过程。具体来说,自1902年以迄1949年的中国法律近代化,约言之就是法律继受的历程。观乎此期间,法制的变革无论是采欧陆模式、日本模式抑或英美模式,或多或少都有其各自的历史与时代意义。而且任何一种法文化的引进,一般也都有一个选择、抗拒、改造与融合的过程,尤其在这过程中所产生的种种正向或乖离现象,值得认真检点。

毋庸讳言,法律与政治的关系,古往今来都纠缠难分,书写法制历史,极难完全避免"本位思考"的羁绊;本文希望尽量跳脱意识形态的框架,采取脉络化(contextualism)的研究法,以历史时代为经,以问题导向为纬,兼采变与不变的动态与静态研究取径,以推求其变的因果与轨迹,不仅着眼于表象法规范与法制度面的形式观察,也探讨其内在社会的结构及其相应的文化渊源与法律秩序原理。将五十年来的法文化置于法体系所从出的社会、政治、经济的历史脉络中加以考察,[①] 针对1902—1949年清末民国的社会变迁与法文化发展,从法律继受的宏观视野,验往证今,除回顾"六法全书"的生成、确立及其消长外,试图探寻半世纪以来改朝换代与法律体系的承转关系,并思索几个纠结的法文化问题。

须先说明者,在变动如此激烈的年代,法文化的形式与实质都有所谓"脉络性的转换"现象,其间值得讨论的问题经纬万端,只能以"轻其所

[①] 参见黄俊杰:《东亚文化交流中的儒家经典与理念:互动、转化与融合》,台湾大学出版中心2011年版,第12—22页。

轻、重其所重"的书写方式,有选择性地集中论述其中五个核心课题,即政权更迭与法统的断续、超前立法的困境与出路、传统法律秩序与近代法律思潮的融合、法律继受过程中的法治认同与在地化、社会转型期伦常条款的存废与价值重建。凡此五题,看似各自独立,其实彼此有前后一贯的呼应性,至于章节的层次性安排,孰先孰后,并无逻辑的必然性。

一、政权更迭与法统的断续

一般来说,法律继受有广、狭二义,一种是纵的传承,另一种是横的转移。从史实上观察,法的发展也具有历史的延续性;一个国家或一个政权,不仅会吸纳他国的法律,也会沿袭本国以前政权的法律成果,而历史的精彩处,就在变与不变之间。传统中国的"政统"与"法统",以及近代以来法律继受与国家主权及国家意识形态之间,有其玄妙的互动关系。汉《九章律》沿袭《秦律》,《宋刑统》来自《唐律》,《清律》继受《明律》,而晚清政权摇摇欲坠,法规范、法制度变乎?不变乎?

1840年鸦片战争爆发,此后的中国,国力日衰而西力东渐,国际地位一落千丈,面临被瓜分豆剖的岌岌危机。1900年八国联军之役,签订"辛丑和约",列强侵华政策转趋缓和并改采"保全主义";这时期的清廷,外仍沦为列强的俎肉,内临国民革命浪潮的冲击,日益处于风雨飘摇之中。朝野忧时之士无不以惶惑的心情,注视在新的环境下涌现出的新问题,为了扭转内外情势,为了补偏救弊,他们不得不想方设法力求突破现状。就古老而传统的中华法系来说,其也面临空前的挑战,产生了巨大且深刻的形变与质变,属于旧文化所孕育的法律体系也随之而遽变。可以说,这是中西文明激荡与选择的大时代,从悠远的法制历史与广阔的比较法史看,这是中华法系解体的时代,也是中国法律迈入近代化的新纪元。

变法修律正式被清廷列入议事日程是1902年,当时慈禧太后和光绪皇帝都已由西安回到北京,为了民族存续、为求权位永固,在该年二月初二日,诏谕军机大臣:

> 中国律例,自汉唐以来,代有增改。我朝《大清律例》一书,折衷至当,备极精详。惟是为治之道,尤贵因时制宜,今昔情势不同,非参酌适中,不能推行尽善。况近来地利日兴、商务日广,如矿律、路律、商律等类,皆应妥议专条。着各出使大臣,查取各国通行律例,咨送外务部;并着责成袁世凯、刘坤一、张之洞,慎选熟悉中西律例者,保送数员来京,听候简派,开馆编纂,请旨审定颁发。总期切实平允,中外通行,用示通变宜民之至意。①

放眼天下,几经挑选,旧律耆硕沈家本(1840—1913)与留学英伦、精研英美法的伍廷芳(1842—1922)出任修订法律大臣。光绪二十八年(1902)四月初六日,再谕内阁:

> 现在通商交涉,事益繁多,着派沈家本、伍廷芳,将一切现行律例,按照交涉情形,参酌各国法律,悉心考订,妥为拟议,务期中外通行,有裨治理。俟修定呈览,候旨颁行。②

观乎前后两个诏谕,都强调修律要能"中外通行",而摆在眼前的两大难题首须面对:一是要移植,要继受,还是要嫁接;另一是要引进欧陆

---

① 《大清德宗景(光绪)皇帝实录》卷四九五,华文书局1964年版。
② 同上。

法系,抑或英美法系。此后十年过去,除"变法"外,新的"六法体系"大致完成草案,《法院编制法》于1910年2月正式颁布,《钦定大清刑律》于1911年1月由资政院议决通过,至于《大清民律草案》《大清商律草案》《大清民事诉讼律草案》《大清刑事诉讼律草案》等也拟就,唯未及议决,清廷已覆。回顾1902年之时,政权虽尚未转移,古典的中华法系已经逐渐退出历史的舞台,导入的是崭新的欧陆法系。之所以继受欧陆法,其原因多端,约述如下:

其一,在当时世界各大法系中,要属欧陆法系为最强势的法律文化。19世纪以来,欧陆法系国家有法律编纂的法典化倾向,成文法典比较有利于仿效;而以普通法(Common Law)及判例法(Case Law)为主的英美法系,本质上系基于经验主义与实证主义的分析哲学思维而来,是一种由下而上的自发性法律秩序,具有浓厚的本土味,其实较不适合做快速而有效的立法继受。

其二,中华法系自战国时代李悝的《法经》(公元前406)以迄清季的《大清律例》,本具有法脉相承的律典编纂文明,而以成文法典为核心的欧陆法系,本质上就是一种自上而下的理性设计法律秩序,它蕴含法典的权威,比较符合中国人的法律生活感情。

其三,晚清之所以要变法修律,有很大因素是受到日本明治维新继受欧陆法成功的启迪。清廷认为,两国地理相邻,政体民情最为接近。其所邀请来的外籍修律顾问当中,以日籍人士为主,这些学者专家熟稔的是日本继受欧陆法的经验,因此很自然地,清廷步上了"以日为师"的道路。[①]

[①] 清末修律的外国顾问,有冈田朝太郎、松冈义正、志田钾太郎、小河滋次郎、岩井尊文等日籍人士。1913年3月,袁世凯也延聘了日本法学博士有贺长雄担任北洋政府的法制局顾问。参见黄源盛:《中国法史导论》,犁斋社2016年版,第394—395页;西英昭:《近代中華民国法制の構築》,九州大学出版会2018年版,第249—299页。另参阅《中国大事记》,《东方杂志》第9卷第10期(1913年),第1—33页。

其四,变法修律期间清廷曾派五大臣出国考察各国政治及法律,其中以在日、英、美等国停留时间较长。或由于考虑英国"君主权限"很受限制,与中国"钦承宸断"的政体不符,清廷乃舍弃导入英美法律体制的念头。

清末的这场法律近代化运动,虽未竟全功,却为继起政权的法制发展开辟了下一个阶段该走的方向。当时留下来的诸种法律草案,成为北洋政府与南京国民政府立法的蓝本。

辛亥之秋,武昌起义点燃的革命之火,让清廷如朽木般地倒下。民国肇建以后,政治体制由帝制而共和,以孙文(1866—1925)为首的临时政府亦深谙唯有建立民主与法治,方为谋求长治久安之道,唯时局更加纷扰,继受西法的脚步又趋缓慢。当时南北两方政局混沌,临时政府甫一成立,司法部长伍廷芳即向孙文报告:

> 本部现拟就前清制定之民律草案、第一次刑律草案、刑事民事诉讼法、法院编制法、商律、破产律、违警律中,除第一次刑律草案关于帝室之罪全章,及关于内乱罪之死刑碍难适用外,余皆由民国政府声明继续有效。①

孙文同意并咨请参议院核准这个建议,参议院也批准了。其后,袁世凯就任临时大总统,在3月10日发布命令:

> 现在民国法律未经议定颁布,所有从前施行之法律及新刑律,

---

① 《临时政府公报》第47号《咨参议院,请议决司法部呈请适用民刑法律草案及民刑诉讼法》,载中国国民党中央委员会党史委员会编:《国父年谱》上册,近代中国出版社1994年版,第607—608页。

除与民国国体抵触各条应失效力外,余均暂行援用,以资遵守。①

人世间,新鲜事似乎不多,历史总是在重复或循环中迂回前进。1927年南京国民政府成立以后,国民党逐步掌控全国政权,进入所谓的"训政时期",根据国民党中央政治会议第120次会议决议,该年8月12日发布通令:

> 一应法律,在未制定颁行之前,凡从前施行之各种实体法、诉讼法及一切法令,除与中国国民党党纲、主义或与国民政府法令抵触外,一律暂准援用。②

此外,1928年3月,国民政府所公布的《立法程序法》规定:"中央政治会议得议决一切法律,由中央执行委员会之国民政府公布之。"同年12月,立法院成立,但国民党以《训政纲领》为根据,仍然掌控着立法权;每一部法律都须经过国民党中央政治会议议决后才进入正常的立法程序,而当时立法的最高指导原则是要把三民主义的内涵或精神尽量包含在各法典之中,以实行三民主义为目的。这是国民政府训政时期特有的现象。

耐人寻味的是,立法院成立不到几年工夫,即制颁民法、刑法、商法、民事诉讼法、刑事诉讼法等诸大基本法典,采的全是当时各国最新

---

① 《政府公报》第1册《六月初八日司法部令第39号》,文海出版社1971年版,第279页;同书第2册,第29页。
② 《北洋政府(临时公报)·中华民国元年四月纪事》,载中国国民党"中央委员会"党史史料编纂委员会编:《中华民国史料丛编》,中国国民党"中央委员会"党史会1968年版,A20。

的立法例,整套是欧西近代的法律意识,其制订过程何以如此顺遂?虽有零星争议,为何未再次引起如晚清制订《钦定大清刑律》时,礼教派与法理派两方人士激烈的争辩?① 难道说,经过了十多年,国人已能泰然接受二度西潮?是貌合而神离,还是形式上的耦合?

1949年,几经抉择,中华人民共和国决定全面废除国民政府的"六法体制",1949年《政治协商会议共同纲领》第17条云:

> 废除国民党反动政府一切压迫人民的法律、法令和司法制度,制定保护人民的法律、法令,建立人民司法制度。②

在废除南京国民政府"六法体系"之后,中华人民共和国一度承继了苏联的社会主义"分式立法"模式。③ 这段期间,法制与社会的关系发生了一次颠覆性反转。

当我们走入历史的时间,走入历史的空间,想象当时所可能发生的一切人与事,这一段五十年来的"法统"与"政统"的互动变迁史,留给我们颇多遐思的课题。

---

① 有关清末变法修律期间的"礼法争议",参见黄源盛:《大清新刑律的礼法争议》,载黄源盛:《法律继受与近代中国法》,政治大学2007年版,"法学丛书(55)",第199—230页。

② 关于1949年废除"六法全书"的论文,参见赵晓耕、刘盈辛:《再议"六法全书"及旧法体系的废除》,《四川大学学报(哲学社会科学版)》2019年第6期;何勤华:《论新中国法和法学的起步——以"废除国民党六法全书"与"司法改革运动"为线索》,《中国法学》2009年第4期。

③ 参见王文杰:《中国大陆法制之变迁》,元照出版公司2002年版,第68、74—75、78—79页;季卫东:《中国法律秩序的复杂性及其20世纪的嬗变》,载孙佑海主编:《王宠惠法学思想研究文集》,天津大学出版社2018年版,第47页。

二、超前立法的困境与出路

晚清的法律近代化,最常为人所诟病的是,法规范总走在社会的前头,两相脱离,致其实效性无法彰显。究应如何看待此事?如何在困境中找寻出路?

蔡枢衡(1904—1983)曾于1940年代这样评价中国法的近代化转型:

> 三十年来的中国法和中国法的历史脱了节,和中国社会的现实也不适合。这是若干法学人士所最感烦闷的所在,也是中国法史学和法哲学上待决的议案。①

蔡先生慧眼看时事,的确相当敏锐。从立法继受的观点,法典律条固然可以循着理想而制颁,不过社会是有惰性的,尤其像中国这样的一个古老的国家,广土众民之外,更有其悠久的历史文化与传统包袱,一旦改弦更张,适应新法律所创设的一切,当然不是一蹴而就之事。因此,对于清末民初的"六法体制",论者有以"超前立法"称之,认为这是落后的社会却想拥有先进法治国家法规范、法制度的"浪漫情怀",其命运注定多舛。

诚然,立法应参酌世界新思想、新潮流,重视合理的造法活动,但仍须兼顾本国国情。因为,法规范是具有多面性的,非仅于斗室中、议堂上斤斤论辩即为毕事;其仍应参以历史性、民族性,乃至本土固有的伦理观念,衡以实际的社会经济状况而产生;否则,法律虽定,不易施行,

---

① 蔡枢衡:《中国法理的自觉发展》,清华大学出版社2005年版,第29页。

勉强为之,于国情民意冲突,引起抗拒甚至屈从,人民失掉尊崇法律的心,又岂是立法的本愿?

平情而论,当时的立法精英并不是唯新是骛,也不是完全弃传统于不顾,而是多方折冲,以因应新时代、新社会所产生的新问题。以民法典为例,从1911年的《大清民律草案》到1930年《民法》的正式颁行,期间是经过多少有识之士审酌再三的。《大清民律草案》是第一部中国的独立民法典,由日本修律顾问松冈义正(1870—1939)负责起草总则、债权及物权等三编,另协同国人朱献文(1872—1949)、高种(1885—?)等起草亲属、继承两编。1920年8月,北洋政府委派大理院负责审议修订《大清民律草案》,时任大理院院长的王宠惠(1881—1958),开始以技术领导的角色对该草案发表修订意见。身为当时审判龙头的机关首长,他也深深体认到该草案尚未取得国人的共识,倘贸然公布实施,必将窒碍难行,对收回领事裁判权也无济于事,因此出具了暂缓援用《大清民律草案》的审查意见,致使北洋政府不得不于1921年7月14日发布《民律暂缓施行令》。该令略谓:

> 具大理院呈称,"民律已届施行期,惟审察社会现制及各地风俗习惯,尚有应行修正之处,拟请暂缓施行"等语,民律著延期施行,仍交该院长审拟办法,呈候核夺。此令。①

这样一来,一部独立民法典的问世只好向后推延。1925年,王宠惠再度出任北洋政府"修订法律馆"总裁。当时,虽积极进行修订民法草

---

① 转引自张生:《王宠惠与中国法律近代化———一个知识社会学的分析》,《法制史研究》第10辑(2006年),第169—170页。

案的工作,仍未及修正订稿。无民法典究应如何进行民事审判?这段期间,立法机关未能完成的任务,等于推诿给司法机关,特别是大理院。民国初期,大理院面对的是这样的民事法律多元化的局面,《大清现行刑律》中的民事有效部分、民事特别法、民商事习惯、外国立法例、民法学说,甚至义理与伦理道德规范等都可以作为裁判的依据,但每一种规范又都各自为标准,却又无法涵盖全部民事法律关系,不足以建立统一民事法律体系,杂乱无章的法律规范和日滋纷繁的民事案件,置大理院于困厄之境,但也为大理院"司法兼营立法"提供了历史性的契机,竟造成影响颇为深远的"判例要旨文化"。①

1928年南北统一,有关民法典的编订,国民政府察觉1911年的《大清民律草案》及1925年的《民国民律草案》已不足以反映时需,乃成立"民法起草委员会",聘请时任司法院院长的王宠惠、考试院院长戴传贤(1891—1949)及法国籍的法律顾问宝道(Georges Padoux, 1867—?)共同议订民法,于1930年完成了《民法》草案,凡五编,共1225条条文,送请立法院议决通过②。可见,《民法》之成,并非仓促之作。梅仲协(1900—1971)评价这部民法典道:

> 采德国立法例者,十之六七,瑞士立法例者,十之三四,而法、日、苏联之成规,亦尝撷取一二,集现代各国民法之精英,而弃其糟粕,诚巨制也。③

---

① 黄源盛:《民初大理院与裁判》,元照出版公司2011年版,第100—134页。
② 黄源盛纂辑:《晚清民国民法史料辑注》第2册,犁斋社2014年版,第911—914页。
③ 梅仲协:《民法要义》,正中书局1966年版,第19页。

实际上,长期以来,有许多法规范之所不能发挥真正的效力,不能成为具有实效性的行为规范,是因为没有在观念上建立稳固的基础。这种现象不独在中国如此,在其他各国也屡见不鲜,尤其在社会急剧动荡之际,更不足为怪。历史法学派所说的"法律既不是自然存在的,也不是人为的,而是自然长成的,无可创造"就某个历史阶段的现象言,固属有理,但所谓"非长成的或创造的法律",假以时日,也未尝不能在社会大众的意识上生根、长成甚至开花结果。换句话说,法规范或国家政策的制定,若能超越民众既有的法律感情,多少有引领与转化法文化的作用。王伯琦(1909—1961)曾说:

> 我们的行为规范,虽不是立法者可以制造的,但立法者制成的法律,对于社会大众的意识,确有莫大的启示作用,从而足以加速促成其意识之成熟……早熟的立法,在其一时的效力方面,或许要打些折扣,但在启迪人民意识方面却有极大的作用,我们不妨称之为"法教"。尤其在一个社会需要有重大的变革之时,此种立法上的手段,更为重要。①

在众多批判超前立法之声中,难得听见正向之音。在这里,王先生提出了一个绝妙的名词"法教",笔者颇为赞同。揆诸历史经验,其也有几分道理在。例如"无夫奸"的除罪化,在清末认为是蔑视礼教的严重性课题,在《大清新刑律》的草拟过程中,礼教派与法理派双方人士为此呶呶争辩,及至民国成立,附加的《暂行章程》一废,此事也就渐渐不成问题了。即使1935年的《中华民国刑法》第239条规定的"有配

---

① 王伯琦:《近代法律思潮与中国固有文化》,清华大学出版社2005年版,第74页。

偶而与人通奸者,处一年以下有期徒刑。其相奸者亦同"这条法律,当时也有人认为根本无法实现,但至少没有人再公然批评其不当。男女平等的原则,在大众意识上似乎已渐渐生了根。①

在民事法方面,例如一夫一妻制、夫妻财产制、配偶的继承权、女子的继承权、父母对于未成年子女权利义务的行使及负担、子女人格及财产的独立、配偶人格及财产的独立,凡此种种,在1931年以迄1949年期间,常在中国社会中引人质疑,甚至被认为将成具文,但一般说来,至少尚不致引起激烈的抗拒。而事实证明,这部民法典所揭示的诸大原则,现已逐渐为社会大众所接纳,落实于司法实践中。

1946—1947年,美国哈佛大学法学院院长庞德(Roscoe Pound, 1870—1964)应当时"司法行政部"之聘,同时兼任"教育部"的法律教育委员会顾问。他盛赞1930年代南京国民政府制颁的新法典,认为对于各国的最新立法例,几已搜罗殆尽,甚至说过:

> 以后中国的法律不必再一意追求外国的最新学理,中国的法律已极完美,往后的问题,应当是如何阐发其精义,使之能适应中国的社会,而成为真正的中国法律。②

于今检视,此番评论,前段言及立法,虽不无"溢美"之词,但后段说到司法实践,语重心长,相当恳切,可以说有洞识之明。

为了解决超前立法或超文化立法形成的特殊社会困境,"法治教

---

① 黄源盛:《色戒——从无夫奸到通奸除罪化的百年沧桑》,载黄源盛:《晚清民国刑法春秋》,犁斋社2018年版,第421—451页。
② 参见张文伯编著:《庞德学述》,中华大典编印会1967年版,第162页。另参阅王伯琦:《近代法律思潮与中国固有文化》,第77页。据王氏书中所说,这段话是他亲闻庞德的发言所得。

育"或许是另一种引领法文化进行变迁的方式。简单地说,继受本土文化不熟悉的先进法制,使法规范走在本土法律文化的前端,民众通常是先抗拒,而后缓慢适应,予以接受,最终被转化乃至同化。然而,国民在成长过程中所接受的传统法观念,最容易烙印在脑海中,终身难去,而不断与外来的继受法产生冲突。其实,文化价值的转化总是最为艰难,最是需要时间。作为继受外国法为主的国度,与其对超前立法或超文化立法排斥、抗拒,倒不如下定决心,由"法教"入手,通过"法治教育"的完整实施,使现代法治观念在官与民的心灵中逐步奠下根基,自然而然地成为其社会生活的准则,法律继受这条路才会走得平稳而坚实。遗憾的是,晚清民国的政治长期纷纷扰扰,社会又动荡不安,致使"法治教育"这项工程迟迟未能推进。

三、传统法律秩序与近代法律思潮的融合

就法律继受的类型来说,有所谓"同质法继受"与"异质法继受"两大类。前者指的是母法国与子法国的固有法系属同种性质。而后者是指子法国的原生态法规范、法制度,乃至于宗教、经济、社会文化等背景,与母法国大相径庭。很显然,晚清民国的法律继受属于后者。为此,论列有关这五十年间法律继受的得失,不能仅止于规范条文间的比较,还要进行制度的比较,甚至深入探究其发展状态及与固有法调合的情形。

我们常听说,晚清民国的法律近代化之所以成效不彰,是因为继受而来的外国法与传统法文化无法契应,甚至相互悖离。是耶?非耶?到底,横的继受与纵的继承要如何沟通融合?确切而言,立法继受并不只是立法者一次的立法行为而已,而是长期社会变迁与法律变迁的适

应过程。① 其成败应可在嗣后的法律适用及国民法律生活意识的落实程度上得到验证。在法制西化过程中,晚清民初乃至国府时期新法的创制是受内外情势交迫之力而来。这是一种强制性的继受,不得不选择放弃以家族、伦理、义务为主的本土法律意识,并接受个人、自由、权利为本位的近代西方法律思想。严格说来,这不是心甘情愿的任意继受。

1929年以后直至1930年代,南京国民政府立法院制定完成并先后颁行的《民法》各编为例,如何将民族固有法意识及欧西近代法律思潮两相兼顾,是件很不容易的事。当时参与立法的吴经熊(1899—1986)曾论说:

> 全部民法已由立法院于最近两年中陆续通过,并正式公布了!此后中国已为一个有民法典的国家了,这是在法制史上何等重要、何等光荣的一页!但是,我们试就新民法从第一条到第一二二五条仔细研究一遍,再和德意志民法及瑞士民法和债编逐条对校一下,倒有百分之九十五是有来历的,不是照张誊录,便是改头换面!这样讲来,立法院的工作好像全无价值了,好像把民族的个性全然埋没了!殊不知内中还有一段很长的历史,待我分解一下吧:第一,我们要先明白,世界法制,浩如烟海,即就其荦荦大者,已有大陆和英、美两派,大陆法系复分法、意、德、瑞四个支派。我们于许多派别当中,当然要费一番选择工夫,方始达到具体结果。选择得当就是创作,一切创作也无非选择;因此,我们民法虽然大部分以德、瑞民法作借镜,也不能不问底细就认为盲从了……俗语说的好,无巧不成事,刚好泰西最新法律思想和立法趋势,和中国原有的民族心

---

① 参见雷宾德讲述:《从法社会学观点探讨外国法的继受》。

理适相吻合,简直是天衣无缝!①

这或许是吴先生期勉国人的强烈愿力。诚然,新民法确有其优点,但也未必皆与国情相应,尤其对于最后两句"刚好泰西最新法律思想和立法趋势,和中国原有的民族心理适相吻合,简直是天衣无缝!"是否果如其然,仍有讨论的空间。虽然如此,我还是相当欣赏"选择得当就是创作,一切创作也无非选择"这种说法。然而不能回避的是,中国法律文化传统悠远,一脉相承,继受欧西法制,如果单从政治及技术层面着手,显然无法克尽其功,势必经过"文化重整"的阶段。自隋唐以迄明清,中华的法律文化曾是东亚地区的先驱者,它向周边辐射的结果,也曾形成所谓的"东亚法律文化圈"。②然而,昔日的光彩却已为嗣后法律继受的负担,沉重的历史包袱,伴随着大部分地区仍处于极度落后的农业经济状态,另掺杂了晚清民初时期社会经济和政治构造间的错综矛盾,新的法律文化和现实国民性间存在着深大的"泥泞"。在这"泥泞"中,1949年以前的中国,在法律近代化这条路上,显然坎坷崎岖,步履很是蹒跚。

日本法社会学家末弘严太郎(1888—1951)曾于1940年代赴华北农村做习惯法调查,提出了"不连续性的涡流"说法。③他认为中国传统秩序与不断变化、不断生成的民国近代法律秩序之间,存在类似于气象学中高气压与低气压的关系,在两者边缘出现了新的气象。申言之,

---

① 吴经熊:《新民法和民族主义》,载吴经熊:《法律哲学研究》,清华大学出版社2005年版,第171—176页。
② 杨鸿烈:《中国法律在东亚诸国之影响》,台湾商务印书馆1971年版,第1—36页。
③ 参阅末弘严太郎:《法律と慣習》,日本文部省教学局1943年版,第3—5页。另参阅末弘严太郎:《調査方針等に関する覚書》,载《中国農村慣行調査》第1卷,中国农村惯行调查出版会1953年版,第19、26页。

固有地方性的非正式规则和认知与主政者新颁的法令互动,导致整体确定性与局部随机性同时出现,这正是复杂性系统的特征。这种状况既是传统中国社会秩序原理的显露,也显示民国的近代法律继受如果要快速地"在地化",戞戞乎其难哉!

可见,法律纵然可以在一夜之间继受改变,但问题是,继受后的法律,其实践性如何?欧陆的近代"六法"经过数百年的理论变迁、实际运作,乃逐渐茁壮而成。反观晚清民初的近代立法,则是成事迅速,并未经历此生根、成长的阶段,要在短期间内从传统中国"控制弹压式的法"转成近代欧陆"保障规范机能式的法",自不易达成。在法律执行面上,要从具体道德规范的实践,转向抽象法律原则的逻辑推演,也有困难。尤其,本国的法学理论、法律政策与官民之间法的观念等方面无法配合时,更易出现立法理想与行法实际之间的巨大鸿沟。

以南京国民政府来说,南北统一后,新政权建立,对外要废除不平等条约,撤废列强在华的领事裁判权,收回司法主权,开展民族革命,对内要打破旧的法律传统,实行民主革命。在"革命"浪潮的推动下,全面开始启动新的法典化运动,自 1928 年至 1936 年,先后完成了《刑法》《刑事诉讼法》《民法》《民事诉讼法》《宪法草案》的创制及其颁布施行,初步形塑了"六法体系",中国法典近代化的进程完成阶段性的任务。这个时期,法律创制的力道大、节奏快、成果丰、变革多,法律文本的系统详备程度之高,在中外法律史上的确难得一见。[①]

不过,法律创制的超高效率,并不等于司法实践的顺畅。近代中国法律基本上是外来的产物,继受过程尽管可以简短,本土化的时程却相对漫长,否则立法与司法容易产生脱节,两者自会有其严重的"时间

---

① 参见张玉法:《中国现代史》,东华书局 1994 年版,第 494 页。

差"。众所皆知,传统法规范与舶来法律无法一刀两断,法律规范又要与时俱变。倘要消弭其间的差距,一方面,须通过社会变迁,筛汰不合国风、民情或时宜的法规范,另一方面,要通过司法主体的高度智慧及巧妙运作,将传统司法与近代司法原则两相融合,调整法律对社会生活的适应性,也使社会生活尽量与当代法律导向趋同。如此,才有可能衡平先进法律与实际生活之间的脚步,弥合当中间隙的脱节,推进社会平稳变迁。

仔细想来,晚清民初、北洋政府、南京国民政府时期对于近代欧陆法或他国法的继受,可以使我们得到这样的启示——改变法文化的契机,完全在中国的古圣经义或传统伦常礼法中去寻找是不够的,必须要敞开大门,汇纳世界其他先进法律文化,注入非中国法文化的精神,加以比较、选择与吸收,截长补短,才有可能产生新的法律文化。有论者提出了"传统的创造性转化"这一命题,指出:

> 人们接受或拒绝某种文化,归根到底取决于利益和需要;但在接受外来文化时,如能在传统中找到结合点,往往可以减少阻力,这就是传统的创造性转化。①

究其实,法文化转换的现象,通常显现出两个特征:一为强势法律文化区往弱势法律文化区的输出,另一为法的继受,有时系一种本土法律文化对外来法律文化抗拒与转化的过程。"创造性的转化"一词由历史学者杜维明(1940—)所提出,在这里可以引申为指从传统中找到

---

① 袁伟时:《"刑法"的变迁与本世纪中国文化的若干问题》,载张志林主编:《自由交谈》第1辑,四川人民出版社1998年版,第107页。

正当性或合法性,其实是一种改革的策略。①

我们也得肯认,之所以要继受外来的法律,绝不只是政治、经济、军事落人之后,也确实存在着一个传统中国法律已无法适应当代社会的快速变迁问题,承认西方近代法律的相对先进性,就可以给予清末民国输入欧陆法律一个适当的疏释。因为洞察并承认西方法律文化的理性成分,而加以引进、转化,将促进本身法律文化的滋长,进而有利于消除历史的、现实的隔阂,加速文化交流,并在交流中省察自己的不足,及时调整规范重建的政策定向。

当然,清末民国以来法律的近代化,追求的是与列强法治先进国独立、平等与合理的法制,而在这些追求当中,势必要对传统加以整理、评鉴、批判,甚至大部分予以扬弃,但绝不是,也不必对传统全面否定。再明白地说,清末民国时期的法律近代化,是传统与近代挂钩接榫的历史运动,所意含的不只是消极地对传统巨大地摧毁,也不是简单地剪裁与拼凑,而是要在学习他国法制模式的同时,也能多加省视本身的文化感情与社会的客观现实,唤起国人自尊与理性开拓的精神,进而一步步地转化传统,使新生的法律可以运作,可以展现出活性化的一面。

四、法律继受过程中的法治认同与在地化

要评估一个国家或一个地区有关法律继受的成败,最切要的观察点,或许是在输入的法律与本土社会是否能有机地融合,新的法律是否能成为民众普遍遵守的行为规范,国家法律体系之外原生态的民间社

---

① 参见杜维明:《创造的转化——批判继承儒家传统的难题》,载郭齐勇编:《杜维明文集》第1卷,武汉出版社2002年版,第296页。

会规范和秩序如何能去芜存菁以符合实际的需求。要言之,是否能树立一种新的"法治精神"?然而所谓"法治精神"不是一种靠引进一些新的法制、颁定一些新的法典,即可实现的东西,而是一种守分寸、讲正义的价值观念体系,必须有某些基本的制度、程序、方式等文化背景与国民的法律感情和法律意识作为基础,方能发挥作用。①

　　清末民初乃至 1949 年以前,中国社会中的法规范,形式上虽已渐趋近代化,但时局犹混沌纷乱,大部分地区仍封闭贫瘠,司法组织不够健全,法学教育未能普及,官民对"法治"的价值认同不足,中国社会也从未经历西方近代个人主义与自由法制的洗礼,而清末民初又适逢西方社会高唱"由个人而社会"、由"权利而义务"之际,不免妨碍国人对西方法制基本理念的认识与接受,更因拂拭不去传统法律文化的温存,对继受而来的西方民主法治精神及其实定法规范,或做同语异义的扭曲,或束诸高阁,致使西方法律或法学思想的继受变形、变质,徒具形骸而已。

　　从实际社会方面考察,辛亥革命以后长期处于战乱,袁世凯(1859—1916)当政的时代,外忙于应付帝国主义的侵略,内眩于镇压政敌,根本无暇有系统地从事法制建设。袁氏去世之后,各派军阀轮番主政,但他们大部分的精力用在维持政权上,也无心有计划地发展法治蓝图。1928年北伐完成、南北一统到 1937 年全面对日抗战爆发以前,这十年当中,整体而言,不仅物质建设上有明显的进步,在政治建设上,也是结束军政、实施训政、准备宪政的时期,在法律的制颁和司法的改良上,也确曾用心、用力过,纳闷的是,为什么十年的努力,法治绩效仍然不彰?②

---

①　参见苏俊雄:《法治政治》,正中书局 1990 年版,第 4 页。
②　"十年的努力,有成功的地方,也有失败的地方……其一,农村复兴的失败,使农民生活越来越困苦。其二,新生活运动以固有道德为主要内容,被许多知识分子怀疑为复古运动,当时的知识界,承袭启蒙时代的精神,有反传统的倾向;政府的传统倾向,使许多知识分子离心。"相关论述参见张玉法:《中国现代史》,第 572—573 页。

单就"法治社会"面向看,或许可以这么说,南京国民政府时期,其有效控制的区域仍很有限,各地区的法制系统与法律生活有着相当程度的歧异。因此,除若干较发达且为国民政府所控制的地区,审、检及法制运作较上轨道外,大多数地区,就庶民百姓而言,现代法律的保障并非普遍有效存在,新颁各式法典的实施状况并不如预期。尤有进者,执政者时而出于政治现实考虑,滥用法律与司法充当排除异己或巩固政权的统治工具,[①]致使这套继受自欧陆、日本的法制,长期无法正常成长,不能发挥法制应有的社会规范功能。人民对于法制与司法既未能建立起信赖感,更不会以崇法、遵法为荣,反而以能够规避法律规范为能事,造成司法正义不张与社会公义沦丧。

政治体制与司法制度之外,中国社会结构特性及相应的秩序原理也是不可忽略的。西方近现代法学强调的是个体的人格,在观念上以个人权利本位为前提,追求意志的自由和自治,法律的功能是保障个人自由。反过来,为了实现个人自由,个体必须严格遵守法律,这是西方法治的基本逻辑,把复杂的社会关系简单化了,构成一个单纯系统。但是在传统中国社会,强调的是家族伦理义务本位的礼法思维,独立人格的观念极其淡薄,[②]人都是一种关系性的存在。像中国这样一个超大规模的关系主义社会,人际网络纵横交错,人与人之间的互动关系非常活跃,因此有序化的机制就变得多层多样,构成一个复杂系统。在这样的情境之中,决策和纠纷解决必须更多地考虑特殊的具体个案情节,严格

[①] 有论者指出,1928—1949年因司法权的非中立性、司法程序的非正当性、司法实体的非正义性、防腐机制功能的弱化等因素,引发法律信仰危机,导致社会失控。详参张仁善:《司法腐败与社会失控》,社会科学文献出版社2005年版,第54—205页。

[②] "中国传统社会或文化中并不是没有个人自由,但并不是个人主义社会,也不是绝对的集体主义社会,而是介乎个人主义与集体主义二者之间。"余英时:《中国文化与现代变迁》,三民书局1995年版,第170页。

遵守法律的观念就很难产生和坚持。①

值得一提的是,20世纪初期,民众的生活依然普遍艰难,文化素质比较低下。据当时的抽样统计,民国时期全国的识字率在20%左右。在南京国民政府时期,四亿多人的国民中,文盲仍占大多数。教育家晏阳初(1893—1990)曾说:

> 吾国男女人民号称四万万,估计起来,至少大多数一个大字不识,像这样有眼不会识字的瞎民,怎能算做一个健全的国民而监督政府呢?怎么不受一般政客官僚野心家的摧残蹂躏呢?②

旨哉斯言。在一个"法治社会"理念刚刚萌芽的国度里,纵然标榜法律近代化,但要真正践行"法治",谈何容易?何况"法治"有其时髦性与迷幻性,其内涵也具多义性,往往随时代、国度而各自解读。③

此外,法律继受过程中最被强调的,恐怕是舶来法律如何本土化的问题。而法律本土化的首要课题,即在于外来法律词语的翻译问题。如果将法律语言与日常语言所构成的双语世界看成分属两种法律文化,即内面法律文化(internal legal culture)与外面法律文化(external legal culture),那么两者间的主要区别在于前者指法律人,后者指非法律人,双方关于法律所持的观点、见解与意识的不同,④此两种文化在20世纪

---

① 参见季卫东:《中国法律秩序的复杂性及其20世纪的嬗变》,第46页。
② 晏阳初:《平民教育新运动》,载宋恩荣主编:《晏阳初全集》第1卷,湖南教育出版社1989年版,第31页。另参阅寺田浩明:《中国法制史》,东京大学出版会2018年版,第317—323、343—357页。
③ 参见苏永钦:《法治、法治国、依法治国》,《中国法研究》2016年第3期。
④ Lawrence Friedman, *The Legal System: A Social Science Perspective*, Russell Sage Foundation, 1975, pp. 223-268.

前叶显然无法充分交融。特别是在异质法的继受过程中，法律语言的转换如此被重视，主要原因在于语言不只是沟通的工具，它还承载了意义、形成了理解，此种理解直接影响了一个人的认知与行动，也决定了一个人的自我认同与社会角色的定位，表现在人际间的沟通与理解时，则形成社会习惯或社会共识、构成社会整体的结构性限制与机会。

从立法继受的角度看，法典律条固可循着理想而制颁。不过，社会是有惰性的，尤其像中国这样一个古老的国家，广土众民之外，更有其悠久的历史文化与传统，要改弦更张，适应新法律所创造的一切，当然不可能一蹴而就。而法律语言的转换为法律继受过程中相当重要的环节，严格说来，法律继受的主体不应该是立法者而是法律适用的对象，立法者顶多只是法律继受的开拓者，执法者或受法律拘束的人民才是法律继受真正的主体。因此，必须重视法律语言的普遍性与平易性。

在法学理论及司法实务的发展上，1949年以前中国的法律继受，其主导权和决策权几乎完全掌握在政治、法律精英手中。于立法时，往往着重于外国立法例的引介与导入，然而于法律用语上，部分立法未免使用了过多的"舶来词"，专门术语往往生涩隐晦，尚谈不上信、达，更遑论雅俗共赏。① 司法裁判文书的论证方式与语言使用，对一般百姓而言，更是望而生畏，人民对法律有严重的疏离感，尤其对于此等继受自外来的法律。一旦移植于国内，实际的运作状况如何，引介者社会的适应性又如何，引介者往往欠缺配套考虑。凡此，固可归咎于长期以来媚于外国的先进法律文化所致，实也因为国内法学界长期疏于关注法社会学或法政策学有以致之。

---

① 参见黄源盛：《法律继受与法律语言的转换——以晚清〈大清新刑律〉的立法为例》，《政大法学评论》第145期（2016年），第239—249页。

长期以来,法律本土化的呼声不断,然则,何谓"本土化"?如何"本土化"?众声喧哗中,徒有想法却无人能提出令人满意的办法,以致理想法治社会的建立始终可遥望而难以企及,甚至乖常现象层出不穷,总是无法走出法律文化转型的阵痛期。更吊诡的是,人民常一边向往"法治社会"、恭维法治观念,另一边在实际生活中却对法律规范充满不信任感,不是拒斥,就是屈从,法治正义观一直无法深入民心。孰令致之?

一些西方国家,有关近代法治精神,大都是"由下而上"自发性的成长,因而已能大致内化成为民众的国民法意识。而晚清民国之导入欧西法制,是在外力与内压的情境里"由上而下"地输入异质法文化,法治精神仍具有"强制威权"的特性,并非源出于在地自生根性、本土性的背景,而是在法制的继受过程中,被迫、被动地接受与适用的。这种异质法的强制继受,功过参半。这也是法律继受国最难以克服的困境。

事实上,法制本无绝对的优劣,立法政策端在人为,或以弥补过去的缺点,或随世界法学新潮流而跟进,要随社会进化程度而决定。作为一个法律继受国,固不应以法律本土化为名而闭关自守,甚至自外于世界;但该如何使外来法律在地化,如何让新的法律成为人民真正认同的社会规范,可说是法学界最沉重的使命了。① 不幸的是,此份"使命"距离理想目标一直相当遥远。

当然,作为一个弱势的法律继受国,不必刻意拒斥异质的强势法律文化,反而需要在学习借鉴基础上,做大量的法规范、法制度的比较,但

---

① 参见苏永钦:《台湾的社会变迁与法律学的发展》,载法学丛刊杂志社编:《当代法学名家论文集》,法学丛刊杂志社1996年版,第576—577页。

继受的目的不应仅局限于外国法的重现,更应重视社会实际经验的相互观摩,外国法学的新理论也仍值得引进。这不但不妨碍法律的在地化,反而会是一大助力。

五、社会转型期伦常条款的存废与价值重建

时代在变,社会的思潮也在变。时间与空间因素的转变,自会影响文化价值观与社会伦理道德的标准。传统中国旧律,向来法律与伦理道德混同,继受欧西法以来,此两者间的关系到底要合?要分?分多合少?合多分少?多元视野下的法律与伦理道德关系该如何衡平?社会变迁中的伦理价值观该如何重建?皆是值得关注的课题。

默察中外古今,凡法制有所变革,无不与时代与社会转型息息相关。19世纪和20世纪之交,时值晚清,中国社会已被深深卷入西方资本主义的漩涡,闭关自守已为海禁大开而取代,国际通商交涉事务益发频繁,涉外法律案件日益增多,尤其面临国家沦亡的严重危机。清末变法修律期间引发的世纪"礼法之争",礼教派与法理派双方自成派系,广拉后援,相互批评。在宪政编查馆复核《刑律草案》时,即已引起轩然大波,甚至在资政院审议期间,还出现肢体冲突,由院内争执到院外,借由舆论而传播到全国,成为影响新旧思想何去何从的一次大论战。[①] 当时执掌变法修律重责大任的沈家本从其改制图治、拯救清廷的立场出发,提出不能再墨守旧章、宜随世运而移转,甄采西法的主张。

如以当今的标准言,传统中国旧律并未涉及"人格尊严"等考虑,

---

① 参见李贵连:《沈家本传》,法律出版社2000年版,第297—356页。另参阅梁治平:《礼教与法律——法律移植时代的文化冲突》,广西师范大学出版社2015年版,第13—36页。

尤缺"人权保障"之观念。身处社会急遽变迁的年代,沈氏深刻比较了当时中西法制的发展,然后清晰地意识到当时法制发展的趋势,明确提出"生命固应重,人格尤宜尊"的修律大方向。于是他将西方人格尊严及人权尊重的"人格观",列为改革旧律的一项基本原则。他首先将伦理意义上的"人格"与法律意义上的"人格"区分开来,以法律意义上的"人格"作为改革旧律的基础。在1907年拟定《刑律草案》时,他毅然将"无夫奸""子孙违犯教令"等罪名删除,而1906年的《刑事民事诉讼法》草案,虽被张之洞(1837—1909)批评为"袭西俗财产之制,坏中国名教之坊,启男女平等之风,悖圣贤修齐之教",① 却正体现了将伦理的"人格"从法律中分离出来,向"人权"的法律基础迈出的第一步。沈家本指出:

> 凡人皆同类,其人而善也者,茂林翘秀也;其人而恶也者,丛拨荒芜也。法之及不及,但分善恶而已,乌得有士族匹庶之分?……是使人但知士族匹庶之分,而不复知善恶之分矣,此大乱之道也。②

针对当时律例中的身份差等规范,沈氏提出了一系列的改革措施。在《刑律草案》中,他采撷欧西各国新立法例,憧憬"法律之前,人人平等"的境界,除若干涉及皇权及身份伦理关系,碍于时代局限,仍保持固有的差等规定外,大体上已遵循"法律平权"的方向,显现出崭新的面貌。最主要者,乃简化犯罪的类型,抛弃伦理身份决定罪责的原则,例如行为人犯罪,仅个人受刑法的制裁;二人以上犯罪,共同担负刑事

---

① 张之洞:《遵旨复议新编刑事民事诉讼法折》,载沈云龙主编:《近代中国史料丛刊》第458辑,文海出版社1966年版,第4023页。
② 沈家本:《刑制总考三》,载沈家本:《历代刑法考》,中华书局1985年版,第34页。

的责任，不仿传统刑律中所谓"缘坐""罪坐家长或户长"之制。至于旧律中有关官秩、服制等项的不平等规定，以"家天下"为根据的八议、议请减赎、官当、赎罪，以及尊尊、亲亲、长长。以家长制、家族主义为基础的十恶不赦、犯罪存留养亲等旧制，大都在修正或删除之列。有关民族及良贱之间的法律地位也多力求趋于平等。

概言之，近代欧陆法系国家的法律，均有一个抽象、理论的体系，讲求立法技术，严格依据法律的构成要件，以实定法作为裁判及保障个人权利的准据，其价值也普遍受到世人的重视，这些正是传统中国法文化中所相对欠缺的。晚清中国社会在"西潮"席卷下，法律的实质内容由家族伦理本位渐渐逐步走向个人权利本位，其中最显著者，莫过于从伦常身份差等的法律秩序尽可能倾向平等人权的立法原则，以新法中的"人权尊严"代替旧律中的"家族伦理"，以新法中的"法治思想"取代旧律例中的"礼法传统"。

对于大清《新刑律草案》的近代欧陆导向式立法，礼教派的劳乃宣（1843—1920）不以为然，他上书宪政编查馆大发议论，《清史稿·刑法志》特意长篇引述，其中一小节言道：

> 法律大臣会同法部奏进修改刑律，义关伦常诸条，未依旧律修入。但于附则称中国宗教遵孔，以纲常礼教为重。如律中十恶、亲属容隐、干名犯义、存留养亲，及亲属相奸、相盗、相殴、发冢、犯奸各条，未便蔑弃。中国人有犯以上各罪，应仍依旧律，别辑单行法，以昭惩创。①

---

① 《清史稿》卷一四二《志一百一十七·刑法一》。

从"礼法争议"的过程看来,争论的焦点集中在:鉴于当时国情,制定新刑律的立法宗旨,究应以近代欧陆法律的原理原则为主,抑应以传统中国的纲常礼教为主?新法的精神应采以个人为本位的国家主义,抑或家族主义?《大清律例》中的"干名犯义""犯罪存留养亲""亲属相奸""故杀子孙""杀有服卑幼""妻殴夫""夫殴妻""犯奸""子孙违反教令"等维护传统礼教的条文,是否要全部列入新刑律?如何列入?整个争议的重点就在这些问题上。而从其结果言,这种沟通新旧、调和矛盾的情况,在一定程度上反映了围绕修律问题的各种势力的颉颃,也显现出各种社会力量的强弱关系。礼教派虽迫于形势,不能阻止新刑律的修订,但总是力图在新律中保留更多的旧内容。而法理派虽得新刑律的制订机会,也迫于现实,在许多方面又不得不向保守势力节节退让,甚至当礼教派以《暂行章程》为据根本否定新刑律时,也无招架之力。这场争议实际上关系到近代中国法制与法秩序的转折与维新,我们不仅可以从中窥见传统士大夫对于新秩序的迎拒态度,也可以从中体认中国法律由传统迈入近代的艰辛步伐,以及由这一冲突所产生的若干法律思想上的纠结。

其实,自继受欧陆近代刑法以来,1911年的《钦定大清刑律》,多多少少还是保留了固有礼教的成分,并未完全不顾中国素来的天理人情等法律价值观;对于重要的伦理法益,仍将之标明于法典加以规范。例如其总则第17章"文例"中,仍采用服制图以计算亲等。又如分则第12章的伪证及诬告罪,对于诬告尊亲属的规定;第20章的亵渎祀典及毁掘坟墓罪,对于发掘尊亲属坟墓或侵害其尸体的规定;第26章的杀伤罪,对于杀伤尊亲属的规定;第28章的遗弃罪,对于遗弃尊亲属的规定;第31章的妨害安全信用名誉及秘密罪,对于妨害尊亲属的生命、身体、自由、名誉及财产,处以极刑或加重其刑;第31章的藏匿罪人及湮灭证据罪、第 32 章的窃盗罪，对于亲属或直系亲属犯之者免除其刑的规定，[①]凡此，均充分体现固有刑律上的"孝悌""亲属犯罪相容隐""缌麻以上亲相盗减等"等传统精神。

降及 1935 年南京国民政府所颁定的《中华民国刑法》，有关尊卑身份犯罪而法律明文加重其刑度，限缩法官裁量可能的伦常条款也多数存留，例如第 170 条 "诬告直系血亲尊亲属罪"，第 250 条 "侵害直系血亲尊亲属尸体、坟墓罪"，第 272 条 "杀直系血亲尊亲属罪"，第 280 条 "伤害直系血亲尊亲属罪"，第 281 条 "施暴行于直系血亲尊亲属未成伤罪"，第 295 条 "遗弃直系血亲尊亲属罪"，第 303 条 "剥夺直系血亲尊亲属行动自由罪" 等。至于因伦理身份而减免其刑的犯罪类型有：第 167 条 "亲属间犯藏匿人犯、使之隐避、顶替罪" 或 "湮灭刑事证据罪"。此外，1935 年的《刑事诉讼法》第 167 条 "特定亲属间的拒绝证言权" 等。这些规范，仍蕴含浓浓的身份伦理色彩。

理论上，法律规范反映世俗民情，而文化有其区域独特性，各国的法制往往因国情所系、风俗所关，各有特色，无须强力求同，也不必处处舍己徇人，此固为不争之理。不过，晚清民国以来，在欧风美雨照拂下，一池春水既已被吹皱，要再不为所动，也难。传统中国的家族伦理性礼法，与近代西方自由主义思潮中的个人主体性立法相遇之后，伦理道德要不要法律化？伦理道德的法律化是否意味着人格权的不平等？法律的去伦理化，是否即要舍弃伦理道德中人性高贵情操的特质？凡此大哉之问，当时有困惑，如今也只有任人点评了！

[①] 以上各项罪名详参黄源盛：《晚清民国刑法史料辑注》上册，元照出版公司 2010 年版，第 416 页以下。

六、结语

19世纪末叶以前的中国社会,由于地处东亚大陆,特殊的地形、气候及丰富的天然资源,使得中国很早就跨进了文明历史的门坎。就法律文明来说,历史上,早熟而先进的传统中国文化也曾为东亚周边的国家所继受,如日本、朝鲜、越南等。不过,由于经济上自给自足、政治上优位自守、天朝大国无所不有的观念,以及宋代以来海禁政策的执行等,使得中国一直享有一种"光荣的独尊",也使得过去两千多年的传统社会,几乎与世界其他进步的法文化隔绝,而近乎一种平衡、稳固及少变的深层结构。可以说,中国的固有法,始终是靠本身的传统历史文化与社会环境长成而发展的,长期的孤芳自赏,既未感受外来法文化的影响,因此也就得不到外国文明的刺激与调剂,法规范与法制度的进展不但有限,甚至陈陈相因、保守僵化,终至陷于长期的停滞。

20世纪伊始,清廷在列强外逼与内在革命的严峻形势下,被迫放弃祖制家法,无奈地宣布变法修律。自此,近代西方法制、法律思想得以源源输入中国,终于使延续两千余年的中华法系洞开大门,开始与世界其他法系衔接。这种法律继受,时也!势也!因缘际会下,这是不可避免的,也是必要的。经过这场前所未有的法制大变革,固有的中华法系终于走出传统窠臼,代之而起的是大规模欧陆异质法的粉墨登场,其荦荦大者如:一,从中华法系迈向欧陆法系;二,由刑律为主、诸法混同到"六法"分列的法典编纂体例;三,由家族伦理义务本位到个人自由权利本位等。此间有"脉络化的断裂",也有"脉络化的转换"现象,彰彰明甚!问题是,如何根据国情采撷西法?如何认识外国法制合于国用者?尤其,在急遽的社会变迁中,法律应如何因应新旧文化价值的冲突？为了合理主导社会变迁的方向，又该如何处理"超前立法"或"超文化立法"的可能性？

当然，要真正解决这些问题，本是极其艰苦、曲折和漫长的工程。有清末季，沈家本等法理派人士纵然在清廷缺乏立宪及变法修律的"完全诚意"下，假戏真唱，扬弃旧律中不合时代社会需要的束缚，以撤销"领事裁判权"为鹄的，以革新法制为职志，广泛继受了欧陆及日本近代的新法制；其中颇多的立法理念，是筑基于工商业社会的经济基础、个人自由主义的社会基础，而这些都不是晚清社会的实情，当时的民族工商业并未能得到应有的发展，政治社会环境与可以实施西方个人、自由、权利为本位的体制条件，相去仍有一段距离。尤其，当时西方法文化是随着军事上的胜利，以强迫的方式输入中国，东西方文化第一次大规模的会面，竟出之于"兵戈相向"的形式，这就中国的近代化而言，实在是很大的不幸。因为，一方面使晚清政府惊惶仓卒，不知所措；一方面又使清廷在受羞辱之余，对西方文化产生反感与拒斥，这种不正常的心理，久久难以消除。虽然有心人士体认到不得不进行法律近代化，然而主其事者既迫于内外情势，囿于本身政治立场，守旧之士又竭力反对，于是，许多力量被抵销、空转。而民国建立之后的前四十年，政坛扰攘不休、烽火连天，外患内战接踵而来，各时期的主政者纵使有心，也乏力振作。

我常这么想，晚清民国法律近代化之所以困难重重，原因固多，主要或在于谋求近代化的过程中，一直未能与传统取得协调，从而也就未能获得传统的协助，甚至相互干扰，牵制了近代化的脚程。历史清楚地显示，现在乃过去所蜕化，又所以孕育未来。20 世纪前半叶以来法律继受的经验提醒我们，法制的变革和建设，涉及各种社会关系和不同团体的利益衡量。因此，要改革旧法制、建立和健全新法制，绝不能孤立地进行,必须与其他政治、社会、经济乃至教育文化改革相互配合,而且要费很大的力气才能改变这些观念。所谓"变法难,变法的观念更难",国家法规范不外是一套价值系统的体现,徒法不足以自行,而行法、用法除法律逻辑的推演之外,更脱离不了文化价值观念与人民法律情感的作用。在法制改革或立法活动中,如果执政当局与普罗大众没有相应的新思想、新观念的转变,如果不排除旧思想、旧观念的干扰,如果不在信念中树立个人尊严与价值,进而确实了解法律与个人权利自由及民主法治关系之不可分。那么,新的法律就很难产生。即使产生,也很难真正得到落实。因为,法的继受并不只是法典骨架的"移植",法的本身必须适应一个社会的生活,才能长出灵肉。

帝国改革、宪法发展与神圣罗马帝国的"近代性"*

王银宏**

摘　要　为解决帝国存在的诸多问题,自 1495 年起,神圣罗马帝国便试图通过"帝国改革"维持帝国内部的和平与秩序,并在一定程度上解决皇帝与帝国各阶层之间的权力秩序问题。"帝国改革"实质是权力妥协的结果,基于"帝国改革"而产生的诸多被称为"帝国基本法"的宪法性文件体现出帝国统治的"契约性",使得帝国皇帝的统治契约化和帝国阶层的政治参与扩大化,促进了帝国权力的制度化和规范化发展。但是,由于神圣罗马帝国本身自始即存在诸多制度性缺陷,而且帝国阶层和皇帝都低估了对方的实力,因此这一"帝国改革"未取得较多的预想成果。尽管如此,通过"帝国改革",神圣罗马帝国在制度形式上具有了更多的"近代性"。

关键词　神圣罗马帝国　帝国改革　统治契约　帝国基本法

神圣罗马帝国在 15—16 世纪进行的"帝国改革"(Reichsreform),在德意志法律史上具有重要的地位和意义。海因茨·杜赫哈特(Heinz

---

* 本文原载《政治与法律评论》第 11 辑(2021 年)。本次进行了修订。
** 王银宏,中国政法大学法律史学研究院教授、博士研究生导师。

Duchhardt）教授将 1495 年称为神圣罗马帝国制度发展的"转捩点"。自 1495 年起，神圣罗马帝国皇帝马克西米利安一世（Maximilian Ⅰ.）或主动或被动地通过沃尔姆斯帝国议会（Wormser Reichstag）采取多项措施进行"帝国改革"，意图解决帝国当时所面临的一些问题。1500—1521 年的"帝国改革"是 1495 年"帝国改革"的继续。"帝国改革"集中反映了帝国皇帝与帝国各阶层之间的博弈和妥协，奠定了此后神圣罗马帝国宪法政治制度化发展的基础。本文依据相关原始文献，试将"帝国改革"作为神圣罗马帝国"宪法"发展和"契约化统治"的一个阶段来进行论述，以明晰这一历史时期的"帝国改革"及其法律、政治意义，进而明确神圣罗马帝国的"宪法"发展及其宪法政治之基础。[①] 本文所述的"统治契约"主要聚焦于神圣罗马帝国的世俗权力的两个主要方面——作为神圣罗马帝国统治者的皇帝与作为地方领地统治者的选侯（诸侯）之间的"权力契约化"。因而，本文所谓的"统治契约"主要是指"国家权力"意义上的"契约"，即帝国世俗权力之间的契约化。这里的"契约"实际上既具有"公法"上契约的性质——作为帝国的制度性存在的皇帝与选侯之间的契约，也具有私法上契约的性质——作为个人的皇帝与选侯之间的契约。

---

① 关于"神圣罗马帝国"的称谓，一般认为，公元 962 年开始称"罗马帝国"，11 世纪开始称"神圣罗马帝国"，15 世纪末开始称为"德意志民族的神圣罗马帝国"。据此，本文所述的时期属于"德意志民族的神圣罗马帝国"时期（赫尔穆特·诺伊豪斯［Helmut Neuhaus］认为，"德意志民族的神圣罗马帝国"的称号是在 1512 年正式采用）。为表述方便，本文一般称之为"神圣罗马帝国"或者"帝国"。此外，根据 1356 年《金玺诏书》的规定，神圣罗马帝国的七位选侯中，有三位教会选侯，即美因茨大主教、特里尔大主教和科隆大主教，他们也有着自己的统治领地，并且也在自己的领地范围内行使着世俗权力。限于主题，本文不明确区分世俗选侯和教会选侯。

一、"帝国改革"的意涵

在一般意义上,"改革"一词蕴涵了"革新"和"进步"之意,这一时期的德意志民族的神圣罗马帝国的"帝国改革"也可以作如是理解。"帝国改革"这一概念在德语学术界有着较为明确的含义,通常是指神圣罗马帝国在15、16世纪为使帝国适应近代国家发展要求而进行的尝试,其目的是希望通过改革使帝国能有效地协调各领地诸侯之间的关系,从而实现维护帝国内部的和平与外部安全的目的。"帝国改革"不仅展现出帝国各等级追求和平与更好的法律秩序的目的,同时也反映出皇帝与帝国阶层(Reichsstände)之间的政治斗争,而这在更高的层面上涉及帝国的"统一"与存续问题。① 应当指出的是,神圣罗马帝国在15、16世纪所进行的"帝国改革"在很多政治文献中也被称为"宪法运动"(Verfassungsbewegung),此时的"宪法运动"和"帝国改革"并不是要创造新的"宪法形式",其目的毋宁说是恢复和重建古代的"良善"秩序。② 实际上,对这种"良善"秩序的追求在最低的限度上就是对帝国内部和平与外部安全的追求,而实现这种秩序的现实基础则是帝国阶层与皇帝的权力诉求及其权力妥协。

虽然"帝国改革"始于1495年,但是其时限范围并没有取得广泛的共识,多数学者将其限定为1495年至1521年(或者延至"第二帝国咨政院"结束的时期),但是,此时帝国改革远未结束,也有少数学者将其下限延至1555年《奥格斯堡宗教和约》。如众所周知,1648年《威斯

---

① Heinz Angermeier, *Reichsreform und Reformation*, München 1983, S. 3.
② Karl-Friedrich Krieger, *König, Reich und Reichsreform im Spätmittelalter (2. Aufl.)*, München 2005, S. 49.

特伐利亚和约》才对帝国的相关问题,特别是帝国改革所涉及的诸多问题,作出根本性的规定。① 因此,本文选取学术界公认的属于"帝国改革"时限范围内的1495年至1521年的"帝国改革"作为论析的对象。在此期间,除1495年8月7日沃尔姆斯帝国议会通过的《永久和平条例》《公共芬尼条例》《帝国最高法院条例》之外,作为"帝国改革"成果的"基本性法律文件"主要有:1500年7月2日颁布的《帝国咨政院条例》(Regimentsordnung)、1519年7月3日皇帝卡尔五世签署的《选举让步协议》,以及1521年5月26日通过的新《帝国咨政院条例》等。值得一提的是,在17世纪之前,几乎所有神圣罗马帝国法律文件的开头都写道:"我们受上帝庇佑的罗马人国王/皇帝(统治着……)",这无疑宣示了帝国皇帝的权力及其在帝国的统治地位。由于神圣罗马帝国的"制度性缺陷","帝国改革"首先涉及帝国的执行权(行政权)问题,而这与皇帝的命令权和执行权之间存在矛盾和冲突,因此"帝国改革"自始就存在于皇帝与诸侯的斗争和妥协之中。②

在1495年"帝国改革"之前,一些世俗和宗教人士即认识到帝国的基本法律制度、司法制度和财政制度等方面的缺陷,认为帝国皇帝没有能力阻止战争与维持和平。③ 他们针对当时帝国制度存在的弊病提出了诸多改革建议和解决方案,而帝国实际上也进行了一些改革尝试,但成效不彰。④ 到15世纪末,被称为"最后的骑士"的马克西米利安一世

---

① Hans Boldt, *Deutsche Verfassungsgeschichte (Band 1) (3. Aufl.)*, München 1994, S. 255.
② Ibid., S. 254.
③ Karl-Friedrich Krieger, *König, Reich und Reichsreform im Spätmittelalter (2. Aufl.)*, S. 49-50.
④ 详见王银宏:《1495年"帝国改革"与神圣罗马帝国和平秩序建构之制度困境的反思》,《比较法研究》2016年第4期。

当选为帝国皇帝①,此后帝国内部的和平与秩序问题愈发地突显出来,进行改革已是不得不为之事。马克西米利安一世的改革成果主要表现为1495年沃尔姆斯帝国议会上通过的具有重要意义的改革决议,即试图通过制度建设和法律保障来达到维持帝国内部的和平与秩序的目的。这不仅涉及帝国内部权力秩序的重构,还涉及皇帝的司法权力和帝国的司法机制问题,因为帝国司法机制的改革在15世纪上半叶就已成为诸多人士呼吁帝国进行改革的重要方面。

二、1495年沃尔姆斯帝国议会与和平秩序的建构

1495年的沃尔姆斯帝国议会被看作"帝国改革之基石",皮特·沃尔夫特(Peter Wolfter)将此次帝国议会视为"帝国历史上最重要的国家事件"②。在1495年沃尔姆斯帝国议会上,帝国首席总理、美因茨大主教贝尔托德·冯·亨内贝格(Berthold von Henneberg)在推进改革方面发挥了比皇帝马克西米利安一世更为重要的作用。他被视为"改革派"的首领,也是帝国各阶层参与帝国政治的坚决支持者。③ 美因茨大主教的一些主张得到皇帝马克西米利安一世和出席帝国议会的帝国阶层的同意,帝国议会由此通过了一些具有深远意义的改革决议:一是颁布《永久和平条例》(Der Ewige Landfriede),武力自卫被无条件地禁止;二是

---

① 准确地说,在马克西米利安一世于1508年2月在特伦托大教堂宣布自己是"当选皇帝"之前,他仅是"德意志国王",但为表述方便,文中一般称马克西米利安一世为"皇帝"。

② Peter Wolfter, *Geschichte der Veränderungen des deutschen Reichsstaates*, Zürich 1789, S. 344.

③ Dietmar Willoweit, *Deutsche Verfassungsgeschichte. Vom Frankenreich bis zur Wiedervereinigung Deutschlands (6. Aufl)*, München 2009, S.101.

颁布《公共芬尼条例》(Die Ordnung des gemeinen Pfennigs)，在全帝国范围内征收一种普遍的、帝国各阶层都须缴纳的帝国赋税——公共芬尼(Gemeiner Pfennig)；三是颁布《帝国最高法院条例》，设立帝国最高法院(Reichskammergericht)，这在一定程度上取代了皇帝及王室的司法权力。这些改革决议希望有针对性地解决帝国的内部秩序问题、财政匮乏问题和司法机制问题，以实现帝国的和平与秩序。

（一）《永久和平条例》：达致帝国和平的法律基础

《永久和平条例》被看作1495年沃尔姆斯帝国议会颁布的"最重要的法律"，是保障帝国和平的基础，也是帝国改革的基础。《永久和平条例》的目的，如其"序言"所述，是"保障、促进、维护神圣帝国和德意志民族的普遍和平"。《永久和平条例》共12条[①]，其前11条主要是对该《永久和平条例》的地位、作用、效力及违反后果的强调，第12条则是对于《永久和平条例》之效力的限制性规定——不能依此条例而废除帝国现存的其他法律。依据《永久和平条例》，所有公开的武力自卫和武力性的私力救济皆在全帝国范围内被禁止与废除（第2条）。任何人都不得建议、帮助或者以其他方式实施犯罪，任何人无论其社会地位如何，都不得对他人发动战争或者使其遭受灾祸，受到侵害者将得到帝国最高法院和帝国议会的救济和帮助（第1条、第6条）。若违反该条例，可由皇帝宣告违反者不受帝国法律的保护，其也将失去特权和其他权利，并将受到相关的刑罚（第3条、第5条、第10条）。违反教会的法律与违反世俗的法律一样，都要受到处罚（第8条）。任何人，无论其特权和地位如何，都不得藐视该条例，任何法律亦不能废除该条例，与此

[①] Karl Zeumer, *Quellensammlung zur Geschichte der Deutschen Reichsverfassung in Mittelalter und Neuzeit*, Tübingen 1913, S. 281–284.

相矛盾的特权、习俗和结盟亦被禁止(第9条、第11条)。

《永久和平条例》成为帝国继续改革的基础。据此,武力自卫和肆意的私力救济在全帝国的范围内被无条件地禁止,帝国内的冲突各方不能以武力来自行解决争端,而由司法机构——帝国最高法院最终进行裁决,帝国最高法院亦须承担起维护《永久和平条例》实施的职责。帝国在"宪法"范围内确立了对这种司法权力的垄断,至少在形式上满足了帝国各阶层对和平与法律的吁求,形成了一个以法律规范为基础的"和平与法律共同体"[①]。帝国的选侯、侯爵和帝国城市等方均有义务保障《永久和平条例》的贯彻实施,须在其权力范围内维持帝国内部的和平。基于此,帝国内部的和平与秩序成为可能。《永久和平条例》对于帝国的重要意义,无论如何强调都是不过分的。[②]但是,《永久和平条例》的颁布并不必然意味着帝国内部的和平——莱茵河、多瑙河和美因河畔的一些邦国仍继续采取武力自卫的方式来实现其权力和利益诉求,因为一些违反《永久和平条例》的邦国总是可以找到支持者和庇护者。[③]直到17世纪70年代,地方领主才普遍摈弃"武力自卫"这一纠纷解决方式,通过司法的方式来解决纠纷才成为帝国的常态。[④]

(二)《公共芬尼条例》:谋求帝国和平的财政基础

1495年沃尔姆斯帝国议会的另一项重要决议是,在帝国范围内

[①] Micheal Kotulla, *Deutsche Verfassungsgeschichte. Vom Alten Reich bis Weimar (1495–1934)*, Berlin-Heidelberg 2008, S. 21–22.

[②] Heinz Angermeier, *Die Reichsreform 1410–1555*, München 1984, S. 174.

[③] Georg Schmidt, *Geschichte des alten Reiches. Staat und Nation in der frühen Neuzeit 1495-1806*, München 1999, S. 34.

[④] 彼得·威尔逊:《神圣罗马帝国1495—1806》,殷宏译,北京大学出版社2013年版,第79页。

征收一种为期 4 年的普遍性赋税——公共芬尼。依据 1495 年 8 月 7 日的《公共芬尼条例》①,年满 15 周岁的帝国臣民,无论男女、老幼、犹太人,抑或侯爵、伯爵、男爵、教士等,均须缴纳这种赋税(第 1—4 条)。由皇帝、选侯、诸侯、伯爵、男爵、骑士等分别任命的 7 位司库(Schatzmaister)和赋税征收专员(Comissarien)须根据规定和誓言来履行职务,该条例还规定了这些官员以及各级领主在税收方面的义务和责任(第 6—11 条)。第 13 条规定,任何人不得帮助、建议或者企图帮助土耳其人或其他人从事不利于基督教世界、帝国和德意志民族之事。第 14 条申明了增进基督教信仰、维护帝国和平和保障人民权利的原则。

公共芬尼是帝国第一次不经地方诸侯而直接征收的普遍性赋税,其首要目的不是用于军队,而是作为帝国机构的财政基础,②特别是作为帝国最高法院的财政支出③。因此,《公共芬尼条例》的颁布与赋税的征收是服务于帝国的和平秩序的,但是由于帝国缺乏自己的执行机构,这种税收甚至要依靠教会的地方组织进行征收,因而公共芬尼的征收并未得到完全实施。此外,这种赋税的征收导致了一些与其目的相反的后果——引起了地方邦国,特别是瑞士的一些邦的反对和抵抗。

---

① Karl Zeumer, *Quellensammlung zur Geschichte der Deutschen Reichsverfassung in Mittelalter und Neuzeit*, S. 295−296.
② Heinz Angermeier, *Die Reichsreform 1410−1555*, S. 169.
③ 在停止征收公共芬尼之后,1507 年的康斯坦茨帝国议会决议(Konstanzer Reichsabschied)决定征收一种由皇帝和帝国阶层缴纳的帝国税——为维持帝国最高法院正常运转而征收的赋税(Kammerzieler),其目的是负担帝国最高法院的财政费用,因为当时的帝国财政已经不能负担帝国最高法院的日常支出。这种税赋的征收至 1544 年方结束,且后来只有帝国阶层缴纳,因为帝国最高法院作为一个独立于皇帝的机构,不可能得到皇帝的支持,故只能由帝国阶层维持其财政支出。

(三)帝国最高法院的设立:实现帝国和平的司法保障

1495年帝国最高法院①的设立与《永久和平条例》的实施有密切的联系。在1495年的沃尔姆斯帝国议会上,皇帝和各邦要求在全帝国范围内消除武力自卫,通过法律和司法程序来解决彼此之间的冲突和争端。因而,设立帝国最高法院的主要目的之一就是通过法律程序保障《永久和平条例》的实施,以实现帝国内部的和平,这也体现在《帝国最高法院条例》的"序言"中——"我们有各种不同的理由为罗马帝国和德意志民族创立一种普遍的和平,但是没有正义、良善和有益的法律,这是很难实现的,为了诸位和我们帝国的共同利益,我们在沃尔姆斯举行集会,通过神圣帝国的议会设立一个帝国最高法院……"正是基于帝国最高法院的设立及其司法职能,安格梅尔(H. Angermeier)将1495年看作德意志"司法国家"的产生时间。②

《帝国最高法院条例》共32条③。依据第1条的规定,帝国最高法院的院长(须为教会或世俗的侯爵、伯爵或者男爵)由皇帝任命,由16位(1570年增为41位)法官(Beisitzer/Urteiler)④组成,其中半数须为精通法律之人,半数为贵族(至少为骑士阶层出身)。帝国最高法院的下

---

① 有论者将"帝国最高法院"(Reichskammergericht)译为"帝国枢密法院",笔者认为,这是不合适的。因为"Reichskammergericht"一词中没有任何"枢密"之意,而且它被看作一个限制皇帝司法权力、体现帝国阶层利益的司法机构,反而是被称为"帝国王室法院"的"Reichshofrat"含有"枢密"之意。依其实际地位和作用,笔者将"Reichskammergericht"译为"帝国最高法院"。

② Heinz Duchhardt, *Deutsche Verfassungsgeschichte 1495–1806*, Stuttgart-Berlin-Köln 1991, S.15.

③ Karl Zeumer, *Quellensammlung zur Geschichte der Deutschen Reichsverfassung in Mittelalter und Neuzeit*, S. 284–291.

④ 1495年《帝国最高法院条例》原文中使用的是"Beisitzer",今意为"陪审法官",但此处实际上就是指行使审判权的"法官",一些德语学者在论述中直接使用"Urteiler"("审判者")。为避免引起歧义,本文使用"法官"一词。

级机构仍为各领地的法院,这些法院依据各自领地的法律、习俗与惯例进行审判(第29条),而帝国最高法院须依据"帝国的普通法",以及诸侯、领主及其法院呈递的正义、良善与合理的条例、规章和习惯进行判决(第3条)。这里说的"帝国普通法"即罗马法——在德意志地区继受的罗马法。对于帝国最高法院而言,地方的法律和习惯只是附属性的法律渊源。通过帝国最高法院,罗马法逐渐渗入地方领地的立法和司法裁判之中,这促进了罗马法在德意志地区的继受。

  帝国最高法院最重要的职能是通过确定的司法程序解决武力自卫(Fehde)和武力争端问题,以保障帝国内部的和平与秩序。对于与"禁止复仇条例"有关的争端,帝国最高法院有初审管辖权;对于直属帝国中央和皇帝管辖的领地或个人之间的争端以及因地方领地拒绝权利保障而提起的诉讼,帝国最高法院作为上诉法院行使职权,而一些大的领地如选侯领地,继续保留其司法上的上诉地位。[①]帝国最高法院的所在地均选在远离皇帝的帝国城市(《帝国最高法院条例》第18条规定的是"一个合适的城市"),最初设在美茵河畔的法兰克福,1507年起设在雷根斯堡(Regensburg),自1509年设在沃尔姆斯(Worms),1527年迁至斯派耶(Speyer),1693年起设在韦茨拉尔(Wetzlar)。这些"合适的城市"的选择均体现了帝国阶层的利益,也显现出帝国阶层的影响及他们想要从皇帝手中夺取帝国最高司法权力的努力。在帝国最高法院设立之前,司法的最高审判权共同归于皇帝和地方诸侯,皇帝的司法权力受到地方诸侯的司法权的限制。帝国最高法院设立之后,皇帝的最高司法审判权进一步受到侵削,因为帝国最高法院对案件进行判决无需皇

---

① Micheal Kotulla, *Deutsche Verfassungsgeschichte. Vom Alten Reich bis Weimar (1495–1934)*, S. 22.

帝的同意或参与。基于此,马克西米利安一世于1498年又设立了一个听命于自己的帝国最高司法机构——帝国王室法院①。直至1806年神圣罗马帝国灭亡,帝国王室法院与帝国最高法院均为帝国的最高司法机构,两者的职能部分地存在竞合关系。

在设立最初的几十年间,帝国最高法院并未发挥原先人们所预想的职能,阻碍其履行职能的,虽有外在的因素,其自身的制度性缺陷亦不容忽视——法官人数太少。鉴于当时帝国内部的秩序紊乱状况,帝国最高法院担负的维护帝国和平与秩序的重要职责与其法官人数并不成比例——仅仅16位法官根本担负不起维护全帝国的和平与秩序的职能。后来法官人数虽有成倍地增加,但由于税收征收不利、财政匮乏,有相当一部分法官并未实际到岗工作。②歌德认为,这是帝国最高法院的一个根本性缺陷,即"以不充分的人力财力来办大事"。③另外,帝国最高法院还存在因繁冗的程序而带来的效率低下等严重问题。相形之下,帝国王室法院的工作效率要比帝国最高法院高得多。尽管如此,帝国最高法院的设立为帝国内部纷争的解决提供了一种制度化的解决机制,特别是对那些没有军事能力、将纠纷的解决寄希望于帝国制度和法律的领地诸侯而言,他们将此视为维护自己权益的重要途径。彼得·克劳斯·哈特曼亦评论帝国最高法院"特别保障了帝国的和平秩

---

① 帝国王室法院(Reichshofrat,亦可译为"帝国枢密院"),不仅是一个司法机构,也是帝国的最高决策机构,还是奥地利领地的最高机构,其主要任务是维护皇帝的特权,其成员由皇帝任命。帝国枢密院起初是皇帝的咨询机构,之后亦具有司法职能,成为帝国最高法院之外的另一个解决帝国冲突的最高机构。帝国阶层也曾试图占据该机构的职位,对其施加影响,但未获成功。参见 Hans Boldt, *Deutsche Verfassungsgeschichte (Band 1) (3. Aufl.)*, S. 269。

② Karl Kroeschell, Albrecht Cordes, Karin Nehlsen-von Stryk, *Deutsche Rechtsgeschichte (Band 2, 9. Aufl.)*, Köln-Weimar-Wien 2008, S. 278.

③ 歌德:《歌德自传:诗与真》,刘思慕译,华文出版社2013年版,第500页。

序与受尊重的权利秩序,为各种大小不一的领地邦国和城市之间和平相处提供了保证",它使得帝国的法律与和平秩序"继续为人们所承认和尊重",也为"各领地之间的合法统一"奠定了司法和法律基础,同时在一定程度上限制了邦君的违法行为及对司法权的滥用。①

1495年沃尔姆斯帝国议会为15、16世纪的帝国改革带来的重要成果是:为维持帝国的法律、和平和安全提供了必要的基础。《永久和平条例》的颁布、公共芬尼的征收、帝国最高法院的设立以及"和平与正义的实施"对帝国都具有重要意义,这些改革措施在很大程度上为建构帝国内部的和平秩序提供了保障。米歇尔·考图拉(Micheal Kotulla)教授认为,沃尔姆斯帝国议会开始了"帝国宪法的法律化和制度化"进程,帝国由此成为一个"法律共同体"。②此论虽有过分赞誉之嫌,但1495年沃尔姆斯帝国议会确立了帝国和平与秩序的法律基础却是不争的事实。

三、1500—1521年的"帝国改革": 权力妥协与帝国阶层追求权力的努力

虽然1495年沃尔姆斯帝国议会确立的"帝国改革"为维持帝国的法律、和平和安全提供了必要的基础,但是由于神圣罗马帝国本身存在的诸多制度性缺陷,这次改革未能取得较多的成果。③因而,"帝国改革"势必需要继续进行。

---

① 彼得·克劳斯·哈特曼:《神圣罗马帝国文化史1648—1806年:帝国法、宗教和文化》,刘新利、陈晓春、赵杰译,东方出版社2005年版,第37—38页。
② Micheal Kotulla, *Deutsche Verfassungsgeschichte. Vom Alten Reich bis Weimar (1495-1934)*, S. 23.
③ 王银宏:《1495年"帝国改革"与神圣罗马帝国和平秩序建构之制度困境的反思》。

（一）帝国咨政院和帝国大区的设立

早在1495年的沃尔姆斯帝国议会上，帝国首席总理、美因茨大主教贝特霍尔德·冯·亨内贝格（Berthold von Henneberg）就提议设立一个帝国咨政院（Reichsregiment）①，它被设计为一个独立于皇帝的、由帝国阶层掌握权力的"帝国政府"，其目的是独立行使帝国的行政权力，将皇帝的统治权力排除在外。② 由于这一机构明显侵害了皇帝的权力，而且上巴伐利亚公爵阿尔布莱希特（Herzog Albrecht von Oberbayern）在1495年要求成为帝国咨政院的总理，③因此马克西米利安一世反对设立帝国咨政院。④ 虽然由于战争、税收等方面需要帝国阶层的支持，马克西米利安一世又不得不同意设立帝国咨政院的要求，但他尽可能地推迟其设立并希望帝国咨政院成为一个听命于自己的权力机构，直至1500年7月2日奥格斯堡帝国议会（Reichstag zu Augsburg）颁布《帝国咨政院条例》，帝国咨政院才在形式上组织起来。帝国咨政院的设立体现出帝国阶层替代君主权力的努力，并被部分学者视为"帝国改革"运动中帝国阶层追求帝国中央权力的"高潮"。⑤

---

① 帝国咨政院是帝国各阶层（Reichsstände）参与帝国政治的一个重要方式，但它在帝国的政治实践中并未发挥出其所设想的那些职能，亦有学者将其译为"帝国最高执政""帝国执政府"等。根据"帝国咨政院"在帝国权力架构中所处的地位和实际发挥的作用，笔者认为将其译为"帝国咨政院"较为适宜。由于卡尔五世统治时期（1521—1531）亦曾设立过帝国咨政院，故此次设立的帝国咨政院亦被称为"第一帝国咨政院"，卡尔五世时设立的帝国咨政院则被称为"第二帝国咨政院"。

② Heinz Angermeier, *Die Reichsreform 1410-1555*, S. 169.

③ Herzog Albrechts Anspruch auf das Präsidentenamt 1495, in: *Lorenz Weinrich* (Hrsg), Quellen zur Reichsreform im Spätmittelalter, Darmstadt 2001, S. 425.

④ 关于马克西米利安一世的反对意见，参见 Gegenentwurf König Maximilians 1495, in: *Lorenz Weinrich* (Hrsg), Quellen zur Reichsreform im Spätmittelalter, S. 427-433。

⑤ Gerhard Oestreich, *Verfassungsgeschichte vom Ende des Mittelalters bis zum Ende des alten Reichs (8. Aufl.)*, München 1999, S. 22; Heinz Angermeier, *Die Reichsreform 1410-1555*, S. 192.

《帝国咨政院条例》共50条①，前面还有一个颇长的"序言"。帝国咨政院的成员被称为"帝国咨政"（Reichsregenten），共有20位成员，包括德意志国王（任主席）、6位选侯、1位教会侯爵、1位世俗侯爵、1位奥地利的代表、1位勃垦第（马克西米利安唯一的婚生子、"美男子"菲利普的公国）的代表、1位高级教士、1位伯爵、1位帝国城市的代表，以及6位新设立的帝国大区的代表（第1—11条）。帝国咨政院设立的目的是执行法院的判决，调解争端，执行《永久和平条例》和涉及基督教世界和神圣帝国的其他事务（第1条）。帝国咨政院的主要职责有：监督执行帝国的财政、防卫、进行战争，以及决定外交政策等。帝国咨政院还有权召集帝国议会，并且对内和对外代表帝国，②而这些原本是属于帝国皇帝的权力。《帝国咨政院条例》还以相当多的条款规定了帝国各阶层（包括犹太人）的税赋义务（第30—42条）、各教区所担负的军队组织义务（第24—27条）等，第50条则规定了帝国咨政院中各选侯、侯爵、伯爵等所担任的帝国职位。

帝国咨政院是"帝国阶层参与帝国共同统治"的一种重要方式，它行使着帝国整体的统治权，享有最高的命令和监察权，被看作"帝国阶层的中央集权机构"③，因为根据《帝国咨政院条例》第1条的规定，这个机构"享有全部（帝国）权力……有权执行所有罗马人国王和神圣帝国的事务、正义与和平"。据此，虽然马克西米利安一世出任帝国咨政院的主席，但这明显是一个虚设的主席之位，因为没有帝国阶层的同

---

① Karl Zeumer, *Quellensammlung zur Geschichte der Deutschen Reichsverfassung in Mittelalter und Neuzeit*, S. 297–307.

② Gerhard Oestreich, *Verfassungsgeschichte vom Ende des Mittelalters bis zum Ende des alten Reichs (8. Aufl.)*, S.22.

③ Dietmar Willoweit, *Deutsche Verfassungsgeschichte. Vom Frankenreich bis zur Wiedervereinigung Deutschlands (6. Aufl.)*, S.101.

意,其权力的行使将是无效的,但帝国咨政院却可以在皇帝缺席的情形下处理帝国所有的对内与对外事务,作为主席的皇帝对此并没有否决权。① 因此,虽然这个帝国咨政院在形式上建立了起来,但是由于自始即受到皇帝的反对,同时缺乏自己的执行机构和必要的财政基础,所以它没能发挥出所设想的职能,最终在内外矛盾的侵扰之下,仅存在了两年便宣告解散。在神圣罗马帝国,以各自领地统治为基础的帝国阶层大都将自己的利益置于帝国的整体利益之上,因而在帝国阶层中,只有少数人具有责任心并参与有利于帝国整体的事务,所以帝国咨政院受到帝国各阶层的威胁并不比受到皇帝的威胁少。帝国咨政院若要发挥其职能,不仅要在法律上,更要在事实上拥有自己的权力。其可悲之处正在于,主导设立帝国咨政院的帝国阶层的力量不够强大,并且没有将不可替代的帝国皇帝的权力放在眼里。②

在 1500 年,1495 年沃尔姆斯帝国议会召开五年之后,帝国改革又前进了一步——将帝国范围内的领地在总体上按照地理位置划分为多个帝国大区(Reichskreise),每个大区包括多个地方诸侯的领地,这可以看作地方诸侯在地区上的联合。帝国大区的中心机构为大区会议(Kreistag),由大区内的诸侯(侯爵)召集,大区内各等级的代表参加会议,共同商讨,做出决议。最初(1500 年)划分的帝国大区为 6 个(法兰克[Franken]、巴伐利亚、施瓦本、上莱茵、下莱茵-威斯特法利亚、萨克森),选侯领地和哈布斯堡家族的世袭领地不在帝国大区之列。1512 年,帝国大区增为 10 个,选侯领地和哈布斯堡家族的世袭领地也被划入帝国大区,即增加了奥地利、勃垦第、上萨克森(包括勃兰登堡选侯

---

① Fritz Hartung, *Deutsche Verfassungsgeschichte (9. Aufl.)*, Stuttgart 1950, S. 20.
② Micheal Kotulla, *Deutsche Verfassungsgeschichte. Vom Alten Reich bis Weimar (1495–1934)*, S. 24.

和萨克森选侯领地)以及莱茵选侯大区(包括美因茨大主教、科隆大主教、特里尔大主教和普法尔茨选侯领地)。① 但是帝国所属的意大利地区以及哈布斯堡家族的波希米亚地区等仍未划属帝国大区。帝国大区的数量、规模及其职责,直至1555年《帝国执行条例》的颁布才确定下来。②

与设立帝国咨政院相适应,划分帝国大区的目的之一是选举帝国咨政院的大区代表,而其最初目的是在皇帝和帝国阶层之间设立一个中间层级,以加强维持帝国内部的公共秩序。后来帝国大区又逐渐具有了其他职能,比如选举帝国最高法院的法官(1507年)、执行帝国最高法院的判决、协调征收赋税、监督货币管理、协调各领地提供军队参与维持秩序等。③ 在17世纪,帝国大区除维护内部和平之外,还具有对外防御,特别是防卫法国的入侵和干涉的职能。④ 经过长时间的发展,帝国大区在地区的统治方面逐渐起到重要作用,在一定程度上成为地区性的"自治行政机构"和维持帝国和平与秩序的"联盟"。⑤

(二)1521年沃尔姆斯帝国议会与"第二帝国咨政院"

在1521年的沃尔姆斯帝国议会上,设立帝国咨政院的要求被再次提出,议会要求皇帝卡尔五世(Karl V.)予以设立。帝国阶层要求对1500年的《帝国咨政院条例》进行修改,但卡尔五世拒绝进行修改。最后在双方的妥协下,于1521年5月26日通过了新的《帝国咨政院条

---

① Gerhard Oestreich, *Verfassungsgeschichte vom Ende des Mittelalters bis zum Ende des alten Reichs (8. Aufl.)*, S. 23.
② Hans Boldt, *Deutsche Verfassungsgeschichte (Band 1) (3. Aufl.)*, S. 257.
③ 参见彼得·威尔逊:《神圣罗马帝国1495—1806》,第92—93页。
④ Hans Boldt, *Deutsche Verfassungsgeschichte (Band 1) (3. Aufl.)*, S. 271.
⑤ Ibid, S. 257.

例》,共38条①。与1500年的《帝国咨政院条例》相比,新的《帝国咨政院条例》减少了12条,在帝国咨政院的组成方面增加了两位皇帝的代表(帝国咨政院成员的人数由原来的20位增为22位),增加了皇帝不出席情形下其对帝国咨政院的限制,保留皇帝的封地决定权、缔结盟约及对自己家族的世袭领地等方面的权力。从这些方面可以看出,卡尔五世远比祖父马克西米利安一世强势,为自己和家族争取了不少权益。相应地,卡尔五世也做出一些让步:新的《帝国咨政院条例》取消了帝国咨政院的成员对皇帝的宣誓制度,皇帝世袭领地的特殊地位也被取消。这些方面显现出帝国阶层的努力和影响。② 由于皇帝卡尔五世同时还是西班牙的国王,他在1521年到1530年间并未在帝国境内驻跸,第二帝国咨政院也没有真正属于自己的权力和自己的执行机构,同时面临着第一帝国咨政院所面临的那些问题,因此第二帝国咨政院在改革方面几乎没有取得任何成果。③

此外,1521年沃尔姆斯帝国议会还对《帝国最高法院条例》进行了部分修改,并重申1495年的《永久和平条例》。这一时期的神圣罗马帝国在执行帝国最高法院判决和贯彻《永久和平条例》方面主要还是依赖于此前设立的帝国大区。

1521年沃尔姆斯帝国议会另一个重要的决议是:皇帝于1521年5月8日颁布"沃尔姆斯敕令"(Wormser Edikt),宣布马丁·路德不受帝国法律保护,他的教义被宣布为异端,其著作也要被烧毁,不允许阅读

---

① Karl Zeumer, *Quellensammlung zur Geschichte der Deutschen Reichsverfassung in Mittelalter und Neuzeit*, S. 318-324.
② Micheal Kotulla, *Deutsche Verfassungsgeschichte. Vom Alten Reich bis Weimar (1495-1934)*, S. 31.
③ Fritz Hartung, *Deutsche Verfassungsgeschichte (9. Aufl.)*, S. 23.

和传播。此外,所有以此为主题的著作也在大学的神学院被禁止。但是,该敕令实际上没有完全得到贯彻执行,因为它并没有得到所有帝国阶层的同意,许多地方的领主和民众仍坚持信奉路德新教,加之皇帝卡尔五世此后长时间不在帝国(由他的弟弟费迪南德[Ferdinand]代理德意志地区的事务,他后来亦成为帝国的皇帝),因而作为基督教世界及其信仰的保护者的神圣罗马帝国皇帝没有真正履行其职责。①

在马丁·路德公开宣扬教会的理论是错误的并宣布脱离教会组织之前,宗教方面的改革问题与"帝国改革"中皇帝和帝国阶层之间的权力关系问题类似,也面临着处理教皇和宗教会议之间的关系问题。但是,马丁·路德使宗教问题改革的范围和程度都加深了。因此,"帝国改革"在宗教争议方面主要受两个因素的影响:一是皇帝的统治意愿,二是帝国阶层的自由诉求。② 由于"沃尔姆斯敕令"的颁布,自1521年始,帝国没有具有普遍约束力的规则可以解决宗教方面的异议和争端,也没有公认的标准来判断某一行为的"对错"或"合宪"。③"帝国改革"混入了更多的宗教因素。即使在施马尔卡尔登战争(Schmalkaldischer Krieg, 1546—1547)之后,帝国在宗教信仰问题上仍没有形成一个统一的解决方案。直至1555年《奥格斯堡宗教和约》,帝国内部关于宗教和平的基本规则才确立起来。④

---

① Micheal Kotulla, *Deutsche Verfassungsgeschichte. Vom Alten Reich bis Weimar (1495–1934)*, S. 32–33.
② Dietmar Willoweit, *Deutsche Verfassungsgeschichte. Vom Frankenreich bis zur Wiedervereinigung Deutschlands (6. Aufl.)*, S. 108.
③ Ibid, S. 107–108.
④ Hans Boldt, *Deutsche Verfassungsgeschichte (Band 1) (3. Aufl.)*, S. 261.

四、统治的契约化:作为"帝国基本法"的1519年《选举让步协议》

《选举让步协议》是新当选的德意志国王(神圣罗马帝国未来的皇帝)与帝国的选侯之间达成的协议,既是未来的德意志国王和帝国皇帝对选侯和帝国各阶层的"书面承诺",也是帝国未来的皇帝与选侯之间的"统治契约",还是"帝国的宪法生活"制度化的一个重要方面。① 克里斯蒂安·贝克(Christian August Beck)曾教育当时年轻的大公爵、后来成为帝国皇帝的约瑟夫二世(1741—1790),皇帝签署的《选举让步条例》已经成为"当今最重要的帝国基本法,其中规定了皇帝的权利和义务,其约束力明显系于帝国阶层",它受到人们"特别地关注,因为其中蕴含着整个帝国的国家法"。②

神圣罗马帝国的第一份《选举让步协议》订立于1519年。当时,选侯们接受马克西米利安一世的孙子卡尔五世的巨额贿赂,选举他为未来的德意志国王和帝国的皇帝,但是他们也意识到,让统治着西班牙、意大利、北部"低地国家"及哈布斯堡王朝广大领地的卡尔五世来做德意志的国王是非常危险的,因此必须明确这个强大的皇帝在帝国中的法律地位,他们要其做出"书面承诺",并"对上帝和神圣的帝国宣誓"(《选举让步协议》第30条),承诺保证他们的权力、地位和利益不会受到侵犯。1519年7月3日,卡尔五世与选侯之间达成《选举让步协议》,这是神圣罗马帝国历史上第一个《选举让步协议》,但是该《选举让步

---

① Micheal Kotulla, *Deutsche Verfassungsgeschichte. Vom Alten Reich bis Weimar (1495–1934)*, S. 30.

② Gerd Kleinheyer, *Die kaiserliche Wahlkapitulation*, Karlsruhe 1968, S. 1.

协议》并非卡尔五世亲自签订的,而是在其未出席的情况下,由其特使代为宣誓签署的。① 此后,每一位当选的德意志国王都依此惯例,与代表帝国阶层的选侯签署《选举让步协议》,而他们签署的《选举让步协议》中对选侯权力和利益的承诺远比卡尔五世承诺的更多,其内容则最终取决于皇帝与选侯之间的妥协程度。至1711年,《选举让步协议》终于具有了固定的格式化内容。基于此,《选举让步协议》被视为"帝国宪法的基本特征"②。

1519年《选举让步协议》共33条③,其内容主要是规定皇帝单方面的义务,限制皇帝的权力,以及确认选侯与帝国阶层的权利、特权和地位,尤其是他们在政治参与方面的权力。依据《选举让步协议》,卡尔五世应坚持古代良好的制度、自由和习俗及之前颁布的禁止武力自卫等帝国的法律条例(第1—2条),还应重新设立于1502年被解散的帝国咨政院,以使帝国处于一种良好的秩序(第3条),帝国的选侯、诸侯、伯爵、男爵等均依据其阶层享有自己的权利、特权与公正(第4条),没有选侯的同意,皇帝不能与外族缔结盟约或发动战争(第7条),不能将外国的军队引入帝国,否则帝国阶层可以采取任何措施予以抵抗(第11条),帝国议会不能在帝国之外举行(第12条),任何外国人,无论其出身、道德品质如何,均不能担任帝国的官员(第13条),帝国的文件只能以德语或拉丁语写成(第14条),帝国的选侯、诸侯、伯爵、男爵和其他臣民不受帝国之外的法官的审判(第15条),只有经过正式的程序才能宣布帝国阶层中的某人不受帝国法律保护(第22条),皇帝只能依据

---

① Gerd Kleinheyer, *Die kaiserliche Wahlkapitulation*, S. 5.
② Heinz Duchhardt, *Deutsche Verfassungsgeschichte 1495—1806*, S. 91.
③ Karl Zeumer, *Quellensammlung zur Geschichte der Deutschen Reichsverfassung in Mittelalter und Neuzeit*, S. 309-313.

现行的帝国法律进行统治(第30—32条)。此外,没有选侯们的同意,亦不得单方面解除《选举让步协议》。

虽然卡尔五世是一位"世界君主国"的统治者和"为上帝而战的斗士",有着统一基督教世界的宗教和政治的伟大目标,[①] 但是从《选举让步协议》的内容来看,它在更大的程度上确定了选侯的权力,帝国皇帝的权力受到极大地限制,而其为自己家族和世袭领地谋取利益也变得更为困难。虽然选侯和帝国阶层倾向于限制皇帝的权力,但他们还是希望皇帝能积极作为,以在更大的范围内促进帝国的和平和公共利益,[②] 所以他们需要在扩张自己权力和限制皇帝权力之间权衡,以达到一定的平衡。《选举让步协议》在一定意义上是这种权衡的结果和具体表现。另外,《选举让步协议》也可以看作新当选的德意志国王对选侯们选举他为德意志国王和将来帝国皇帝的回报。但是,《选举让步协议》没有规定和解决的一个重要问题是,皇帝总是将自己和家族世袭领地的利益超越于帝国之上。[③]

《选举让步条例》在17世纪就成为学术讨论的对象,当时的国家理论研究者试图用博丹的主权观念来阐释《选举让步条例》的本质及其与皇帝的"个人权威"之间的关系。在18世纪,每一次德意志国王的选举都会因此产生一批关于"帝国基本法"的论著。[④] 对于《选举让步条例》的重要意义,格尔德·克莱因海尔(Gerd Kleinheyer)指出,人们不仅可以从选举承诺的角度探究帝国宪法制度的发展,还可以利用早期的《选

[①] G. R. 埃尔顿编:《新编剑桥世界近代史》第2卷,中国社会科学院世界历史研究所组译,中国社会科学出版社2003年版,第391页。

[②] 彼得·威尔逊:《神圣罗马帝国1495—1806》,第60—61页。

[③] Hans Boldt, *Deutsche Verfassungsgeschichte (Band 1) (3. Aufl.)*, S. 259.

[④] Gerd Kleinheyer, *Die kaiserliche Wahlkapitulation*, S. 1–2.

举让步条例》来解释当时存在的制度。①法律史学者一般都将历来的《选举让步协议》视为"帝国基本法"或"宪法",因为相较于帝国其他的法律性文件及惯例习俗,它们起到了规制国家权力(或者说帝国最高权力)的作用,这被视为神圣罗马帝国"宪法"的一个重要特性。然而,部分宪法学者并不将其视为帝国的宪法性文件,他们认为《选举让步协议》不具有现代意义上宪法的意涵,因为它们对帝国最高权力的限制并非现代国家建构意义上的对国家权力的限制。

五、神圣罗马帝国的"宪法"观念及其权力秩序问题

神圣罗马帝国以"帝国改革"为基础的制度发展与当时的"宪法观念""契约观念"有密切的联系。不仅如此,中世纪西欧的"封建制度"(姑且如此称之)②也蕴涵着契约的观念。契约现象和契约观念是中西古代社会文化中都普遍存在的一种社会现象和思想观念。③维诺格拉多夫(Paul Vinogradoff)曾指出,"封建制度"在中世纪的西欧占据了支

---

① Gerd Kleinheyer, *Die kaiserliche Wahlkapitulation*, S. 1.
② 据析,"Feudal"系17世纪的法国和英国的法学家为论述中世纪的"法律制度"、法律习俗及政治机构而创造的一个概念,该词源于法语中的"领地"(feu, feud 或 feudum),并由此产生了"feudalism"的概念。弗郎索瓦·冈绍夫认为,它"创造并规定了一种自由人(附庸)对另一种自由人(领主)的服从和役务——主要是军役——的义务,以及领主对附庸提供保护和生计的义务"。《简明不列颠百科全书》将"封建主义"的基本特性概括如下:"一种以土地占有权和人身关系为基础的关于权利和义务的社会制度。在这种制度中,封臣以领地的形式从领主手中获得土地。封臣要为领主尽一定的义务,并且必须向领主效忠……在这样的社会里,那些完成官方任务的人,由于同他们的领主有私人的和自愿的联系,接受以领地形式给予的报酬,这些领地可以世袭。封建主义的另外一个方面是采邑制或庄园制,在这种制度中,地主对农奴享有广泛的警察、司法、财政和其他权利。"参见冯天瑜:《"封建"考论》,武汉大学出版社2007年版,第146—152页。
③ 详见王银宏:《"帝国基本法"与统治的契约化——契约观念下神圣罗马帝国的"帝国改革"(1500—1521)》,《史学月刊》2017年第10期。

配地位,但是我们不可能对其准确地予以定义,因为各个地区在不同时期的发展程度是不一样的,各个地区的"封建制度"都各具特色。① 尽管如此,西欧的封建制度既体现出人身关系,也体现出财产关系,其中不仅包含私权利,还涵括公义务,同时具有忠诚和服务的意涵。领主和封臣之间的这种关系类似于一种契约关系,契约双方既享有一定的权利和利益,又须承担一定的义务和责任。马克·布洛赫认为,"附庸的臣服是一种名副其实的契约,而且是双向契约。如果领主不履行诺言,他便丧失其享有的权利。因为国王的主要臣民同时也是他的附庸,这种观念不可避免地移植到政治领域时,它将产生深远的影响"。② 在这种契约中,双方的地位是不平等的,但他们之间存在相互依存的义务关系——附庸(封臣)服从的条件是领主认真履行契约所规定的义务。③ 在《封建社会》一书的最后,马克·布洛赫指出,西欧封建主义的独特性在于它强调一种可以约束统治者的契约观念。④

尽管这种"封建契约"的观点受到一些学者的批评,但是借助这种观点,我们可以更好地理解神圣罗马帝国的制度状况及"帝国改革"体现出的一些思想观念。在神圣罗马帝国,这种领主和封臣(附庸)之间的契约关系表现得更为明显。被誉为神圣罗马帝国最伟大的国家法专家的约翰·斯蒂芬·皮特(Johann Stephan Pütter,1725—1807)在1784年论道:"帝国是由联系松散的主权国家组成,如同欧洲国家之联合。"文献神圣罗马帝国可被视为一个由一些具有"较大独立性"的世

---

① 参见乔治·萨拜因:《政治学说史:城邦与世界社会》(第四版),托马斯·索尔森修订,邓正来译,上海人民出版社2015年版,第340页。
② 马克·布洛赫:《封建社会》,张绪山译,郭守田、徐家玲校,商务印书馆2004年版,第712页。
③ 同上书,第367页。
④ 同上书,第714页。

俗领地和教会领地通过"契约关系"联合在一起的集合体。在神圣罗马帝国,皇帝是选侯们选出的"德意志国王",也是这种契约关系中的一方当事人。作为帝国及其家族世袭领地的"统治者"的皇帝与帝国各阶层之间达成的"统治契约",成为帝国得以存续的重要基础。在此意义上,这种"统治契约"即帝国的"基本法律"(leges fundamentales),或者说"宪法"。在中世纪,欧洲诸国不存在实质意义上的成文宪法和一般性的立法活动,机构和个人法律地位之确定,基本是通过个别的"特权法"(Privilegienrecht)予以规定的。① 在神圣罗马帝国,被称为"帝国基本法"(Reichsgrundgesetz)的1356年《金玺诏书》开创了帝国"制宪"之先河,并以此确立了帝国的基本宪制架构。1495年和1521年的两次沃尔姆斯帝国议会(Wormser Reichstagen)所通过的一些法律文件,也被部分学者称为"帝国基本法"或者"帝国宪法",因为这些"基本法律"(leges fundamentales)在总体上确定了神圣罗马帝国此后的制度发展方向。

据考析,德语中的"宪法"(Verfassung)一词,最早出现在14世纪,但其含义与现代意义无涉,法律上的协约、关于争端的调解协议等均可以被称为"宪法",其中涵括了社会共同生活的多个层面与多种形式。"宪法"之具有政治和国家法意义上的内涵,是自16世纪才从政治和法律规则中发展和抽象出来的,尤其是对政治体、王室和政治联盟状况的描述。基于自然法理论并受美国革命和法国革命的影响,宪法的概念在18世纪具有了规范性的内容,其政治性功能在19世纪达到高潮——通过权力分立和对国家权力的法律控制来保障个人的权利和自由。在

---

① Eckhard Müller-Mertens, Geschichtliche Würdigung der Goldenen Bulle, in: Wolfgang D. Fritz, *Die Goldene Bulle. Das Reichsgesetz Kaiser Karls IV. vom Jahre 1356*, Weimar 1978, S. 17f.

20世纪,宪法的概念具有了"内在性差别":一方面,如格奥尔格·耶利内克(Georg Jellinek)所言,"每一个国家都有一部宪法……是必要的";另一方面,通过适用宪法实现特定的国家统治成为可能。① 因此,本文所言的神圣罗马帝国的"宪法"并不是现代国家法意义上具有统一的成文形式的法律性文件,而是在"基本法律"(leges fundamentales)的观念下对传统习惯及实践中所确立和适用的规范的确认。

"宪法"的一个基本特征是具有效力等级上的优先性。在欧洲,"宪法"的优先性观念是基于自然法确立起来的。托马斯·阿奎那所论的"人类的法律"实际上也是从自然法规范推导而来的。自然法是最高的规范,统治者颁布的法律要受其约束。若人类的法律违反了自然法,便不再是真正的法律,而是堕落和败坏的法律(Gesetzesverderbnis),不能用于审判。这种法律等级的观念经由西班牙的后期经院哲学而为近代的法律思想所承继。② 虽然自然法可以为世俗的法律提供"高级法"的基础,但它在实际效力方面还是有明显的"缺陷"。在此,我们可以求助于"契约思想",将自然法作为"统治契约"观念的基础,以及统治者和各阶层之间"契约"的基础。在此意义上的"契约"即"基本法律"(leges fundamentales),国家的权力亦应依其行使,因为在自然法上,"约定必须遵守"(pacta sunt servanda)是一个基本的原则。据此,在自然法和契约观念的基础上,"基本法律"(或曰"宪法")规范的优先性得以确立。③

---

① Adalbert Erler u.a. (Hrsg.), *Handwörterbuch zur deutschen Rechtsgeschichte (V. Band)*, Berlin 1998, S. 698f.

② Christian Starck, Vorrang der Verfassung und Verfassungsgerichtsbarkeit, in: Christian Starck & A*lbert Weber* (Hrsg.), *Verfassungsgerichtsbarkeit in Westeuropa*, Teilband 1: Berichte, Baden-Baden 1986, S. 15–16.

③ Ibid., S. 19.

在德意志地区,"基本法律"虽然不是现代意义上的宪法,但它同样包含了高于一般性规范的观念,这首先体现在王位继承法、统治者与帝国各阶层之间订立的基本性契约之中,所以 17、18 世纪的德意志国家法理论首先涉及的就是这些"基本法律"的效力及其与统治者的"主权"相关的问题。① 在德意志宪法史著作中,"宪法"在实质意义上大多是作为"国家组织法"被理解的,所以,哈布斯堡家族的王室法、继承法及 1713 年《关于哈布斯堡领地继承权的王室法》等均属于"宪法"。因为在一个"绝对主义"君主国中,关于王位继承的规定是极为重要的宪制问题。②

从无序向有序的发展是帝国政治制度发展的一个趋势。"有序化"发展必然要通过各种制度来保障,而"有序化"发展的基础是帝国内部的和平与秩序。"秩序"一方面意味着"服从",另一方面意味着"通过停止私人暴力来保持和平"。③ 这两个方面都是当时的神圣罗马帝国需要解决的问题。在前一方面,帝国的皇帝想让帝国的各阶层服从于他,帝国的各阶层也想让皇帝受到他们的制约,而他们最终都服从于具有共识性的"法律契约"成为一种较好的选择。在后一方面,通过禁止各领地诸侯间的"武力自卫"维持帝国内部的和平与秩序,自始就是"帝国改革"的重要目的。④ 安格梅尔(Heinz Angermeier)指出,此时帝国各阶层追求的是帝国的和平与法权秩序。⑤ 但是,神圣罗马帝国几乎从未被视为一个享有独立主权的"国家",而是被视为"诸侯的联盟"

---

① Christian Starck, Vorrang der Verfassung und Verfassungsgerichtsbarkeit, , S. 19.
② Kurt Heller, *Der Verfassungsgerichtshof*, Wien 2010, S. 85.
③ J. S. 密尔:《代议制政府》,汪瑄译,商务印书馆 1984 年版,第 19 页。
④ 王银宏:《1495 年"帝国改革"与神圣罗马帝国和平秩序建构之制度困境的反思》,第 123—124 页。
⑤ Heinz Angermeier, *Reichsreform und Reformation*.

（Fürstenföderation）或"选侯共和国"（Kurfürstenrepublik）。① 鉴于帝国的政治传统、权力结构和地理位置，维持帝国内部和平的难度也许并不比维持帝国外部安全的难度小。②

当代国际关系现实主义理论家爱德华·卡尔教授特别强调权力在政治秩序中的重要意义："在任何政治秩序中，权力都是不可或缺的组成部分。"③ 权力的分配是权力秩序构成中的一个基础性要素，只有达成了最低限度共识的权力分配才能形成较为稳定的权力秩序。众所周知，1356年《金玺诏书》不仅规定了德意志国王（加冕后为神圣罗马帝国皇帝）由选侯选举产生的制度④，也在很大程度上确认了选侯们的"领地主权"，选侯们在领地内享有铸币权、关税权、领地内的最高司法权等权力。从宗教改革时期的萨克森公爵敢于站在教皇和皇帝的对立面、支持马丁·路德的改革运动，即可看出地方领地诸侯享有的权力之大。相形之下，中世纪的神圣帝国皇帝的权力与承袭其名号的真正的罗马帝国皇帝的权力相去甚远，帝国皇帝在更多的情形下只是被视为德意志国家名义上的代表，甚至被一些学者称为"没有统治权的统治者"⑤。随着世俗和教会邦国之领地化的发展，以及"中央权力"与"离心力量"之间的冲突，神圣罗马帝国皇帝在帝国层面的"中央权力"亦逐渐丧

---

① Eckhard Müller-Mertens, Geschichtliche Würdigung der Goldenen Bulle, S. 19.
② Heinz Angermeier, *Die Reichsreform 1410−1555*, S. 150.
③ 爱德华·卡尔：《20年危机（1919—1939）：国际关系研究导论》，秦亚青译，世界知识出版社2005年版，第210页。但是，任何秩序的建构都不能仅仅依赖于权力与强制，"普遍认可"也是稳定的秩序建构之基础。
④ 详见王银宏：《1356年〈金玺诏书〉与德意志国王选举制度》，《史学月刊》2016年第7期。
⑤ Arno Buschmann, Kaiser und Reichsverfassung. Zur verfassungsrechtlichen Stellung des Kaisers am Ende des 18. Jahrhunderts, in: Wilhelm Brauneder (Hrsg.), *Heiliges Römisches Reich und moderne Staatlichkeit*, Frankfurt am Main u.a. 1993, S. 41.

失。若选举产生的帝国皇帝想在帝国有所作为,势必会引起皇帝与邦国诸侯之间权力关系的紧张。

歌德在其自传中指出了当时帝国内部的混乱状况——由于德意志人,特别是骑士阶层的"寻仇好斗"的心理,德意志地区连年内部纷争,这使得"小邦们彼此间增加了麻烦,如果它们联合起来,连大的邻邦也受威胁,结果德国国内秩序紊乱,对外的战斗力也濒于瘫痪"。[①] 就像中国自古就有的"尊王攘夷"等说法,这在15、16世纪的神圣罗马帝国身上也得到了体现。15世纪,帝国在很大程度上已无力维持内部的和平和保障对外的安全,帝国首先需要通过"改革"来实现内部的和平与秩序,而实现帝国内部的和平与秩序的基础首先在于解决帝国皇帝与领地邦国之间的关系,更准确地说是解决皇帝的权力要求与帝国的政治现实——地方邦国享有广泛的政治权力——之间的矛盾。易言之,帝国阶层与帝国皇帝之间的权力秩序需要重新确立。[②]

神圣罗马帝国内部权力秩序之确立主要涉及两个层面:一是在制度建设层面,通过"制度化"和"法律化"确认各方之间的权力关系,促进各邦国领地之间的信赖与合作;二是在思想意识层面,通过"身份认同"和"制度认同"达到"帝国认同",亦即诸多论者所谓"统一的民族国家"。1495年开始的"帝国改革"主要集中于前者。对于帝国改革,皇帝和帝国阶层的出发点是不一样的——皇帝想要通过改革增强自己和帝国中央的权力,大部分领地诸侯则想通过改革限制和控制皇帝的权力,扩大自己的权力和政治参与,将自己的领地利益最大化,而确保帝国内部的和平是他们共同的基础和最低限度的共识。帝国改革是在

---

① 歌德:《歌德自传:诗与真》,第500页。
② Dietmar Willoweit, *Deutsche Verfassungsgeschichte. Vom Frankenreich bis zur Wiedervereinigung Deutschlands (6. Aufl.)*, S. 102.

处于统治地位的皇帝和处于参与地位的帝国阶层相互妥协和博弈的过程中确立和继续的。可以说,让步和妥协是帝国改革得以进行的基础。在此意义上,"帝国改革"既是权力妥协的结果,亦是权力斗争的手段。以妥协为基础的"帝国基本法"或者"统治契约",是神圣罗马帝国"宪法观念"的集中体现。

六、小结:"帝国改革"与神圣罗马帝国的"近代性"

现代欧洲文明中的许多核心观念和原则都可以追溯至古代的希腊和罗马时期,但是其诸多核心观念和原则之具有"近代性"(或曰"现代性")却蕴于中世纪和近代早期。西方学术界一般将公元1500年左右至第一次世界大战的时期称为"近代",然而自公元1500年左右至公元1800年左右这一时期,有些国家和地区其实并不具备"近代"(或曰"现代")的意义和特性,因而学者一般将此时期称为"近代早期"。神圣罗马帝国的发展,特别是"帝国改革"时期亦明确和典型地体现出西方"近代早期"发展的诸多特性,它们不仅体现在神圣罗马帝国开始进行"帝国改革"的时间(1495年)和神圣罗马帝国覆亡的时间(1806年)与"近代早期"(约公元1500年至1800年)的历史时期划分相契合,更体现为神圣罗马帝国在此期间制度发展的"近代性"转向。神圣罗马帝国的"近代性"也体现为15世纪末16世纪初帝国称谓的变化——从"神圣罗马帝国"到"德意志民族的神圣罗马帝国"(Das Heilige Römische Reich deutscher Nation),定语"德意志民族的"显现出德意志民族意识的抬升,其将帝国限定为一个"民族国家",同时在一定意义上可以解释为一种统治权力和统治地域的限度。[①]

---

① Hans Boldt, *Deutsche Verfassungsgeschichte (Band 1) (3. Aufl.)*, S. 263.

"帝国改革"深受帝国阶层和皇帝的改革意图及他们的政治力量的影响,但帝国阶层和皇帝最终都没能使"帝国改革"按照自己的意愿进行,其中一个重要原因在于,皇帝和帝国阶层在帝国改革的整个过程中都低估了对方的实力。帝国咨政院、帝国大区等机构的设立扩大了帝国阶层的政治参与和影响力,使帝国宪法政治的发展更具开放性,但也在一定程度上限制了皇帝的权力,皇帝权力的行使越来越受到帝国阶层的限制,之后的任何帝国皇帝想要加强其统治权力都明显地越来越困难。虽然帝国阶层为自己赢得了更多的政治权力,但是相对于帝国皇帝的权力和实力,他们在这一时期还没有取得明显的优势地位。这两种政治力量及其在宪法上的政治地位成为此后帝国宪法和制度发展的重要影响因素。[1]

通过"帝国改革",神圣罗马帝国初步发展出自己的权力分立制度:制度化的帝国议会、初以皇帝为代表的帝国行政权力和曾短暂设立的帝国咨政院,以及1495年设立的帝国最高法院。但是,这些机构之间权力的分立不能等同于现代意义上立法权、行政权和司法权之间的分立,因为这些机构之间的职能并未得到明确的厘定和划分。[2] 与今日的议会不同,帝国议会中的代表只代表自己,不代表特定的社会阶层,更不代表其臣民或者帝国的居民,所以其合法性不是基于"民主",而是基于出身或职位。[3] 尽管如此,帝国议会还是具有较为广泛的参与性和代表性,它在实际上成为体现帝国各阶层利益和诉求的重要机制。在帝国议会中,皇帝与帝国阶层之间的权力竞争关系得以展现,皇帝的权力不可避免地受到帝国阶层的参与权的限制。总的看来,帝国议会逐

---

[1] Micheal Kotulla, *Deutsche Verfassungsgeschichte. Vom Alten Reich bis Weimar (1495–1934)*, S. 26.

[2] Heinz Angermeier, *Die Reichsreform 1410–1555*, S. 170.

[3] Micheal Kotulla, *Deutsche Verfassungsgeschichte. Vom Alten Reich bis Weimar (1495–1934)*, S. 20.

渐成为皇帝和帝国各阶层进行政治博弈的重要场合,皇帝和帝国阶层之间的关系得到了重新调整。

帝国缺少自己的执行机构,这是"帝国改革"之前人们已经认识到的一个制度性问题,而帝国的行政权力也是帝国的诸权力之中最弱的一种,帝国的皇帝被一些学者称为"没有统治权的统治者",曾经设立的帝国咨政院虽然是规划为帝国政府,但是由于其设立自始即受到皇帝的反对,但也缺乏自己的执行机构和必要的财政基础,所以帝国咨政院始终未能充分发挥其作为"帝国政府"的作用,帝国决议和帝国最高法院判决的执行主要依赖于新设立的帝国大区,而非帝国的各邦。帝国最高法院在其初设时期没能发挥真正的司法职能,但是17世纪之后,帝国最高法院成为帝国最具活力的机构之一,逐渐成为帝国常态化的纠纷解决机构。此外,帝国和各邦国之间也缺少明显的职能划分,帝国更像是各邦的松散联合,而非一个等级制帝国。[1] 我们很难根据现代的国家理论确定神圣罗马帝国的性质和类型,它既带有君主制的特征,又混有贵族制的因素,还具有部分邦联—联邦制的性质。

与此相联,"帝国改革"没有解决的一个重要问题是帝国与地方领地之间的关系。帝国的皇帝不仅是帝国的皇帝,更首先是自己领地的领主,而且是帝国诸多领地中极为重要的一个,这就决定了帝国的皇帝更专注于其家族和王室领地的事务,经常将自己家族的利益置于帝国的利益之上。在神圣罗马帝国的历史上,有不少皇帝过度关注自己家族的利益,而忽视帝国的整体利益。[2] 可能正是认识到帝国的皇帝过于

---

[1] Hans Boldt, *Deutsche Verfassungsgeschichte (Band 1) (3. Aufl.)*, S. 268.
[2] 例如,在位近五十年的皇帝弗里德希三世,即使是想在帝国有所作为的马克西米利安一世、卡尔五世等较为强大的皇帝在很大程度上都是为了实现自己家族及领地的利益。马克西米利安一世曾说,他宁愿当一位有所作为的奥地利公爵,而不愿当一位无用的德意志国王。

注重自己家族和王室的利益,约翰内斯·舍勒(Johannes Schele)曾在巴塞尔宗教会议期间(1433年)提出的关于世俗改革建议中主张皇帝应将波希米亚王国"赠与"帝国,① 因为辽阔富饶的波希米亚王国是哈布斯堡家族的世袭领地,不用承担帝国的任何职责和义务,其所有收益均为皇帝个人及其家族所有。在中世纪的神圣罗马帝国版图上,波希米亚王国等哈布斯堡家族的世袭领地并不在帝国"国界"的范围之内。由于各地方诸侯也非常关注自己的利益和权力,邦国领地的"离心化趋向"是帝国始终没有解决的一个重要问题。

作为帝国的皇帝与选侯之间的"统治契约",《选举让步协议》既具有一般意义上"契约"的精神内涵,也体现出以"契约"为基础的宪法观念和近代早期的宪法观念:尊重、协商、合作,以及"合意"和"共识"基础上的"权力妥协"。在本质上,这种"政治契约"就是法律,并且是一种具有更高位阶的"基本法律",其中涵括了法律上的政治义务和遵从义务,因而具有了正当性和合法性基础。后来的"社会契约"思想将"宪法"视为统治者和被统治者之间的协议,或者全体人民关于自身应该如何治理的协议。② 这种将协商结果以书面形式记录下来的"契约机制"使传统的协商机制得以确定化和制度化,更有利于帝国的和平与秩序以及帝国本身的维续。古典时代罗马帝国的"权力服从"机制在神圣罗马帝国时期转变为"契约化"的"权利妥协"和"权力合作"机制。③ 通过这种具有"转向"性质的"帝国改革",神圣罗马帝国开始具有一定

---

① Johannes Schele, Avisamentum. Vorschläge zur Reform (1433), in: Lorenz Weinrich (Hrsg), *Quellen zur Reichsreform im Spätmittelalter*, S. 169.
② 约翰·麦克里兰:《西方政治思想史》,彭淮栋译,海南出版社2003年版,第209页。
③ 在神圣罗马帝国,这种统治的"契约性"实际上在1356年《金玺诏书》中就有了明显的体现。1356年《金玺诏书》本身也是帝国统治的契约化成果,其中规定的德意志国王("罗马人的国王")的选举制度在本质上也是对选侯们妥协结果的契约化肯定。

的"近代性",尽管这是一种早期的"近代性"。正如海因茨·杜赫哈特（Heinz Duchhardt）所指出的,"帝国改革"是"政治制度方面由中世纪向近代的过渡",是使国家结构和宪法秩序适应近代国家发展之要求的尝试,①其目的是通过改革使帝国有效地履行职能。

由于神圣罗马帝国自始即存在诸多问题,"帝国改革"在很大程度上也受到哈布斯堡王室过多地卷入国际纷争、宗教改革运动所引起的宗教分裂以及骑士和农民起义的阻碍和影响,②"帝国改革"显然不可能一劳永逸地解决帝国所存在的"过多问题"（problem overload）。在严格的意义上,"帝国改革"没有取得较多的成果,但是"帝国改革"与帝国的"宪法发展"和"宪法运动"三位一体,使帝国宪法政治的发展更具活力和开放性,在一定程度上促进了帝国权力的理性化、制度化和以法律为基础的规范化发展。通过"帝国改革",神圣罗马帝国在制度形式上具有了更多的"近代性","帝国改革"既是当时"契约"观念的体现,也反映了当时的"宪法"观念,在很大程度上促进了后世国家学说和理论的发展。如迪特马尔·维罗维特（Dietmar Willoweit）教授所言,通过"帝国改革"的历史,我们不仅要领悟宪法形式变迁过程中的权力斗争,更要反思误解和竞争的双方是如何达成共识的。③唯有如此,我们才能更好地理解神圣罗马帝国皇帝如何在统治中通过妥协与帝国阶层达成共识并促进了帝国宪法政治的近代发展。

---

① Heinz Duchhardt, *Deutsche Verfassungsgeschichte 1495–1806*, S. 13.
② Hans Boldt, *Deutsche Verfassungsgeschichte (Band 1) (3. Aufl.)*, S. 258.
③ Dietmar Willoweit, *Deutsche Verfassungsgeschichte. Vom Frankenreich bis zur Wiedervereinigung Deutschlands (6. Aufl.)*, S. 102.

中国近代法律转型的德国声音[*]

——以《中德法报》为中心

陈新宇 卢晓航[**]

摘　要　《中德法报》是清末民初青岛特别高等专门学堂法政科发行的中德双语法学期刊,设有"论说""问答""判词择要""书讯"等栏目,其作者群体基本由德国法学学者组成。对于中国近代法律转型的多方位考察是《中德法报》的重心,其评价与建议在刑事法领域体现出内容上的保守倾向和形式上的革新态度,在民商法领域却采取了开放灵活的姿态,并呈现出一定程度的殖民色彩。从中折射出德国在法学与法律移植中的积极性与竞争意识,反映出德国法学19世纪到20世纪初期由历史法学向社会法学的发展演变历程。

关键词　《中德法报》　近代法律转型　中西法学交流

---

[*]　本文系国家社会科学基金一般项目"晚清立法新研究"(项目编号22BFX021)的阶段性成果。

本文所使用的全套《中德法报》乃在2016年经复旦大学王志强教授的引介,由当时正在哥伦比亚大学法学院访学的杨蔚然同学不辞辛劳,在哥大图书馆代为扫描复印所得;有关《中德法报》德国作者群体的生平资料检索,清华大学法学院中国法硕士项目(L. L. M)的德国学生克洛泽(Sven Klose)和詹姆斯(James)提供了有力的支持。谨此向上述各位师友的热心襄助表示诚挚的感谢。

[**]　陈新宇,清华大学法学院教授,博士研究生导师。卢晓航,清华大学法学院博士研究生。本文的写作分工是陈新宇拟定论文题目与提纲,卢晓航进行初稿写作,陈新宇负责全面修订。

一、引言

《中德法报》(Deutsch-chinesische Rechtszeitung)是 20 世纪初由青岛特别高等专门学堂法政科发行的中德双语法学期刊。1911 年德国法学家劳睦贝(Kurt Romberg)来华担任胶澳帝国法院法官和学堂法政科讲师,[①]在他的主持下,《中德法报》开始刊行。1914 年第一次世界大战期间,日、德两国作为交战双方在中国境内爆发战争,胶州湾沦为战区,学堂被迫关停,《中德法报》因此停刊。作为一份法学期刊,《中德法报》见证了清末民初中国法律的变迁,投射出近代中、德两国法学交流的珍贵镜像,其登载的一批德国法学家的论作,为考察中国近代法律转型提

---

① 需要指出,王健的《德国法在中国传播的一段逸史——从青岛特别高等专门学堂说到赫善心和晚清修律》称法政科学长劳睦贝是"胶澳帝国高等法院的前任法官"(《比较法研究》2003 年第 1 期,第 97 页),刘明鑫的《青岛早期报业研究(1897—1922)》沿袭了该说法(山东大学 2012 年硕士学位论文,第 36 页),但此说颇可商榷。根据《中德法报》对劳睦贝身份信息比较完整的介绍,其乃"法学进士、青岛特别高等专门学校法政科讲师兼地方审判厅推事并本报记者"(德文为"dem Dozenten der Abteilung für Rechts-und Staatswissenschaften der deutsch-chinesischen Hochschule und Herausgeber dieser Zeitung, Landrichter a. D. Dr. Romberg bearbeitet",见《介绍中德法政集要丛编》,《中德法报》第七册[1913 年 4 月]),因此劳睦贝具有三重身份,分别是青岛特别高等专门学堂法政科讲师、胶澳帝国法院法官和《中德法报》编辑。如果对比另一位曾在《中德法报》发表文章并同样在法政科授课的德国法官顾锡恩,其身份为"青岛高等审判厅长"(德文为"Oberrichter Dr. Crusen Tsingtau",见《中德法报》第九、十册合刊[1914 年 2 月])。结合中国的语境,根据当时中国的《法院编制法》,法院分四级即初级审判庭、地方审判庭、高等审判庭和大理院,而彼时德国在青岛有两级法院系统,分别是胶州湾德国法院和上诉法院(参见赵琪修、袁荣叟:《胶澳志·政治志》,胶澳商埠局 1928 年版,第 78—79 页),如果德国以领事裁判作为第一级,那么对应中国的初级审判厅,胶州湾德国法院和上诉法院正好对应地方审判庭和高等审判庭,而劳睦贝和顾锡恩分别是地方审判厅推事和青岛高等审判厅长,可见两人所属的法院层级不同。综上可知,劳睦贝大概率不是"胶澳帝国高等法院法官",而是下一级法院即"胶澳帝国法院"的法官,且其应该是同时在法院和学堂法政科任职。

供了难得的他国视角与域外之声。

学界对这份重要资料的关注与利用比较有限。据笔者检索所见，国内学界，唯有刘明鑫的硕士学位论文《青岛早期报业研究（1897—1922）》从新闻学专业的视角，在第4章中专辟一节对《中德法报》的基本情况进行了专门介绍，① 该节的主要内容被收入其与周怡合作的论文《德占青岛时期中德双语报刊研究》之中。② 在法学领域，王健的《德国法在中国传播的一段逸史——从青岛特别高等专门学堂说到赫善心和晚清修律》最早注意到该报的信息，但其彼时没有掌握资料，因此没有展开研究，③ 其后来所编的资料集《西法东渐——外国人与中国法的近代变革》收入了《中德法报》所刊的6篇文章。④ 陈新宇的《礼法论争中的冈田朝太郎与赫善心——全球史视野下的晚清修律》亦曾简单引用了《中德法报》的内容。⑤ 国际学界，西英昭的《清末民初德语圈中国法学初考》简略介绍了《中德法报》的双语特征、文章目录和馆藏情况。⑥ 综上可见，现有研究在广度与深度上仍有很大的扩展空间，尤其值得从法学的视角，展开更为翔实和深入的探讨。

---

① 刘明鑫：《青岛早期报业研究（1897—1922）》，第36—45页。具体包括《中德法报》的创办背景、版式、宗旨、定位、栏目设置、选题、对清末民初司法改革的论说、广告、蒋楷与《中德法报》。
② 参见周怡、刘明鑫：《德占青岛时期中德双语报刊研究》，《国际新闻界》2013年第5期，第150—153页。
③ 参见王健：《德国法在中国传播的一段逸史——从青岛特别高等专门学堂说到赫善心和晚清修律》，第97页。文中称《中德法报》为"德华法报"。该文相关物与人的图像及简介，可见王健：《中德法学交往的青岛遗迹》，《中国法律评论》2022年第6期，"影像"栏目。
④ 参见王健编：《西法东渐——外国人与中国法的近代变革》，译林出版社2020年版。
⑤ 参见陈新宇：《礼法论争中的冈田朝太郎与赫善心——全球史视野下的晚清修律》，《华东政法大学学报》2016年第4期。
⑥ 西英昭：《清末民初ドイツ語圏中国法学初考》，《法政研究》90卷3号（2023年），111页以下。感谢在本文杀青之际，木下慎梧博士告知该文刊出的信息。

本文首先详细介绍《中德法报》的版式、翻译、动因、目标、立场、栏目等基本概况,其次考证《中德法报》中、德两国作者的生平履历,再聚焦于《中德法报》中关于中国近代法律转型的相关内容,结合刑事法、民商法等不同的法律领域,展开类型化的研究,进而探讨德国作者对此的立场、观点和心态,复结合德国法学自身的发展历程,分析《中德法报》所传递的德国声音的历史情境,最后对全文进行总结与引申。

二、《中德法报》的基本概况

(一)历史背景

光绪二十三年(1897),德国借"巨野教案"强占胶州湾,此后致力于在经济领域发展"模范殖民地"的建设。至20世纪初,在经济领域的掠夺之余,德国方面又将对青岛实施精神文化层面的渗透和控制提上日程,计划于青岛加大教育方面的投入并建立高等教育机构。① 与此同时,中国自身的教育体制也正在发生千年未有之大变动。光绪二十九年(1903)《奏定高等学堂章程》规定了高等学堂的宗旨和科目设置;②

---

① 《胶澳总督备忘录》(1907年10月—1908年10月)中一则题为《经常性开支增加的主要原因》的备忘录记载道:"如果不像现在这样,创造一个机构,在与中国政府保持十分融洽的关系的情况下,有计划地、遵循一定目的地向正在崛起的新中国大规模传播德国的精神生活,并使之得到理解的话,那么,迄今为止,德国(指私人方面)在东亚教育方面所花费的大量财力,便都会付诸东流。目前已与中国政府取得了一致意见,全部组织应在计划建立的学校中找到重点。"青岛市档案馆编:《青岛开埠十七年——〈胶澳发展备忘录〉全译》,中国档案出版社2007年版,第559页。

② 光绪二十九年《奏定高等学堂章程》规定:"设高等学堂,令普通中学堂毕业愿求深造者入焉;以教大学豫备科为宗旨,以各学皆有专长为成效……高等学堂学科分为三类:第一类学科为豫备入经学科、政法科、文学科、商科等大学者治之;第二类学科为豫备入格致科大学、工科大学、农科大学者治之;第三类学科为豫备入医科大学者治之。"载舒新城编:《中国近代教育史资料》,人民教育出版社1981年版,第561—562页。

光绪三十一年(1905),清廷下谕正式废除科举。①此时的青岛,高等学堂在教育版图上仍然空缺。一方面是德国文化扩张的勃勃野心,另一方面是中国教育改革的箭已离弦,在这一背景下,经过德国政府与清廷长达三年的磋商,宣统元年(1909),青岛特别高等专门学堂正式开办。

作为一所中外合办的高等学堂,青岛特别高等专门学堂下设初级、高等两班,初级班习普通学,高等班习专门学,高等班分法政科、医科、工科、农林科四门。法政科三年毕业,专业课程包括国际公法、各国政治学、行政法、度支律、路政律、国民经济学、理财学等。②根据1912年的统计,当时法政科有主任讲师2人,副任讲师5人,学生23人。③

宣统三年(1911)即学堂开办两年后,德国法学家劳睦贝的到来使得法政科迈出了创办中德双语法学期刊的步伐,《中德法报》的编辑和刊行工作开始。《中德法报》存续两年有余,共发行十册,其中第三、四册和第九、十册各合并为一期发行,第一册发行时间是1911年11月,最后一册(第九、十册合刊)发行时间是1914年2月。随着一战爆发,青岛特别高等专门学堂被迫关停,《中德法报》也退出了历史舞台。

(二)版式和翻译

《中德法报》(Deutsch-chinesische Rechtszeitung)作为一份中德双语法学期刊,设置了双封面(图1),根据阅读习惯,其前翻为横排德文,后翻为竖排中文。正如《中德法报》的刊名为了平衡中、德两国关

---

① 光绪三十一年八月《清帝谕立停科举以广学校》:"着即自丙午科为始,所有乡会试一律停止,各省岁科考试亦即停止。"载舒新城编:《中国近代教育史资料》,第65页。
② 参见《青岛特别高等专门学堂章程》第二条、第四条,载朱有瓛主编:《中国近代学制史料》第二辑上册,华东师范大学出版社1987年版,第682页。
③ 参见劳睦贝:《论中国新刑律草案所载俱发罪》,《中德法报》第三、四册合刊(1912年7月),"补注"。

系,其在排名次序上中文名乃中国在前,而德文名(Deutsch-chinesische Rechtszeitung)则是德国在前,也因此,在德文的语境里其被称为《德中法报》。期刊的双封面设计同样甚为巧妙——那个时代中文书刊乃竖排印刷,书脊在右,阅读习惯是从右到左,而外文书刊乃横排印刷,书脊在左,阅读习惯是从左到右。因此无论中德哪国的读者,当其阅读《中德法报》时,该报的封面设计都在符合阅读习惯的同时,保证了读者本国语言的内容在前、他国语言的内容在后。

图1 《中德法报》第一册中、德文封面

中文版封面在居中上方纵向书写刊名"中德法报",顶部和底部分别以中、西历法注明发刊日期。① 中间为主体部分。刊名的右侧为负责

---

① 第一册封面上方的中式历法采用宣统年号,为"中历宣统三年九月日",自第二册始,改用中华民国纪年,为"中华民国新纪元年阳历三月日",其后沿用;封面下方自始使用公元纪年,如第一册"西历一千九百十一年十一月号",其后各册沿用。

各项具体业务的机构名称,分别为青岛特别高等专门学堂的法政科(编辑、发行)、印书处(印刷)、办公处(定购),此外标明版期(出版周期)是"定期每月出版一册,开办每学期暂出二三册",定价是"每册暂科洋五角,每年五元"。价格虽然不菲①,但其为学堂法政科的学生提供了一定的优惠:"本科学生阅者免其付价。"刊名左侧为该册的目录,包括该期刊登的文章名、作者姓名和栏目名。在刊名下方有两个小框,分别以小字标明本期的序次(第几册),稿酬、投稿及投递广告地址("凡论说等项,如蒙诸君赐稿,经本报刊录者,除特别约定不计外,每五千字酬以笔资银元五十元,此项来稿希即径寄青岛特别高等专门学堂法政科为盼,其余告白等件,邮寄本学堂办公处代收亦可")。同时期的《法政杂志》,其稿酬是"自撰文章每千字三元至五元,辑译每千字一元五角至三元,有特别优点不在此限制"。② 而民国六年(1917)青岛工役每日之工资,在中国工人中,上等的木匠为 0.8 银元、石匠为 0.7 银元、油漆工为 0.6 银元、土工为 0.5 银元。③ 相形之下,足证《中德法报》的稿酬相当优渥,其同时允许刊登广告也说明经营理念颇为灵活。

德文版封面在顶部以大号字体横向书写刊名"Deutsch-chinesische Rechtszeitung"(其中"Rechtszeitung"为最大号字体),下面有横排小字标明编辑发行单位,再下方为三栏:第一栏是印刷、定购单位、出版周

---

① 与《中德法报》同时期的法学刊物售价进行比较:《法学会杂志》(北京法学会会刊,1911 年 5 月创刊,月刊),每册定价二角,订全年十一册价格为一元六角,订上半年五册价格为八角,订下半年六册价格为一元,邮费分别按国内、欧美、日本另计;《法政杂志》(上海法政杂志社出版,1911 年 2 月创刊于上海,月刊),定价一册一角五分,半年六册折扣为八角,一年十二册折扣为一元五角,邮费另计;《法政浅说报》(爱国报馆与京都日报馆联合发行,1911 年创刊于北京,旬刊),定价零售每册一角,半年十七册一元六角,全年三十四册三元。

② 《投稿简章》,《法政杂志》第 1 年第 2 期(宣统三年[1911]三月二十五日)。

③ 参见赵琪修、袁荣叟:《胶澳志·民社志》,第 81—83 页。

期、定价、稿酬、中德两国的投稿及投递广告地址等信息;第二栏是册数和日期;第三栏是本册目录。除阅读习惯导致的在排版上的差异、增加德国相关地址的区别之外,其与中文版封面主要不同之处有两点:首先是篇幅,中文版封面固定为一个整页,德文版封面只占半页,且所占篇幅随目录部分的篇幅而产生小范围的变化,目录下方的分割线以下即为该期的第一篇文章,排版更为紧凑;其次是关键信息,德文版的封面目录中还会标明作者的身份信息,而中文版只标作者姓名。

在作者群体多为德国学者的情况下,第八册刊末所载劳睦贝的《附志》,介绍了该报的翻译和译者:

> 本报自刊行以来,其弱点每在译文。盖译文之精良,首赖中文娴熟,而又须于所译之件深明其义,惟是此等学识,求之于中国不可多得矣。即本校附设之译书处,尚未能达此目的也。故本报译述一事,多承本科同学之匡襄,学员焦君继宗、孙君振奎、高君钟谦、张君宝泉诸人,以及代理本校总稽察窦君学光,皆力为赞助。鄙人所深感者也,爰志数语借伸谢悃焉。[①]

可见劳睦贝对《中德法报》的翻译要求很高,专门的译书处不能符合其要求,需要一众法政科的同学及同为教员、兼任代理总稽察的窦学光协助。

（三）办刊动因、目标和立场

作为创刊号,《中德法报》第一册刊登了学堂总稽察蒋楷的《法学杂志引》和署名为"特别高等专门学堂法政科"的《序》,两文披露了办刊

---

① 《中德法报》第八册（1913年7月）。

动因，阐述了其目标。

《法学杂志引》开宗明义：

> 法学杂志，志法学也。青岛高等学堂既开法政班阅两年，德国法科进士劳睦贝君来任讲席，将举其平日论说与德国、中国之新事，暨诸生之质疑问难可供研究者，月刊一册。凡京师及各直省法政、法律学堂有以新理见饷、疑义来质者，或择要甄录以公同好，或竭诚答复以待续商，冀以启古今之钥，通中外之邮，采五大洲法令之殊，以极廿世纪治道民情之变。①

《序》赓续其后：

> 本报之刊，专为在中国砥砺法学起见，故敝科先取以授课焉，而其用意尤欲使中国少年法律学家得以探悉泰西法理学之门径、富有立法之学识，速为中国编订维新之法律也。②

综上可以看到两个重要信息。首先，《中德法报》与劳睦贝有着密切的关系，这位雄心勃勃的德国法学家，在中国传道授业、培养法律人才的同时，③更希望以《中德法报》为支点推动法律教育的进步，促进法学研究的发展。其次，这份新刊物可谓志向远大，虽然位居青岛一隅，

---

① 蒋楷：《法学杂志引》，《中德法报》第一册（1911年11月）。
② 特别高等专门学堂法政科：《序》，《中德法报》第一册（1911年11月）。
③ 《中德法报》第一册刊有《法政分科进行办法及课程详章》，主要介绍了法政科的各学期课时安排、实习内容、非法政的其他课程设置、学位获得等方面的内容，尤其是对丰富实习项目的介绍和"（毕业考试）其成绩优长者，由德国政府赏以法学进士"的鼓励，都不妨解读为劳睦贝有意试图改革课程、招揽学生、扩大影响。

但其视野辐射整个中国,希望与京师及地方各法科学堂进行交流互动,更希望达到贯通古今中外法律与法学的效果。

为了达到刊物贯通古今中外的目标,《中德法报》在稿件的甄选上主要侧重三个方面:

> 一则特选泰西精要法案以及德国深奥法理之切合中国时势以为论说,一则近取东西洋各国立法前式与中国新法问题互相考证,一则注意于中国新设审判厅之进步,特将有意味而增学识之案件以及德国审判厅之判断,刊载报中,借资比较。①

可以说中国问题为中心、比较法视野、注重实践性是其稿件的主要特色。

《中德法报》秉持政治无涉的立场,强调主要针对实践中的法学问题展开研讨:

> 篇中于政治解决之问题付诸阙如,而于法学问题则殚心积虑,钩求解释,不遗余力,且纯为实学,绝少虚理,不事浮夸,务求简当。②

这背后的主要原因是法政科的中方代表对于清末留日学生干预政治的不满,为此专门加以批判:

> 试观夫中国留学外洋之归来者,特如自日本回华之学生,多以

---

① 特别高等专门学堂法政科:《序》。
② 同上。

阅历不深，于政界事宜少有经济。盖年少者每易有急功锐进之心，置历史民情于弗顾，而孰知此等主意在所难行，而为时势之虚实所限也。是盖少年急性之举，必须赖中国精明谙练之大臣以匡持之，凡遇有更张，必先再三详细酌夺，然后方可见诸施行，此从来各国维新之世，亦莫不然。①

这种对留日学生的态度，与张之洞颇有类似之处，比如关于近代立宪的司法独立问题，此前张之洞便认为：

> 此乃出自东洋学生二三人偏见，袭取日本成式，不问中国情形，故坚持司法独立之议。果如此说，大局危矣。②

考虑到两者皆强调中国国情（民情），而青岛特别高等专门学堂的主管机关是学部（张之洞以军机大臣主管学部），学堂总稽察蒋楷又是张之洞的老部下和支持者，因此即便此时张之洞已经去世，《中德法报》的中方立场仍然不妨看作清末新刑律论争中以张之洞为代表的礼教派思想的影响和延续。③对此立场，作为合作者德国一方基本采取配合态度，例如《问答》栏目中，面对中国的总统选举法应采取美国还是法国模式的提问，答者就表示此问乃政治性质，德国人未便干预，并通过引用王宠惠《宪法刍言》等书的观点从法学角度予以回应。④

---

① 特别高等专门学堂法政科：《序》。
② 苑书义、孙华峰、李秉新主编：《张之洞全集》第11册《电牍》，河北人民出版社1998年版，第9576页。
③ 关于这段历史的背景，可参见陈新宇：《礼法论争中的冈田朝太郎与赫善心——全球史视野下的晚清修律》，第70—71页。
④ 参见《中德法报》第八册（1913年7月）。

(四)栏目介绍

《中德法报》主要有四类文章,分别是论说、问答、判词择要和书讯。①

1. 论说

论说类文章是《中德法报》的主体性内容,亦是《中德法报》传递德国声音的最重要领地。此类文章篇幅一般较长,其内容主要包括中国法律改革、德国法律及法学发展、法史和法理学讨论等。

关注中国法律改革的文章,占据了论说文章的绝对多数。该报一共刊登了21篇论说类文章,有14篇聚焦于中国法律改革的各类问题,约占67%。

其中最为论者关注的是中国刑事法问题,共5篇,包括劳睦贝《论〈大清新刑律草案〉所载俱发罪》(第二册与第三、四册合刊连载,后者所载题目更改为《论〈中国新刑律草案〉所载俱发罪》),密喜森《〈中华民国新刑律〉及现行亲族律合观》(第六册)、《上海会审公堂烟土案书后》(第七册)、《中国刑法实用中之数种问题》(第九、十册合刊)和蒋楷的《亲族总论》(第七册、第八册连载),内容涉及刑法的法理分析、具体适用和与其他法律部门(例如民法)的衔接关系等。

其他文章中,关注民商法问题的4篇,包括顾锡恩所撰《论〈德国集股条例〉最要之改良》(第三、四册合刊)及《论济南商埠租地上之法律关系》(第九、十册合刊),劳睦贝撰《制定中国通商口岸及内地各商埠法规商榷书》(第六册)及《货币(就中国立论)》(第八册),内容涉及租借地法律关系、货币政策等;关注宪法问题的3篇,劳睦贝撰《论〈中国国籍条例〉》(第一册)及《紧急命令》(第七册),霍才豪《中华

---

① "论说""书讯"是笔者根据文章性质归纳出来的类型,"问答""判词择要"是《中德法报》自身标明的栏目。

民国首创之议会法制说》(第五册);关注司法改革问题的2篇,霍才豪撰《论中国司法改良》(第二册)及《论中华民国各司法衙门之官吏问题》(第三、四册合刊)。

有关德国法律及法学发展的文章共3篇,约占14%,包括伯爱来《论普鲁士法官养成之新策》(第三、四册)及《德国之新社会法》(第八册),罗善伯《论巴燕摄政之告终(按巴燕德意志帝国联邦之一)》(第九、十册合刊)。需要指出,上述文章介绍与讨论的主题虽然是德国的法律问题,但其行文中同样会比较与关照中国法律改革相关问题。

上述两类文章之外,还有其他类型的文章共4篇,约占19%。其中法史文章2篇,为密喜森《论永不加赋之定理引自唐以来赋税沿革略考》(第三、四册合刊)和裴尼赤《滴血辩》(第五册),法理文章2篇,为纪念英年早逝的赫善心而刊登其遗作《论三权分立》(第二册)和劳睦贝《解辜鸿铭之理说》(第五册),后者从法学家角度对辜鸿铭《中国辟西学》(Chinas Verteidigung gegen europäische Ideen)[①]中的批判西学的观点提出了商榷。

2. 问答

问答栏目的基本内容是"海内法学士子及诸法学家,有以关于实用之问题函致敝科者"[②]和法政科的答复,涉及刑法、民法、法理学、国际法、宪法等诸多法律领域,共14例。具体而言,可分为两种类型。第一至第四册(第五册因篇幅所限,未刊登该栏目)和第九、十册合刊为一种类型,为典型的问答体,或直接提问,或根据案例设问,采用一问一答形式,篇幅相对较短。

---

① 即辜鸿铭《中国牛津运动故事》的德文版《中国反对欧洲观念的辩护:批判论文集》。
② 特别高等专门学堂法政科:《序》。

例 1

一问：万国公法所定之规则，以内容上之法律论，抑以形式上之法律论？

答曰：问者差矣。法律者，谓国家按照宪法该管之机关所定之典则也。此典则之载有命令或禁令者，称为内容上之法律；无命令或禁者，称为形式上之法律。至于万国公法，则未有此等机关之能以国家之权力而发出有力之命令或禁止者，是以尤不能谓形式上之法律，如国法内容与形式之分也。

例 2

三问：甲氏挑唆乙氏抢劫某旅客之行李，得赃后互相分肥，孰以主犯论，孰以附犯论？

答曰：按德国刑律，主犯之对面即从犯。如挑唆者非附犯也，按甲氏犯罪之行有二：挑唆乙氏抢劫一也，分赃二也。查德国现行刑律，分赃以独立犯罪之行为论，名曰窝藏。

至于附犯之名，则非主犯之对面，乃犯罪者数人并未同谋，而共行一犯罪之事，譬如水手数名，共棹一艇，其艇无舵，偶一不慎，忽将他人之艇撞沉，以致他人艇内之人溺毙是也。①

第六至第八册为另一种类型。该种类型问答虽然同样由问题而起，但实质乃小型论说：

---

① 《问答》，《中德法报》第一册（1911 年 11 月）。

嗣后在问答一门,亦登载篇幅较短之论说,如此项论说内有问题待答复者,亦予以答复也。①

其特点有二:一方面具有专门的标题,例如祁际可《法律道德之关系与国家之立法》、高钟谦《裁判上不干涉主义不宜于中国说》②、杨沅《论家族制度与个人制度之利弊》③、密喜森《读〈中华民国宪法〉刍议》④;另一方面,篇幅较长,其字数分别为1186字、1336字、1494字(文后还有劳睦贝的追加评论528字)、4682字。此类"问答"在某种程度上也跟该册的论说文章形成呼应关系,例如祁际可、高钟谦二人的短文强调法律应与国民道德和具体国情相切合,与同册密喜森颇具历史法学色彩的《中华民国新刑律及现行亲族律合观》旨趣相同;又如杨沅强调家族制度合理性的短文与同册作为礼教派人物蒋楷的《亲族总论》宗旨一致。这种问答与论说的同气分形,应该是编辑者的专门安排。

3. 判词择要

判词择要栏目选登当时中、德两国法院具有代表性之案例的判词。判词共24篇,⑤其来源广泛,既有德国大审院、柏林普路斯王国高等行政裁判院、胶租德意志帝国审判厅的判词,也有大理院、高等审判厅、地方审判厅的判词;其案由多元,涉及姓名权、委托代理、国际货物运输、健康权、债务纠纷、诱拐、遗产继承、杀人、博彩、婚姻、侵权、和诱和奸、土地纠纷、担保、管辖权异议等民事、刑事、中德交涉法律关系方面诸多问题。

---

① 《问答·栏目说明》,《中德法报》第六册(1912年12月)。
② 《问答》,《中德法报》第六册(1912年12月)。
③ 《问答》,《中德法报》第七册(1913年4月)。
④ 《问答》,《中德法报》第八册(1913年7月)。
⑤ 其中《华张氏呈控宿以诚抗债不偿一案》判词分别在第一册和第二册以中、西不同格式书写,因此统计上只算1案。

就具体形式而言,判词择要可以分为两种类型,一类是完整判词,包括案名、主文、呈诉事实、判决理由等要素,有的甚至还有推事署名;一类则是简略节要,只涉及具体法律问题的适用分析,部分附有评议。

4. 书讯

《中德法报》共刊登了三则书讯,分别是《中德法政集要丛编》(第二册、第七册)、《青岛全书》(第三、四册合刊)和《评论》(第八册)。

《中德法政集要丛编》是青岛特别高等专门学堂法政科所发行的学术讲义或论著,分甲(取材西方之法政学)、乙(取材中国之法政学)两集。① 至《中德法报》第七册发行时,《丛编》已发行甲集第一、二、三号和乙集第一号,前者为劳睦贝的《民法总则》《刑法总则》《国法择要》,后者为霍才豪的《中国司法录》。② 比较可知《丛编》与《中德法报》在作者群体上具有较高的一致性,《丛编》系借助《中德法报》进行宣传,扩大影响。

《青岛全书》作者是胶督署的翻译官谋乐(F. W. Mohr),该书的译本分上下两卷,上卷"专载与中国人有关系之件",下卷"详载青岛之地理与夫殖民地内之财政、商务、交通以及青岛造船厂暨业经著名之森林局等项"。③ 通过该书可以全面了解德国在青岛的殖民历史与具体措施。

劳睦贝的《评论》包括4条信息,第1、3、4条分别介绍与评议了《世界经济杂志》、顾维钧的《中国境内外人之位置》和时任中国司法总长的许世英的《司法计画》,第2条是肯定《北京政府公报》刊载的大理院针对审检各厅之质问所作答复的价值,希望司法部或教育部可以"速行

---

① 参见《中德法政集要丛编》,《中德法报》第一册(1911年11月)。
② 参见《介绍中德法政集要丛编》。
③ 参见《青岛全书》,《中德法报》第三、四册(1912年7月)。

萃集,分别刊布",以方便法律教学和司法实践。①

三、《中德法报》的作者群体

根据统计,《中德法报》共有作者13人,其中德国籍作者8人,② 包括法政科教师5人,非法政科教师3人,共发表论说20篇、问答(小型论说)1篇、书讯1则;中国籍作者5人(含译者1人),共发表论说1篇、问答(小型论说)3篇。

(一)学堂法政科德籍教师

在《中德法报》发文的5位法政科德国籍教师分别是劳睦贝、密喜森、顾锡恩、赫善心和罗善伯。

劳睦贝(Kurt Romberg,？—1915)不仅创办了《中德法报》,也是其最重要的作者之一,共发表了论说6篇,《论〈中国国籍条例〉》《论〈大清新刑律草案〉所载俱发罪》《解辜鸿铭之理说》《制定中国通商口岸及内地各商埠法规商榷书》《紧急命令》《货币(就中国立论)》,数量位居第一,另有书讯1则。《中德法报》第一册至第八册,其皆为主笔,③ 因此将劳睦贝视为《中德法报》的灵魂人物,毫不为过。1911年

---

① 参见劳睦贝:《评论》,《中德法报》第八册(1913年7月)。
② 赫善心(1880—1912)出生于维也纳,是维也纳大学法学博士,当时维也纳属于奥匈帝国,因此其是奥匈帝国人(黄礼登最先发现其国籍问题,但称其为奥地利人。参见黄礼登:《礼法论争中的失踪者:赫善心的生平与思想》,《华东政法大学学报》2017年第2期,第161页),考虑到当时中国称赫善心为"德国法政科博士"、"德国法科进士"或"德儒",即将其归为德国籍,而其也确实与德国渊源颇深,比如曾在柏林大学李斯特的犯罪研究所工作、受德国海军部委派来华任教,因此本文对其国籍不做专门区分。
③ 所谓主笔,指"旧中国报界实行第一撰稿人制度的报刊负责人。其工作内容为全面主持报刊的编辑出版业务,包括撰写评论、处理新闻、设计版面等"。刘建明主编:《宣传舆论学大辞典》,经济日报出版社1992年版,第1450页。

劳睦贝来华出任德国胶澳帝国法院法官,兼青岛特别高等专门学堂法政科讲师,1913年,劳睦贝自青岛返回柏林,后来自愿服役参战,1915年阵亡于比利时伊普尔附近的一次战斗中。① 除《中德法报》的文章外,劳睦贝还著有《德国属地特许权和保护书的法律性质》(Die Rechtliche Natur Der Konzessionen Und Schutzbriefe In Den Deutschen Schutzgebieten, 1908)、《中德法政集要丛编》(甲集)等。

密喜森(Erich Michelsen, 1879—1948)在《中德法报》共发表论说4篇,《论永不加赋之定理引自唐以来赋税沿革略考》《〈中华民国新刑律〉及现行亲族律合观》《上海会审公堂烟土案书后》《中国刑法实用中之数种问题》,问答(小型论说)1篇,《读〈中华民国宪法〉刍议》,② 数量仅次于劳睦贝,密喜森也是《中德法报》第九、十册合刊的主笔。1879年6月13日密喜森出生于德国但泽(Danzig),少年就读于但泽文法中学,后于柏林弗里德里希·威廉大学(Friedrich-Wilhelms-Universität)③ 学习政治学、法学、经济学和中文,1901年获得博士学位。次年6月,密喜森被聘为胶州湾地区的翻译官。1911年5月,他被任命为地区行政专员(Bezirksamtmann)。1913年7月始,密喜森被聘为学堂法政科讲师,次年随着学堂关停,他转到上海同济德文医工学堂附设法政科任教。1948年3月13日,密喜森在昆明去世。④

顾锡恩(Georg Dietrich Hermann Crusen, 1867—1949)在《中德法报》发表论说2篇,《论〈德国集股条例〉最要之改良》《论济南商埠租地上之法律关系》,主题集中于民商事问题,其中《论济南商埠租地上

---

① Melanie Nolan, *Australian Dictionary of Biography*, Volume 19, ANU Press, 2021, p. 731.
② 前3篇发表于密喜森任地区行政专员期间,后2篇发表于其任学堂法政科讲师期间。
③ 柏林洪堡大学(Humboldt-Universität)前身。
④ Tsingtau und Japan 1914 bis 1920 Historisch-biographisches Projekt: Michelsen, http://www.tsingtau.info/index.html?namen/m.htm; Wikiwand: Erich Michelsen, http://www.wikiwand.com/de/Erich_Michelsen.

之法律关系》对劳睦贝《制定中国通商口岸及内地各商埠法规商榷书》的观点提出了异议,体现了《中德法报》鼓励学术论争的开放性。1867年5月15日,顾锡恩出生于德国吉夫霍恩(Gifhorn)一个法律人家庭,父亲为地区法院顾问。1886年起,顾锡恩先后于瑞士洛桑及德国柏林、莱比锡和马尔堡(Marburg)学习法学,并于1890年获得法学博士学位。1902年1月起,顾锡恩任德国胶澳帝国高等法院法官,并于1903年8月被任命为终身制首席大法官,1909年起兼任学堂法政科讲师。1914年日军攻占青岛,顾锡恩于该年11月转赴德国驻上海总领事馆。1919年一战结束后,顾锡恩被遣返回国。1920年起顾锡恩担任普鲁士司法部机密高级司法顾问(Geheimer Oberjustizrat),1925年辞去该职务,移居但泽自由市(Freie Stadt Danzig),[①]就职于但泽自由市高等法院,后任该法院院长。1932年顾锡恩退休,继续担任但泽自由市政府的国际法顾问,长居盖林根(Gerlingen),1949年,他于盖林根去世。[②]他曾与德国刑法学家李斯特(Franz v. Liszt)合任《德国及他国刑法比较篇》第二册《欧洲以外国家的刑法》的主编,该书于1899年出版。[③]

赫善心(Harald Gutherz,1880—1912),《中德法报》刊登其论说1篇即《论三权分立》,系于赫善心去世后为表纪念所录。[④]1880年1月

[①] 一战结束后,德国作为战败国,失去但泽及其附属区域,但泽自由市成立。根据《凡尔赛和约》,但泽自由市受国际联盟保护和监督,关税和外交隶属波兰,内政保持独立。参见陈石:《但泽危机和英德关系》,《历史研究》1982年第2期,第159页。

[②] Tsingtau und Japan 1914 bis 1920 Historisch-biographisches Projekt: Crusen; Wikiwand: Georg Crusen.

[③] 参见黄礼登:《礼法论争中的失踪者:赫善心的生平与思想》,第166页。

[④] 《中德法报》第二册(1912年3月)。赫善心于1912年1月在德国去世,《中德法报》第二册德文版以脚注形式刊登了赫善心的讣闻(大意):"在本文刊印期间,作者突然离世的噩耗传至青岛。赫善心博士是本学堂的首位法学讲师,即使在离职后,他仍以前的学生保持着浓厚的关注。这是一本他第一个赞同并付出实际工作的刊物。逝者将被他首次执教的地方铭记。"

29 日,赫善心出生于奥匈帝国辖下的维也纳,1903 年 6 月于维也纳大学法学院获得博士学位,随后进入法院实习。1904 年 7 月,赫善心被任命为维也纳高等法院的候补法官,并先后于维也纳、萨尔茨堡等地区的一审法院从事见习工作。1906 年赫善心申请解除候补法官资格,前往德国刑法学家李斯特位于柏林的犯罪研究所工作。1909 年赫善心接受德国海军部委托,赴青岛特别高等专门学堂法政科任教,是该学堂的第一位法学讲师。然而赫善心仅在法政科执教三个学期,1910 年夏天他联合另外五位教师,向学堂校长格奥尔格·凯贝尔(Georg Keiper)提出意见,认为应使学堂相对于德国胶州总督府保持独立地位,此举直接导致赫善心及学堂另一位教师亚罗西(Jarosch)于同年 12 月被解雇。1911 年 2 月,赫善心携妻子辗转回到柏林。1912 年 1 月,苦于日益严重的神经疼痛,赫善心于库夫施泰因开枪自杀。①

赫善心在华期间,曾深入参与围绕《大清新刑律》展开的礼法论争。1910 年夏,由赫善心评注并作序的《德意志帝国新刑律草案总则》出版,引起了礼教派代表人物劳乃宣的注意。同年秋,劳乃宣通过蒋楷与赫善心取得通信联系,请求赫善心就当时礼法论争的核心问题("子孙违教令"和"无夫奸")发表专业意见,赫善心为此撰写了《中国新刑律论》一文。② 在文中,赫善心表达了如下观点:中国修订法律,应以《大清律例》为本,他国法律仅为参考;负责的人员应当由谙熟本国法律传统及国民道德之人主导,外国学者仅做协助,而不应本末倒置,丢弃本国的礼教和文明,专门求之于外,以致《大清新刑律》成为日本律。赫

---

① 参见黄礼登:《礼法论争中的失踪者:赫善心的生平与思想》,第 162—165 页。笔者在细节上略作了补充。
② 其后赫善心又以德语撰写《关于中国刑律草案的两个建议》补充阐述其观点,该文于赫善心离开青岛后,始登载于《东方世界》(1911 年 2 月 12 日)。参见黄礼登:《礼法论争中的失踪者:赫善心的生平与思想》,第 163—164 页。

善心对礼教派的支持对法理派造成巨大压力,促使《大清新刑律》的主要编纂者之一、法理派的重要外援、日本法学家冈田朝太郎专门撰文进行回应。①

罗善伯(H. Rosenberger,1873—1956)在《中德法报》发表论说 1 篇即《论巴燕摄政之告终(按巴燕德意志帝国联邦之一)》。1873 年 6 月 19 日,罗善伯出生于巴伐利亚地区的茨魏布吕肯(Zweibrücken),1895 年获得博士学位,1900 年 9 月加入海军,同年 10 月就职于海军法院。1904 年 2 月罗善伯来华,至 1907 年 11 月,于胶州湾地区担任法官;后于 1909 年 4 月调任第一后备军(Landwehr I),1912 年卸任。1913 年 4 月,罗善伯担任青岛特别高等专门学堂讲师。1956 年 9 月 5 日,罗善伯在卡尔斯鲁厄(Karlsruhe)去世。②

(二)《中德法报》的其他德籍作者

除上述任教于学堂法政科的德籍教师外,还有其他三位德籍作者,从青岛以外的地方向《中德法报》供稿,他们分别是霍才豪、伯爱来(又译为柏爱来)和裴尼赤。

霍才豪(F. Holzhauer)在《中德法报》发表论说 3 篇,《论中国司法改良》《论中华民国各司法衙门之官吏问题》《中华民国首创之议会法制说》,是《中德法报》重要撰稿人之一,曾于 1910 年前后任德国驻济南副领事。③ 据德文版标注,他为《中德法报》撰稿时常居济南,辑有

---

① 冈田朝太郎为回应赫善心,作《冈田博士论刑律不宜增入和奸罪之罚则》《冈田博士论子孙违犯教令一条宜删去》两文。关于冈田朝太郎与赫善心的论辩,参见陈新宇:《礼法论争中的冈田朝太郎与赫善心——全球史视野下的晚清修律》,第 72—73 页。

② Tsingtau und Japan 1914 bis 1920 Historisch-biographisches Projekt: Rosenberger.

③ 参见潍坊市坊子区地方史志编纂委员会编:《坊子区志》,山东友谊出版社 1997 年版,第 762 页。

《中德法政集要丛编》(乙集)。

伯爱来(又译柏爱来,Otto E. Preyer,1881—?),在《中德法报》发表论说 2 篇即《论普鲁士法官养成之新策》《德国之新社会法》。据德文版标注,伯爱来的稿件均由杜塞尔多夫(Düsseldorf)寄来青岛,是唯一一位身在中国境外的供稿作者。1881 年 1 月 16 日,伯爱来出生于德国杜塞尔多夫,毕业于弗莱堡法律与政治学院(Freiburg im Breisgau rechts- und staatswissenschaftliche Fakultät),曾于胶州湾地区任见习法官,著有《胶州湾租界土地所有制的法律关系》(*Die Rechtsverhältnisse am Grundeigentum im Schutzgebiet von Tkiauschou*)一书,此书 1906 年在德国波恩出版。①

裴尼赤(M.G. Pernitzsch,1882—1945)在《中德法报》发表论说 1 篇即《滴血辩》。据德文版标注,他为《中德法报》供稿时居于上海。曾任德国外交部口译官,一战后曾赴爪哇从事荷兰-印度金融服务工作。后回到德国,任柏林大学外语学院副教授,教授中文,研究中国的民俗及地域文化。② 曾与 H·提特尔(Hans Tittle)合作撰写短文《中国财务》(*Chinesische Buchhaltung*),1927 年发表在《德国东亚自然与人文学会会刊》(*Mitteilungen der Deutschen Gesellschaft für Natur-und Völkerkunde Ostasiens*)增刊第 10 期,③ 独立撰写教科书《中国的宗教》(*Die Religionen Chinas*)和综合介绍中国情况的论著《外国研究小集》

---

① Peter Geils & Willi Gorzny, *Gesamtverzeichnis des deutschsprachigen Schrifttums (GV), 1700–1910 (Band 111, 1. Aufl.)*, 1984, S. 239.

② Hartmut Walravens, *Streiflichter auf die deutsche Sinologie 1938–1943 sowie drei Dokumente zur deutschen Japanologie*, NOAG 165–166(1999), S. 199.

③ Max Gerhard Pernitzsch/Hans Tittel, *Chinesische Buchhaltung, Supplement der Mitteilungen der Deutschen Gesellschaft für Natur-und Völkerkunde Ostasiens*, Supplementband no. 10 (1927), S. 65 ff.

(*Kleine Auslandskunde*),均于 1940 年在柏林出版。①

(三)《中德法报》的中国作者

除上述八位德籍作者外,《中德法报》的作者群体还有以下五位中国人,分别是蒋楷、祁际可、高钟谦、杨沅和窦学光。

蒋楷(1853—1913),字则先,一字仲则,青岛特别高等专门学堂总稽察。蒋楷在《中德法报》发表《法学杂志引》,以及论说 1 篇即《亲族总论》,该文系蒋楷在总稽察任上去世后,《中德法报》为表纪念所刊。②咸丰二年十二月二十七日(1853 年 2 月 4 日),蒋楷出生于湖北荆门。历任山东莒州知州、平原县知县、濮州知州及学部候补员外郎等,一度因义和团平原起义被罢免,罢官期间曾被两湖总督张之洞延揽入幕。光绪二十七年,张之洞令蒋楷充任湖北武备学堂稽察委员。③宣统元年,学部奏设青岛特别高等专门学堂,蒋楷因曾在山东州县任职,政声卓著,又曾于湖北、山东办理学务多年,被任命为学堂总稽察。④此后,蒋

---

① Hartmut Walravens, *Streiflichter auf die deutsche Sinologie 1938–1943 sowie drei Dokumente zur deutschen Japanologie*.

② 《中德法报》第七册中文版与德文版均刊登了蒋楷的讣闻,中文版载于《亲族总论(甲)》文末,德文版以注释形式刊登于本文标题页。中文讣闻内容:"本校总稽察蒋公,则当代儒宗也,近于民国二年二月间逝世,同人闻之,无不惋叹。回忆我班亲沐熏陶,及兹《中德法报》借助他山者,尤深悲感。上论公最后之作也,援古证今,于以论述中华民国新出之《亲属律》草案。嗟乎! 公前曾教法政班学生,以中国古法而与鄙人等相周旋,因得亲其风范。公虽殁,其学识之渊博及其谒然可亲之气概,堪以表率中国官界者,则昭昭在人耳目。吾侪永永纪念,无时或忘也。爱书以此志哀。青岛特别高等专门学校法政班全体教员谨志。"

③ 参见王健泉、林鸥:《蒋楷初考》,载杨文平、李德征主编,中国义和团研究会等编:《义和团平原起义 100 周年学术讨论会论文集:平原文史资料特辑》,齐鲁社 2000 年版,第 310—318 页。

④ 参见《奏请将本部候补员外郎蒋楷派充青岛学堂总稽察片》,《学部官报》宣统元年(1909)第 21 册(总第 97 期)。

楷一直在总稽察任上，直至1913年2月2日晚病逝于青岛。① 除《中德法报》文章外，蒋楷的主要著作如《经义亭疑》《河上语》等及诗文，皆收于《蒋楷文集》。②

祁际可，在《中德法报》发表问答（小型论说）1篇即《法律道德之关系与国家之立法》。据德文版标注，发表时其身份是学堂法政科学生。1931年至1933年间任职青岛市政府。③

高钟谦，在《中德法报》发表问答（小型论说）1篇即《裁判上不干涉主义不宜于中国说》。据德文版标注，发表时其身份是学堂法政科学生，山东胶县（今山东省胶州市）人，1917年8月在济南登记成为执业律师，其事务所设置于济南西公界。④

杨沅，在《中德法报》发表问答（小型论说）1篇即《论家族制度与个人制度之利弊》。据德文版标注，其曾就读于学堂法政科。

窦学光，学堂通译官、法政科教员，蒋楷去世后曾代理总稽察一职。其虽不曾独立供稿，但作用不可或缺。据《中德法报》相关信息，窦学光是第二册至第八册的译述人，可见其作为该报翻译工作主要负责人的重要地位。窦学光就读于广东同文馆，以镶蓝旗汉军童生入学，学习三年期满后，于光绪二十四年（1898）六月通过考试肄业，被授予翻译生资格。⑤ 但其何时开始就职于青岛特别高等专门学堂尚不可考。

---

① 蒋楷去世具体时间参见《中德法报》第七册德文版讣闻（中文版只是笼统写为"民国二年二月间"），王健泉、林鸥所撰《蒋楷初考》一文认为蒋楷去世于1912年冬季，系有偏差，应以讣闻为准。

② 陈广珍、张国梁主编：《蒋楷文集》，银河出版社2002年版。

③ 参见《铨叙年鉴》"民国二十年至民国二十二年下·第七类附录"所收《甄别合格人员录》，载虞和平主编：《中国抗日战争史料丛刊921文教·史地》，大象出版社2016年版，第331页。

④ 参见周传铭：《1927济南快览》，济南市图书馆整理，齐鲁书社2011年版，第142页。

⑤ 《广州将军保年等为广东同文馆学生柏荃等学习期满照章考试请奖事奏折》（光绪二十四年[1898]六月初五日），载郭琪：《光绪朝同文馆教员学生考叙档案》，《历史档案》2020年第1期，第47页。

四、《中德法报》与中国近代法律改革

作为清末民初以德籍作者为主的法学期刊,《中德法报》比较集中、充分地展示了德国法学家对中国近代法律改革的评价,以下从刑事法、民商法及其他法律领域三个侧面,展开具体分析。

(一)刑事法领域:实质保守与形式维新

在对中国近代法律改革的考察中,《中德法报》最关注刑事法领域,其意见上述所介绍的赫善心在礼法之争中的观点高度一致,强调新法不能简单模仿西法,应该符合中国的礼教民情。例如劳睦贝认为:

> 设中国袭用西律,不将其所袭用者处处从根本系属于本国旧有法律之理想,则无非满纸空谈,于实事上绝少有济……设今日圣人复出而讲求法学,迫亦以聚集普通之法律风俗习惯以及按照地方性质之法俗习惯而立万世不朽之名矣。①

又如密喜森谈道:

> 盖一国之刑法,与其他文化之特点及人伦宗教之观念各有密切之关系,故拟制定同一之律,使其强合泰西之法情,而无害本国人民之法情,乍见之似觉未能。②

---

① 劳睦贝:《论〈中国新刑律草案〉所载俱发罪》。
② 密喜森:《〈中华民国新刑律〉及现行亲族律合观》,《中德法报》第六册(1912年12月)。

可见他们同样是礼教派的支持者,这也说明赫善心并非个案,毋宁说是当时《中德法报》的德国法学家群体的代表。《中德法报》所谈论的部分议题,不妨看成是清末礼法之争在清末民初的延续与发展。进而言之,《中德法报》的总体立场可借用一句话予以概括:"以新法之形表填旧法之内容。"①

一方面,从内容实质看,亲族问题是最具有代表性的议题,传统中国以家族主义为立法本位,清末围绕《大清新刑律》爆发的礼法之争中,如立法宗旨上的家族主义与国家主义的论辩,以及具体问题上的"子孙违犯教令""和奸无夫妇女"是否应该入罪等,都与亲族问题密切相关。密喜森的《〈中华民国新刑律〉及现行亲族律合观》处理的是当时刑法与民法关于亲族问题的规定如何对接适用的问题,其从婚姻(重婚)、夫妻彼此之关系、父母人子间之关系三个要点展开了讨论,其中最让人印象深刻的是从夫妻关系引出的杀死奸夫者是否有罪的意见。根据传统中国刑律"杀死奸夫"条款,本夫杀死奸夫无罪,对此晚清法律改革时期修订法律大臣沈家本曾专门撰文《论杀死奸夫》,从法理上的"义序礼情"四个维度否定了该条的合法性,最终《大清新刑律》废除了该条。②但密喜森试图通过引用《暂行新刑律》第十四条"依法令或正当业务之行为,或不背公共秩序、善良风俗习惯之行为不为罪",从民情不认为杀奸违反道德的角度为杀奸者脱罪:

> 按旧律,妇(或妾)或奸夫经本夫于犯奸之地登时杀之,或将奸夫奸妇一并杀之,得不论罪;而《新刑律》则毫未言及。援用万

---

① 密喜森:《〈中华民国新刑律〉及现行亲族律合观》。
② 参见陈新宇:《法律转型的因应之道——沈家本与晚清刑律变迁》,《现代法学》2021年第2期,第14—15页。

能之第十四条,能否为解?诚乎其难言矣。何者?本夫杀奸夫奸妇之权,出于旧律,旧律既废,该权亦无;按之新律,杀人之事亦碍难谓为善良风俗习惯。然细玩之,法律之要求亦非如此,求其不背善良风俗习惯而已,是其行为固不可为恶,亦不必定善,顺乎民情所趋,苟不以杀奸之事为背道德,本夫即可逍遥法外,不坐于罪也。①

其因思想之保守而牵强解释可见一斑。其保守程度,甚至超越一般的礼教派。毕竟礼法论争中后者更执着于无夫奸入罪,而不是杀奸者无罪问题。而密喜森寄望的是:"特将来修订亲族法,切勿将前代所传之旧例一扫而除也。"②

另一方面,从形式层面看,当探讨刑律改革中与道德无涉的技术问题时,《中德法报》一改保守倾向,建议中国刑律改革采纳西方尤其是德国的刑法理论和立法技术,并以之为标尺,从结构("法律构造")、专业术语("法学名词")等方式,进行全方面的校正,以形成完善、标准化的新刑律。这一主张集中、明确地反映于劳睦贝《论中国新刑律草案所载俱发罪》③一文中。

劳睦贝先以西方的标准,提出《大清新刑律》(民国改为《暂行新刑律》)在俱发罪(今日刑法理论的"数罪并罚")立法上有值得肯定之处:"一则观于刑律草案之全部,如俱发罪一项,可见中国法学家于泰西之理想绝非习其皮毛、腾其口说而自以为是者,但其致力之功,实以勘入泰西法学之理想为目的也。"他同时强调应以此为目标进一步改进:

---

① 密喜森:《〈中华民国新刑律〉及现行亲族律合观》。其类似观点,还可见《中国刑法学实用之数种问题》,《中德法报》第九、十册合刊(1914年2月)。
② 密喜森:《〈中华民国新刑律〉及现行亲族律合观》。
③ 《中德法报》第二册,第三、四册合刊连载。第二册上篇标题为《论〈大清新刑律草案〉所载俱发罪》,第三、四册合刊的下篇改为《论〈中国新刑律草案〉所载俱发罪》。

"惟是修订法律一节,其中不无困难之处,中国尚须设法以解决之者,无论如何,中国必须编订切实之法学名词,并须按照泰西法律构造学,以编辑合乎名学之字句。"①

颇有意思的是在这方面可以看到德国法学界与日本法学界的竞争意识及他们对日式法学的批评。试举两例,其一:

> 查俱发罪之名称,日本采取于德国,而中国复采取于日本,惟近今德国所出之草案,有两名称,一为俱发罪,一为违犯刑律数条,按照科学,其义意较为妥协也。②

其二:

> 名不正则言不顺,工欲善其事,必先利其器。确凿不移之定名,我侪治法学者之利器也。则言是学者,欲求简明易晓;治是学者,欲求事半功倍,其惟一适宜名称学之是赖乎?而中国维新之法学,盖亦惟竭其精力。置重制定名词之一端耳,日本人之劳绩;继其后者,北京编译局所之制作裨补于是学者固深且厚,而重为之疑难者亦复不少。缘日本翻译家于泰西法学之神髓妙旨,尚多所未能领悟故也。例如"法律行业""法律行为""意思表示""意志通知"等字,混而为一,以及时效与取得所有权之时效,"认许""允准""应诺""同意"等字类,皆漫无区别。③

---

① 劳睦贝:《论〈中国新刑律草案〉所载俱发罪》。
② 同上。
③ 《介绍中德法政集要丛编》。

在德国法学家看来，虽然近代日本对中国法学的影响甚巨，但一方面近代日本法学乃源自德国法学，另一方面日本的翻译并未真正掌握德国法学精髓。德国法学试图在中国取而代之，提升影响的愿景，可谓字里行间跃然纸上。

（二）民商法领域：殖民色彩和开放姿态

若说《中德法报》在刑事法领域主张"新瓶装旧酒"式的改革模式，倾向于肯定并保护中国传统法律文化与道德观念连贯性的保守立场，在民商法领域，《中德法报》却采取了与德政府在胶澳地区的殖民统治政策更为一致的立场，主张中国应更为积极、主动地融入世界经济，跟随以德国为代表的西方经济的发展模式与步伐。一言以蔽之，殖民色彩和开放姿态是其主要特质。

顾锡恩《论〈德国集股条例〉最要之改良》讨论《德国集股条例》在胶州湾地区开放特例的新措施。比较而言，在德国本土设立集股公司要求"每股须在一千马克以上，惟经特别允准者，方得在此数以下，然亦不得少过二百马克（名曰'小股票'）"，其限制条件颇为严格，而根据最新的《帝国律》，在"胶州殖民地暨德国领事裁判区等处"，条件放宽为"每股之数均得在一千马克以下，但至少不得少过二百马克"，也就是允许普遍发行"小股票"。如果说在德国本土这种区分是为了平衡大小投资者的利益、确保经济安全稳定，在中国更改规定则是因为套用德国条例不利于德国在中国设立公司，此举乃为了更好地在东亚与英国竞争（英国无此限制性条件）："盖此项限制，只德国集股公司则然，英国之法律并无此项限制，凡在中国通商口岸等处，均得用细微股本开设公司。"其期望在规则更改的影响之下，"从此德国集股公司之成立，可期蒸蒸日上也"。更有甚者，新规则还免除了小股票需要记名等限制条件,从而更便于股票流通,"资本家均得以德国《集股条例》美善之处作为置放财产之用也"。① 一言以蔽之,德国国家及资本利益是其最重要的考量,为了与列强利益均沾,其不惜更改规则,将殖民地立法变成其本国法的例外规定。

正是这种出于殖民利益的立法动机和"双标"做法,我们对德国法学家主张经济开放的政策应保持审慎的态度。例如劳睦贝《货币(就中国立论)》核心旨趣是反对中国货币采用当时流行的金本位,建议"以银为主币,其准个略当德国之马克,此项主币对于黄金或世界货币制定一比例之价格"。其认为当时中国的货币情形"尚在古时之状态","尚并无学术上意义之货币",主张中国积极加入国际货币体系,并实行"经济开放主义",对外国资本的输入及其在中国从事"生利用途"等,"不可昧于事理,拒之惟恐不力,当应多方致之求之惟恐不得,然后中国实际上之经济价值日增,经济价值乃能致富,不在金钱也"。② 劳睦贝此举或许是出于期待中国经济发展的善意,但其构想对于20世纪初内外交困的中国而言,只能是海市蜃楼。劳睦贝认为西方"用金诸国"在购买中国出口的商品时须以中国货币支付,在投资铁路、矿物等实业时也须以中国货币计算利息,由此中国货币能够以活跃的姿态流入世界货币体系。然而其忽略的是,自1870年代开始,世界白银价格持续下跌,中国银两汇价自然随之持续下落。③ 由于白银在中国是货币体系的核

---

① 参见顾锡恩:《论〈德国集股条例〉最要之改良》,《中德法报》第三、四册合刊(1912年7月)。
② 参见劳睦贝:《货币(就中国立论)》,《中德法报》第八册(1913年7月)。
③ 1873年的金银比价、银和美元汇率分别是:1金=15.93两白银,1关两=1.56美元。自1874年起,银价持续走低,至1909年已跌至1金=40.2881两白银,1关两=0.63美元。参见张家骧:《中国币制史》下,知识产权出版社2017年版,第131—132页;斯拉德科夫斯基:《中国对外经济关系简史》,财政经济出版社1956年版,第275—276页。

心,在金本位国家却只是普通商品,因此中国可被视为白银的输入国和黄金的纯输出国,在银汇下跌中,中国遭受了巨大的经济损失。据学者统计,仅 1874—1894 年的 21 年间,即使从低估计,中国因银汇下跌蒙受的损失也在 1.3 亿关两以上。[①] 伴随着银汇下跌,在贸易往来层面,以各国银行为代表的外来资本反客为主,攫取了中国出口市场价格的控制权,它们同时通过外商在向中国出口货物时采用的预订制度,将汇兑风险转嫁给中国商人,一手掌握进出口贸易的周转。[②] 在政府借款层面,自 1874 年沈葆桢以"台防借款"的名义向汇丰银行借款 200 万两白银、开清政府外债之端,日益频繁的外债成为外国银行投资的一大流向,银汇下跌使外债之于清政府的负担更重,同时以外币为计算单位的债券在资本市场的吸引力增强,加强了外国银行对外汇市场的控制。[③] 中国金融市场由此产生的波动甚至货币恐慌,又成为外国银行攫取暴利的途径。[④] 由此可见,劳睦贝提出中国实现币制改良的必要条件,首须"中

[①] 近代中国进口商品的价格是以金计算而以银支付的,出口商品的价格却是以白银计价而用外汇支付的,白银汇价下跌导致进口商品的价格上升、出口商品价格下跌,进而可能使等量的贸易入超随银价的跌落而激增,从而影响以关两为计价单位的贸易平衡,使中国蒙受巨大的经济损失。参见张九洲:《论近代中国的银汇波动与对外贸易》,《史学月刊》1997 年第 3 期,第 35 页。

[②] 预订制度(Indent System)指在订货时即予结算货款,而非在交货时进行结算的制度。在银价下跌的情形下,外国商人们在向华商订货时,与银行议定一固定汇率,货物成交后,不论汇率如何波动,仍按原定汇率计算货款。参见汪敬虞:《十九世纪西方资本主义对中国的经济侵略》,人民出版社 1983 年版,第 171—172 页。

[③] 参见汪敬虞:《十九世纪西方资本主义对中国的经济侵略》,第 170—171 页。外国银行又可倚仗借款,通过借款谈判进一步插手地方实业,如 1890 年德华银行与山东地方当局首次进行借款谈判,"在谈判中议明山东地方要购置机器,首先考虑向德国购买"。参见汪敬虞:《外国资本在近代中国的金融活动》,人民出版社 1999 年版,第 269 页。

[④] 以 1870 年代的汇丰银行为例,汇率上升一个法寻(Farthing,英国最小单位铜币,相当于 1/4 便士)或银元价格上升一线,所带来的利润超过日常银行业务一月的利润。参见汪敬虞:《外国资本在近代中国的金融活动》,第 155 页。

国为一巩固强有力之国家"固为中肯之论,但其所构思的货币本位和开放怀抱迎接外国资本计划,效果却更可能南辕北辙,距离"中国能从国家及经济幼稚时代,一跃而为强健时代"的预期愈远。

(三)其他法律领域

在司法领域,霍才豪作为中国司法的研究专家,辑有《中国司法录》(收入《中德法政集要丛编》[乙集]第一号),其关于中国司法的两篇论说《论中国司法改良》和《中华民国司法衙门之官吏问题》以介绍性为主。前者是总括式,包括近代审判机构筹建、司法人才培养与相关立法等问题,既肯定成绩,也指出困难与不足;① 后者是专题式,梳理了有关司法官吏培养的法律教育、法官考试等情况,并表达了对当时"别科"等速成式法政教育模式的批判与担忧。②

在公法领域,《中德法报》同样以介绍性文章为主,引介和简评中国的新立法,并从比较法的视角略作分析。例如霍才豪《中华民国首创之议会法制说》介绍了《中华民国国会组织法》《参议院选举法》《众议院选举法》,劳睦贝《论〈中国国籍条例〉》介绍了清末中国的国籍法。

比较特别的是劳睦贝的《紧急命令》,此文针对当时"临时大总统"袁世凯以命令发表官制这一热点事件的合法性问题展开了探讨,在某种程度上也突破了《中德法报》不干预政治的立场。劳睦贝认为如果国家已面临紧迫的危险,而宪法缺乏明文规定,可以"起而图救","仍得由相宜之当权者专断独行、捍卫国家",并以古罗马、英、美等国历史经验为佐证,说明袁世凯的行为未违反《临时约法》。③ 就当时的政治局

---

① 参见霍才豪:《论中国司法改良》,《中德法报》第二册(1912年3月)。
② 参见霍才豪:《中华民国司法衙门之官吏问题》,《中德法报》第三、四册合刊(1912年7月)。
③ 参见劳睦贝《紧急命令》,《中德法报》第七册(1913年4月)。

势而言，对袁世凯的支持更多来自保守势力，劳睦贝对总统权的特别维护，体现出《中德法报》不独在法律问题上，在政治问题上同样体现出保守的倾向。如果发挥历史想象力，结合德国经验，这种倾向或许受到了德意志帝国史上"铁血宰相"俾斯麦等政治强人的影响，作为德国人的劳睦贝因此更为重视执政者的决断能力。

五、《中德法报》德国声音的历史情境

《中德法报》主要考察的是中国近代的法律转型，但如果切换视角，其声音之源亦是19世纪至20世纪初德国法学历史发展内在理路的折射。

（一）历史法学的崛起

18、19世纪之交，在莱比锡战役获胜、德意志联盟成立之际，德国应走何种统一化道路的问题反映到了法律体系上，引发了德国法学界关于是否应制定全德统一的民法典的争论。乘着法典编纂问题论战的东风，持反对态度的萨维尼（Friedrich Carl von Savigny），在与法学家蒂堡的论争中撰写了奠定其历史法学派代表人物地位的《论立法与法学的当代使命》一书。这部短小精悍的代表作于1814年的面世，与次年《历史法学杂志》的创刊，成为历史法学派正式成立的两个标志性事件。萨维尼于《论立法与法学的当代使命》一书中，将实在法的起源追溯至一种民族的"共同信念"与"共同意识"，他认为法学是有机地成长起来的，而不是通过国家意志产生，立法者的工作是对于民族法意识的表达而非创制。[1]这类"共同信念（意识）"后来被概括为"民族精神"

---

[1] Friedrich Savigny, *Of the Vocation of Our Age for Legislation and Jurisprudence*, 2 [nd], 1831 (ed.), transl. A. Hayward, Littlewood & Co, pp. 24–30.

(Volkgeist)。①需要指出,萨维尼本人在追溯"民族精神"渊源时所说的源头并非日耳曼法,而是罗马法原典。在他晚年的著作《当代罗马法体系:法律渊源·制定法解释·法律关系》中,他以罗马法为素材,将历史性的方法与体系性的方法相结合,向法律原理学进行了更大的倾斜,并再次主张继受罗马法是德意志民族的内在必然性。②历史性与体系性的内在张力,自始存在于历史法学派的主张与研究之中,最终导向了以《学说汇纂》为基石向概念法学方向充分系统发展的潘德克顿学派,以及以对德国本民族法(即日耳曼习惯法)的整理、分析、研究为主要工作内容的日耳曼学派。

可以说,对罗马法的继受史使得《中德法报》的德国法学家们对处于法律移植和刑法典论争时期的中国礼教派们有一份历史同情的理解,劳睦贝深刻地指出:

> 中国力求明晓泰西法律以系属于本国法律之历史理想一节,此极为重要之事也。虽然在泰西诸国曾有袭用他国精细发明之律,至将本国律尽行抑置者,在昔日尔曼于中古时代袭用罗马律之举是也;惟今日不可不虑及者,一则罗马与日尔曼文教之悬殊,不若中国与泰西文教悬殊之甚,一则彼时日尔曼举国之法律并无统一之发源也,且日尔曼袭用罗马律、抑置本国律之举,论者至今尚有谓其于德国法律之进步实有妨碍者。③

---

① 参见弗里德里希·卡尔·冯·萨维尼:《当代罗马法体系:法律渊源·制定法解释·法律关系》第1卷,朱虎译,中国法制出版社2010年版,第17页。
② 同上书,"前言"第14—16页。
③ 劳睦贝:《论〈中国新刑律草案〉所载俱发罪》。

（二）社会法学的发展

以萨维尼为首的历史法学派，在法学领域开辟了形而下、经验主义而非理性主义、将法律与社会生活有机结合的一片新视域，这一精神财富在20世纪被社会法学所继承。

1870年至1900年间，德国的工业高速发展，完成了英国历时百余年才完成的工业技术革命，转变为以工业为主、重工业优先的国家。[①]工业化进程和工业社会的形成使劳工问题浮出水面，对国家立法提出了更高的要求。为解决劳工问题和争取劳工阶级的社会支持，1881年起，德意志帝国宰相俾斯麦开始了具体的社会立法，先后通过了劳工伤害、劳工疾病、老年与伤残等方面的保险法案。1911年《德意志帝国保险法》(《中德法报》译为"国家保险条例")开始实施，该法整合了俾斯麦时期的所有社会保险立法。[②]柏爱来的《德国之新社会法》一文，对当时德国的社会保险立法进行了周详的介绍，并颇为骄傲地宣示了德国在这一立法领域的先进性：

> 对于德国发现效力之最初时日，社会法及学识上政法的新规例，德国对于其事，非特捷足先登，且亦虑之详审、为之周备。及今以言，地球上尚无一国于此门法律得至如此其发达者也。[③]

一定程度而言，法律实践"倒逼"了法学理论的发展。德国的部分法学家如耶林、基尔克等，率先将"社会"的概念引入法律，尤其

[①] 参见丁建弘：《德国通史》，上海社会科学院出版社2012年版，第227页。
[②] 参见郑尚元：《德国社会保险法制之形成与发展——历史沉思与现实启示》，《社会科学战线》2012年第7期，第192页。
[③] 柏爱来：《德国之新社会法》，《中德法报》第八册（1913年7月）。

是基尔克,他超越了传统的公法与私法的区分,将法律重新划分为个人法与社会法,强调团体的真实性和有机性,并将德意志合作社(Genossenschaft)作为重要的研究对象。① 在此基础之上,埃利希走得更远,"这种对立②根本不存在,根本没有个人法,所有的法都是社会法"③。1913年埃利希的代表作、也是社会法学的奠基之作《法社会学原理》问世,为20世纪法律科学的发展指出了一条新的道路——法的发展的重心正在于社会本身。④

《中德法报》的发刊时代,恰好是德国社会学法学发展的时期,该学说强调法律的社会属性和工具性,即如何将立法作为一种有效的工具,对社会进行改造,从而达到更为理想的社会图景。《中德法报》的德国声音,正是在这种学说影响下,在某种程度上与德国的殖民主义政策相配合,与中国近代法政改革相呼应,从而表现出在民商法领域的开放性和公法领域的保守性。

六、结论

1911年至1914年发行的共十册的《中德法报》,是一份具有中国问题为中心、比较法视野、注重实践性特质的法学双语期刊,集中展示了晚清民初德国法学家群体对近代中国法律转型的观察。其德国作者,多熟悉中国国情与文化,因此并非无的放矢。在法律的场域内,该刊在刑事法领域体现出实质上的保守性和形式上的革新性,前者与中国礼

---

① Otto Friedrich von Gierke, *Das Wesen der menschlichen Verbände* (1. Aufl.), 1902, S. 25.
② 指基尔克对个人法与社会法的二分。——原文注
③ 参见欧根·埃利希:《法社会学原理》,舒国滢译,商务印书馆2022年版,第52页。
④ 同上书,"作者序言"。

教派的主张颇为契合，后者与日本法学形成强烈的竞争意识。在民商法领域该刊采取了开放、灵活的姿态，主张中国开放投资市场，并采取了与本国立法有所区别的例外、双标政策，呈现出一定程度的殖民色彩，体现出与英国法的竞争性。这些评价与建议反映出德国法学从19世纪到20世纪从历史法学到社会法学的流变与发展。既抱同情的理解，又有视中国法学幼稚的优越感，可能是当时德国法学家的两种并行不悖的复杂心态。

对于中国而言，彼时已经是"世界之中国"。就中国法而言，《中德法报》展示了一幅"世界之中国"的全球法律史图景，其传递的德国声音，不论顺耳或刺耳，不管客观还是偏见，我们首先应该认真倾听。现代诗人卞之琳的名篇《断章》云："你站在桥上看风景，看风景人在楼上看你。明月装饰了你的窗子，你装饰了别人的梦。"在主客体意象的切换中蕴含世间万物及其关系的相对性，也适合形容近代中西法律文化交流，在古今中外的时空丛集中，认识彼此与再识自我，投诸想象与寄寓意义的场景。对于当代中国法学而言，虽然不同于百年之前法律转型初期的路径困惑，但史料常青、问题常新，无论是涉外法治建设还是人才培养，《中德法报》及其德国声音，均仍具有历史镜鉴的功能与价值。这也是我们寻找与补阙这段法律史上失踪者故事的意义所在。

附　《中德法报》中文版目录

第一册（1911年11月）	
法学杂志引	蒋楷
序	特别高等专门学堂法政科
论《中国国籍条例》	劳睦贝
青岛特别高等专门学堂法政分科进行办法及课程详章	
问答	

续表

判词择要	
第二册（1911年11月）	
论中国司法改良	霍才豪
论三权分立	赫善心
论《大清新刑律草案》所载俱发罪	劳睦贝
中德法政集要丛编	
问答	
判词择要	
第三、四册合刊（1912年7月）	
论永不加赋之定理引自唐以来赋税沿革略考	密喜森
论《德国集股条例》最要之改良	顾锡恩
论中华民国各司法衙门之官吏问题	霍才豪
论普鲁士法官养成之新策	伯爱来
论《中国新刑律草案》所载俱发罪	劳睦贝
青岛全书	
问答	
判词择要	
第五册（1912年10月）	
中华民国首创之议会法制说	霍才豪
滴血辩	裴尼赤
解辜鸿铭之理说	劳睦贝
问答（因地位不敷容俟下期登载）	
判词择要	
第六册（1912年12月）	
《中华民国新刑律》及现行亲族律合观	密喜森

续表

	制定中国通商口岸及内地各商埠法规商权书	劳睦贝
问答	法律道德之关系与国家之立法	祁际可
	裁判上不干涉主义不宜于中国说	高钟谦
	判词择要	
第七册（1913年4月）		
	紧急命令	劳睦贝
	亲族总论	蒋楷
	上海会审公堂烟土案书后	密喜森
	介绍中德法政集要丛编	
问答	论家族制度与个人制度之利弊	杨沅
	评论	劳睦贝
	判词择要	
第八册（1913年7月）		
	货币（就中国立论）	劳睦贝
	亲族总论	蒋楷
	德国之新社会法	柏爱来
	评论	劳睦贝
问答	读《中华民国宪法》刍议	密喜森
	判词择要	
第九、十册合刊（1914年2月）		
	论巴燕摄政之告终（按巴燕德意志帝国联邦之一）	罗善伯
	中国刑法实用中之数种问题	密喜森
	论济南商埠租地上之法律关系	顾锡恩
	问答	

近代中国法学教育的女性叙事

蔡晓荣[*]

摘　要　对近代中国女子法学教育的发生和发展史进行一个溯源性的回顾和梳理,可以进一步丰富和充实中国近代法学教育史的话语体系和知识体系。中国近代女子法学教育萌芽于清末维新派人士创立的新式女学。民国肇建之初,为因应女性知识精英发起之女子参政运动,一批法政女校陆续设立。惜因政局跌宕,始于民元的法政女校创办热潮最终以锐进锐退的方式而告终。1920年代,随着新一批女子法政讲习所的开设,以及法政院校纷纷开放"女禁",沉寂十余年的女子法学教育重焕生机。及至南京国民政府时期,中国高等法学教育体系日趋成熟,女子法学教育亦渐入正轨。中国近代女子法学教育的发展历程艰辛而曲折,但客观上亦促成了中国初代女性法律职业阶层的兴起、促进了中国近代女权事业的发展,并为当时世界范围内女性法学教育与法律职业的发展,提供了一种鲜活的"中国经验"。

关键词　近代中国　法学教育　法政女校　法律职业　女性叙事

中国近代意义上的法学教育,肇端于同治七年(1868)京师同文馆

---

[*] 蔡晓荣,苏州大学王健法学院教授、博士研究生导师。

"请美人丁韪良(W. A. P. Martin)讲万国公法"。① 甲午战后,中国法科留学事业逐渐兴盛,赴日、欧习法政者日众。庚子役后,清政府锐意施行"新政",一时全国开办新学之势如火如荼,大批新式法政学堂得以设立。民国时期,经由民初北京政府教育部对法政学堂的整肃,再到南京国民政府时期一波三折的发展,中国的高等法学教育体系日趋成熟和稳定,法律院校遍及全国。在此进程中,身处"她者"地位的中国女性,亦循次而进、跻身于由男性垄断的法学教育领域。她们作为中国近代法学教育体系中的一个弱势群体,从被忽视的"她者"逐步转变为改变中国近代法学教育深层次性别结构的重要参与力量。近代中国女子法学教育的发生和发展史,因此成为中国近代法学教育史话语体系和知识体系不可或缺的组成部分。

关于中国近代法学教育的发展脉络及主要内容,前人著述颇丰,② 唯其叙事体系中鲜见"女性"的话语表达。而关涉中国近代女子教育史之相关论著,③ 对于女子法学教育一层,又多语焉不详,或仅有零星撷及。既有之少数相关论文,④ 虽对于近代中国女子法学教育这一议题有一定触及,但多止于概括性的述论,对相关史实的考述疏略之处颇多。

---

① 吴宣易:《京师同文馆略史》,载舒新城编:《中国近代教育史资料》上册,人民教育出版社1961年版,第122页。
② 代表性著作如汤能松、张蕴华等:《探索的轨迹——中国法学教育发展史略》,法律出版社1995年版;王健:《中国近代的法律教育》,中国政法大学出版社2001年版;管晓立:《清末民国时期中国法学教育的近代化研究》,中国政法大学出版社2018年版等。
③ 参见卢燕贞:《中国近代女子教育史》,文史哲出版社1988年版;杜学元:《中国女子教育通史》,贵州教育出版社1995年版;熊贤君编著:《中国女子教育史》,山西教育出版社2006年版。
④ 参见孙慧敏:《民国时期上海的女律师(1927—1949)》,《近代中国妇女史研究》第14期(2006年);李勇:《中国女性法学教育的发展、问题及反思》,《法学教育研究》2020年第4期;王瑞超:《女子法学教育与女性法律人的养成——以上海女律师为例》,《法学教育研究》2020年第4期。

有鉴于此,本文旨在钩稽中国近代法学教育史中涉及女性之史实,重构近代中国女性法学教育史的叙事体系,揭橥中国近代女子法学教育发展的多重历史意义,以进一步丰富和充实中国近代法学教育史的话语体系和知识体系。

一、清末新式女学中法学教育之初萌

第一次鸦片战争以后,纷至沓来的西方传教士竞相在各通商口岸开办教会学校,中国近代女学亦由是而启其端绪。1844年,英国女教士亚尔德西(Miss Aldersey)在宁波开设女塾,此为"中国最早之女学校"。① 第二次鸦片战争至戊戌变法前,女教士在通商各埠设立之女学堂与日俱增,一时出现"教会所至,女塾接轨"② 之盛况。据统计,1878—1879 年,天主教教士在江南一带共开设女学堂231所,学生总计2791人。③ 但该时期教会女学的办学水平普遍偏低,多属小学层次,教学内容主要为圣经、国文、英语、数学、女红等,并未设置任何法学类课程。

戊戌变法前后,部分富有卓见的新派人士大力呼吁推广女学。郑观应在其所撰《盛世危言》中极力推崇欧西各国实行的男女教育平等,称:"泰西女学与男丁并重,人生八岁,无分男女,皆须入塾训以读书、识字、算数等事。"同时建议清廷"通饬各省,广设女塾,使女子皆入塾读书。其美而才者,地方官吏赠物赠匾以奖荣之"。④ 梁启超在《变法通

---

① 中国基督教教育调查会编:《中国基督教教育事业》,商务印书馆1922年版,第232页。

② 梁启超:《倡设女学堂启》,载梁启超:《梁启超全集》第1册,北京出版社1999年版,第104页。

③ 参见 K.S. Latourette, *A History of Christian Missions in China*, London: Society for Promoting Christian Knowledge, 1929, p. 338。

④ 夏东元编:《郑观应集》上册,上海人民出版社1982年版,第287、289页。

议·论女学》中亦疾言推广新式女学之必要,谓:"农业也,工作也,医学也,商理也,格致也,律例也,教授也,男子所共能,抑妇人所共能也。其学焉而可以成为有用之材。"①梁氏倡言之新式女学的教育学内容,广泛涉及农学、工学、医学、商学、律例、师范等专门之学及西方自然科学知识,其中的"律例"之学即法学相关知识。

受维新派人士鼓吹兴办女学思潮之促动,兼受教会女学之牵引,国人自办的第一所女学堂——中国女学堂(经正女学)于1898年在上海设立。光绪二十三年(1897)十一月,寓沪客绅经元善等"议设女公学书塾,拟定规条联名禀陈南洋节署",蒙南洋大臣刘坤一允准,"旋度地于城南高昌乡桂墅里"择立校址。翌年三月校舍落成,"即于四月十二日开塾","共得女学生三十余名","截至年终,共得四十余名,并先于是年九月十七日就城内淘沙场增设分塾","远方童女,亦愿担簦负笈而来,通计总分两塾,凡住塾及报名将到者,都七十余人"。②中国女学堂设立之初,曾颁布《上海新设中国女学堂章程》,就该学堂之办学宗旨、管理机构设置、教员选任、办学经费、学员招收、学规堂规等详加规定。关于课程设置,该章程第十二条和第十三条分别规定:"堂中功课,中文西文各半,皆先识字,次文法,次读各门学问启蒙粗浅之书,次读史志、艺术、治法、性理之书""堂中设专门之学三科:一算学,二医学,三法学。学生每人必自占一门,惟习医学、法学者,于粗浅之算理亦必须通晓。"③曾任中国女学堂中文教习的蒋畹芳女士,还在《女学报》上撰文,就该学堂之办学建言如下:"凡女生入学者,不分贵贱,不问贫富,

---

① 梁启超:《论女学》,载梁启超:《梁启超全集》第1册,第33页。
② 《上海创设中国女学堂记》,《万国公报》1899年第125期,第6页。
③ 《上海新设中国女学堂章程》,载经元善:《经元善集》,华中师范大学出版社1988年版,第226页。

一律教训,中西并习。而课法宜先以经传授读,因材施教,俟其字义明晓,继以讲解,然后再课以专门之学,如医学、算学、法学、杂学等,俾之各专其一。"① 由是可见,中国女学堂立校伊始即设有法学类课程。由于史料缺乏,我们暂无法窥晓该学堂所开法学课程的授课内容及授课师资等具体细节。但须指出的是,甲午战争之后,受中体西用观念的影响,以梁启超等人为代表的晚清知识人,在处理政治学与法学两者关系时,将法学纳入其所构建的本土式政治学学科范畴,法学实际上被视为与国家治理相关知识体系的一个组成部分。② 因《上海新设中国女学堂章程》系在梁启超所拟之《女学堂试办略章》基础上改订而就,其课程设置亦系梁氏首倡,③ 因此笔者认为,中国女学堂所开设之法学课程,或许不能简单等同于我们今日所理解的严格意义上的法学课程。即便如此,其法学课程中包含了部分近代意义上的法学知识仍是毋庸置疑的。职是之故,中国女学堂开设法学课程,可视为近代中国女子法学教育之嚆矢。戊戌变法失败后,因经元善鼓吹"维新"忌于当道,加之保守人士的攻讦和办学经费枯竭,中国女学堂于办学年余后,被迫于1899年8月25日在《中外日报》发布告白、宣布停办。④

清廷施行"新政"时期,朝野各界呈请开办女学者甚众,上海、北京、天津、南京、汉口等地亦先后兴办了一批新式女学堂。迄至1907年,除甘肃、新疆、吉林三省无女学堂外,其他各省均有设立。全国女学

---

① 蒋畹芳:《论中国创兴女学实有裨于大局》,《女学报》1898年第9期,第26页。
② 参见王劲箭:《夭折的本土化:晚清法学与政治学学科关系变迁中的知识竞争与权力选择》,《政治与法律》2023年第5期,第163页。
③ 参见梁启超:《女学堂试办略章》,载舒新城编:《中国近代教育史资料》第3卷,人民教育出版社1981年版,第790—792页。
④ 参见《女公学书塾告白》,《中外日报》1899年8月25日,第7版。

堂共有 428 所，在校女生合计 15 498 人。①但就当时较具影响力之女学堂如上海的务本女学、宗孟女学、爱国女学、崇明女学，以及湖南第一女学堂等的课程安排来看，均未见法学相关课程之设置。②1907 年 3 月 8 日，清政府颁布《学部奏定女子小学堂章程》和《学部奏定女子师范学堂章程》，女子教育被正式纳入国家教育体系，然考其关于学科设置各条，亦未涉及女子法学教育的内容。与之势成映照的是，该时期从京师到地方兴起一股创办法政学堂的热潮，中国的法学教育一时之间呈现出蓬勃发展的势态。据清政府学部统计，1909 年全国共有专门学堂 127 所，学生总数为 23 735 人，其中法政学堂 47 所，法科学生数为 12 282 人，占比分别为 37% 和 52%。③然当时的法政学堂皆将女性拒之门外，女性作为被忽视的"她者"无缘接受法学教育。迄至民初，女子法学教育除在中国女学堂中得以昙花一现，基本处于一种缺失状态。

二、民初女子法政教育的勃兴、顿轭及复苏

（一）民国肇建之初女子法政教育的锐进锐退

辛亥鼎革后，国内涌起女子参政热潮。作为争取女子参政权的一项重要预备工作，部分女性知识精英争先在各地筹设乃至创办法政女校。1911 年 11 月，福建籍留日女学生、中国社会党成员林宗素在上海发起成立首个妇女参政组织——女子参政同志会，入会者有唐群英、张汉英、王昌国、蔡惠等。该会成立后即着手筹设女子法政教育机构，各

---

① 参见《光绪三十三年分学部第一次教育统计图表》，载朱有瓛主编：《中国近代学制史料》第 2 辑下册，华东师范大学出版社 1987 年版，第 649—650 页。
② 参见杜学元：《中国女子教育通史》，第 327—331 页。
③ 参见汤能松、张蕴华等：《探索的轨迹——中国法学教育发展史略》，第 135 页。

成员经过讨论决定先行成立女子法政讲习所,并于1911年12月在报纸上刊登《女子法政讲习所简章》,称:"本所以灌输女子法学常识,养成政治能力,以期取得完全参政权为宗旨。"关于课程设置则叙明如下:"本所一切课程,悉参照东西各国法政专修科编订,其主要课如下:(一)法学通论;(二)宪法要义;(三)行政法大意;(四)民法大意;(五)国际公私法。"[1]1912年南京临时政府甫经成立,林宗素由沪赴宁拜谒临时大总统孙中山,表达了女子要求参政的热切愿望。孙中山备感欣慰,"允将来必予女子以完全参政权,惟女子须急求法政学智识,了解平等自由之真理",林谓"本会现正办理法政讲习所,拟为将来要求地步,但此事总统虽极力赞成,仍恐不免有横生阻力者",孙中山当即表示:"我必力任排解保护之责。"[2]尽管如此,女子法政讲习所开学当日,其招收的新生加上宗孟女学的旧生,仍不过数十人而已。[3]1912年2月,闵兰言、柴育霖、李华书等发起创办上海女子法政学堂,呈请教育部立案,教育部批示:"事属可行,应暂准立案。"[4]该校后来在上海成都路正式开学,初设正科和预备科,各招女生40名,招收16—30岁的女生,开设科目包括法政学、英文和法文等。[5]女子法政学堂开设后,招生人数始终不洽人意,加之办学经费支绌,难以为继。1913年8月,学校不得已在报纸上刊登告白:"本校自上年开办以来,所用经费悉由李平书先生担任。现李先生出洋游历,本校经费无着,不得不停办。"[6]

---

[1] 《女子法政讲习所简章》,《社会杂志(上海)》1911年第4期,第9—10页。
[2] 《中国社会党女党员代表林宗素谒见大总统之谈话》,《盛京时报》1912年1月16日,第4版。
[3] 参见《法政女校其道大光》,《天铎报》1912年3月9日,第7版。
[4] 《教育部批女子法政学校发起人李华书柴峰等请立案并拨款补助呈》,《临时政府公报》1912年第29号,第7页。
[5] 安树芬、彭诗琅主编:《中华教育通史》第6卷,京华出版社2010年版,第1368页。
[6] 《女子法政学校停办广告》,《时报》1913年8月9日,第7版。

其时南京一隅,亦出现兴办法政女校之高潮,且数量最多。1912年1月,设于南京之两江法政学堂改为两江法政大学(后又改为民国法政大学),南京地方审判厅厅长杨年被推为校长。杨氏为女子参政会赞成员,"接办之始,大加改良,特创设女子讲习一科,凡中学毕业程度,皆得入校,肄业以为参政之准备"。① 女子法政讲习科附设于两江法政大学内,其虽非独立的法政女校,但为之后南京一地法政女校之创设起到了某种示范作用。不久,潘素清、朱澹等在南京创办金陵女子法政学校,并得到孙中山襄助,"蒙先生自助三百元外,复由临时政府拨助千元"。② 该校"规模甚大",但嗣因"潘朱两人意见不一致,所以不久便停办了"。③ 此外,民初在南京创办的法政女校,还有民国女子法政大学、女子法政专门学校、女子法律学校、女子监狱法政学校等。宋教仁遇刺后,上述法政女校与女子师范、工艺、蚕桑及中小各学校女生共600余人,因"民国法政大学开会追悼宋教仁,特包定江宁铁路头二等火车二辆,各女学生排队至火车站","各校女生经过街市,挺胸顿足,步伍整齐,商民咸啧啧称羡其内具法政知识,外具尚武精神"。④

同一时期,其他各地筹办或创设法政女校的情形亦有零星出现。1912年2月20日,唐群英等决定以女子参政同志会为基础,联合金陵女子同盟会、女国民会、女子后援会、女子尚武会等4个妇女团体组成女子参政同盟会。同年11月,女子参政同盟会在北京筹办南洋女子法政大学,以期丰富女子法政知识,为女子参政奠定坚实基础。1913年1月,唐群英因在报刊上公开发表反对袁世凯言论、遭袁迫害而辗转至湖

---

① 《两江法政大学创设女子科》,《时报》1912年1月26日,第5版。
② 《孙中山资助南京法政女学校》,《天铎报》1912年3月17日,第6版。
③ 梁占梅编著:《中国妇女奋斗史话》,建中出版社1943年版,第80页。
④ 姜泣群编:《朝野新谭》戊编,上海光华编辑社1919年版,第115—116页。

南长沙,旋即与张汉英等筹办长沙女子法政大学,但亦因故未果。①1912年2月,浙江省女界"倡议组织法政学校,公推高企兰女子为代表,禀请政事部立案",得到浙江军政府民政长褚辅成嘉许,"指拨东城讲舍为校地,准予先行试办"。②1912年4月,京师女子师范学堂毕业生韩吴咏笺、范谨,京师女子师范传习所毕业生张寿松、宋胡咏兰等,"拟就京师先立一女子法政学堂,为灌输法政知识之基础。并附设预科,为升入法政正科之预备,授以浅显之法政,养成高尚之人格"。③时任临时大总统袁世凯,亦"特谕教育部拨款设立"。④这所学校即后来成立的北京女子法政学校,同盟会会员刘青霞女士任该校校长。1912年11月,谢毅、朱佩芬、柳正仪、康光烈、李震芬等发起成立湖北女子法政学校。开学当日,时任副总统黎元洪亲临现场特致训词,盛赞其"实中华上下五千年来,开女子律学之始"。⑤该校不仅在湖北招生,还派代表朱佩芬奔赴皖省,"呈请都督暨商会,拟招收女生十名,以为该校第二班充补之人才"。⑥1912年11月,奉天女界鉴于"奉省女学发达虽早,而女子法政学校仍未举办",决定筹设奉天女子法政学校,并为此建立专门的组织会。该组织会章程第二条称,奉天女子法政学校"期于民国二年二月内成立,先设法政专科及预科"。⑦此外,苏州崇文女校"对于法政一门尤为注意",亦于1912年4月间"于校中附设女子法政科,定额六十名",

---

① 参见李天化、唐存正主编:《唐群英年谱》,天马图书有限公司2002年版,第293页。
② 《女子法政学校成立》,《时事新报(上海)》1912年2月9日,第2张第1版。
③ 《创办女子法政学堂公启》,《大公报》1912年4月2日,第5版。
④ 《专电》,《时报》1912年9月15日,第3版。
⑤ 《湖北女子法政学校开校训词》,载汪钰孙编:《黎副总统书牍汇编》,上海广益书局1914年版,第12—13页。
⑥ 《鄂省女子法政来皖招生》,《申报》1913年11月8日,第6版。
⑦ 《奉天女子法政学校组织会宣言书》,《盛京时报》1912年11月29日,第3版。

"以冀增进女界完全知识,养成他日参政资本"。①1913年,浙江临海县士绅杜棣华在临海设立赤城女子法政学校一所,但开学不久,浙江省行政公署以"教育部颁布各项学校规程内,本无女子法政学校之规定,今该校不先呈明遽行开校,已属不合。况查其内容编制设备既不完全,学科课程亦无统系",命令该县县知事"迅即限日饬令停闭"。②

由上可知,该时期的开办法政女校之风可谓盛极一时。但从各地法政女校创办的具体情况来看,其地域分布极不平衡,主要集中于沿海的江浙沪一带,尤以上海和南京两地最盛。究其因,上海作为中国近代以来受西学影响最深的"开化"之区,其文明程度及社会发展和文化教育水平居于全国前列,加之当时女权运动的先驱者大多活跃于此,故法政女校在该地得以最早创设且影响甚巨;南京成为临时政府的新奠之都后,迅速成为女子参政运动的活动中心,加之民主开放的政治氛围,且孙中山对法政女校之创设亦抱持积极扶持的态度,导致该地创设的法政女校数量全国最多。其他多数省份,或缘于经济文化和教育水平相对滞后,或由于政权仍被旧势力掌控,并不具备产生法政女校的土壤。

始于民元的法政女校创设活动虽声势浩大,但好景不长。袁世凯任正式大总统后,教育领域的"复古"浪潮甚嚣尘上,旧有观念被重拾。袁氏尤视法政学堂为造乱之渊薮,力谋扼制。1913年11月22日,教育部通咨各省,称"所有省外私立法政专门学校,非属繁盛商埠,经费充裕,办理合法,不滋流弊者",应请民政长"酌量情形,饬令停办或改为法政讲习所"。③1914年5月,汤化龙任教育总长,汤氏对于女子参政

---

① 《苏州崇文女学校附设女子法政科》,《民立报》1912年4月22日,第3版。
② 《浙江行政公署训令第三千三百八十二号》,《浙江公报》1913年第596期,第2—3页。
③ 潘懋元、刘海峰编:《中国近代教育史资料汇编:高等教育》,上海教育出版社2007年版,第487页。

运动和女子法政教育向持敌视态度,立即禁止设女子法政学校。汤氏在其发表的一次讲话中称:

> 民国以来,颇有一派人士倡道[导]一种新说,主张开放女子之界限,其结果致使幽娴女子提倡种种议论,或主张男女同权,或倡道[导]女子参政,遂至有女子法政学校之设立,虽属一时风潮所驱,为过渡时代势所难免之现象。然以余观之,则实属可忧之事也。即如教育部此次禁止私立女子法政学校者,盖谓该学校在今日,不但毫无利益,而反有巨害。①

嗣后,在北京政府教育部的明令禁止下,各地的法政女校相继停办。民初风靡一时的女子法政教育,最终以锐进锐退的方式而告终。索其缘由,不外以下数端。其一,斯时女子法政学校的兴衰,与民元之后全国法政学校的兴衰互为表里。民国元年全国有法政专门学校64所,1915年骤减至24所。黄炎培言及此事曾指出,当时各类学校中"减数最大者,则法政学校与大学法科也",推究其故,"民国初元,国家乍脱专制而创共和,社会对于政治兴味,非常亢进,一时法政学校遍于全国","厥后政府多故","且严立限制,遂若怒潮之骤落"。② 在此背景下,法政女校如昙花一现,遂不可免。其二,该时期各类女子法政学校的兴办,原为因应女子参政运动。女性知识精英们创设法政女校的根本目的在于塑造新的"女国民",并为女性增进参政议政能力提供知识准备。但由于临时参议院议员的反对,1912年3月11日公布的《临时约法》

---

① 《汤总长之教育意见》,《教育杂志》1914年第6卷第4号,第32页。
② 黄炎培:《读中华民国最近教育统计》,《新教育》第1卷第1号(1919年),第19—22页。

并未赋予女子与男子平等的参政权。女界因此倡议增修约法,但无果而终。袁世凯掌控政权后,国内政治形势为之大变,始于辛亥革命前后的女子参政热潮渐渐退去,女子法政教育遂失其依托。其三,法政女校和女子学习法政在当时俱属新生事物,一般社会民众受旧观念熏陶既久,对此等新生事物缺乏认同感。这从各法政女校招生的惨淡情状即可窥其一斑。其四,女子法学教育之发展,实以女性进入法律职业为前提,然1912年颁布的《律师暂行章程》堂而皇之地将女性排除于律师职业之外,规定仅"中华民国人民满二十岁以上之男子","依律师考试令考试合格,或依本章程有免试之资格者",①方可充任律师。而且当时的司法官遴选标准亦甚高,女性难以企及。由于法律职业未对女性开放,该时期的女子法学教育自然难有起色。

(二)1920年代女子法政教育之复苏

经过十余年的沉寂,1920年代,随着"联省自治"思潮和"省宪自治运动"的兴起,女性参政意识被再度唤醒;而新文化运动对男女平权和妇女解放的倡导,也成为实现高等教育领域性别平等的一种内驱力。于此背景下,女子法政教育得以重焕生机。概而言之,该时期女子法政教育之复苏,主要体现如下。

首先,一批新的女子法政讲习所陆续设立。1922年2月,江西修德女校校长金餐冰等"邀集同人提议组织江西女子法政讲习所","并筹集股本洋二千元为本校基金,金(餐冰)除觅定校址外,并已起草简章呈请教育厅核示,限定招生一班,限定六十名"。②1922年10月,国民党

---

① 商务印书馆编译所编:《中华民国现行司法法令》第3册,商务印书馆1914年版,第1页。

② 《开女子法政学校》,《大公报》1922年2月15日,第6版。

元老徐谦之妻沈仪彬等"在上海发起女子法政讲习所,招生一百名,教授应用法律概要,六个月毕业,特请徐季龙(徐谦)先生主讲"。①1923年7月10日,女子法政讲习所第一届学生毕业,共有女生9人。②首届学生毕业后,该校更名为女子法政学校。1924年秋,徐谦、张一鹏等创立上海法政大学。鉴于该校"男女兼收","女子凡有相当程度,即可入预科或本专科修业,已有求学之机会",故女子法政学校"似嫌骈枝,无再设立之必要",经公决,将其并入上海法政大学,改为该校第二院。③1923年上半年,四川女界联合会暨爱心人士"运动女子参政权,乃有四川女子法政讲习所之创办"。该讲习所"由杜簧女士约集同志者组织成立","学生达百人以上,办理成绩,大有可观"。④1923年8月,浙江省女权运动同盟会会长王璧华等,"为灌输女子法政智识","联络女界团体筹设女子法政讲习所,拟请章肃为所长,律师公会阮(性存)会长、许(养颐)副会长为教员"。⑤1923年10月,王昌国等发起成立湖南女子法政讲习会,课程包括经济大意、法制大意、自治要义、妇女问题4种,"会员资格为师范或中学毕业,或有同等同力现在社会服务者,年龄以二十岁至五十岁为合格"。⑥该时期各地新设之女子法政讲习所,悉属短期进修性质,且办学初衷亦主要为因应女子参政运动,故可视为民元开设法政女校之余绪。由于斯时国内之政治环境较之民元后数年已宽松不少,社会风尚亦有较大改观,因此该时期女子法政讲习所之办学仍稍有成效。

---

① 《女子法政讲习所之发起》,《民国日报》1922年10月30日,第11版。
② 参见《女子法政讲习所第一届毕业纪》,《新闻报》1923年7月12日,第15版。
③ 《女子法政学校并入法政大学》,《新闻报》1924年7月12日,第5张第3版。
④ 《川省女子教育之扩张》,《民国日报》1923年5月25日,第7版。
⑤ 《筹设女子法政讲习所》,《时事新报(上海)》1923年8月7日,第2版。
⑥ 《学界消息》,《学生杂志》1923年第10卷第1号,第2页。

其次,原本仅对男生开放的法政院校,纷纷尝试开放"女禁"。1919年,北京大学首开招收女生之先河,其法学院也于1921年9月招收了3名女性预科生。① 至1920年代初,中国女界开始将争取教育平等的重心转向争取"男女合学",此举进一步推动了国内各大学陆续开放"女禁",部分仅招收男生的法政学校也开始向女生开放。1922年3月,江苏公立法政专门学校"决定开放女禁,招收女生"。② 1922年11月,北京政府公布《学校系统改革案》,确立了男女同校的单轨教育体系。③ 随后各法政专门学校相继招收女性,但该时期入学法政专门学校的女生仍属寥寥。④ 但值得一提的是,1923年3月20日,四川公立法政专门学校向四川省长公署呈请开办女子法政讲习科。同年8月3日,省长刘成勋批示准予试办。9月17日,该校女子法政讲习科举行开学典礼,首批入校女生共36人,几乎全部来自川省境内。该女子法政讲习科开设的法学课程较为全面,主要有宪法大纲、行政法大意、民法概论、刑法概论、商法概论、法院编制法、诉讼法大意等。⑤ 四川在开办女子法政教育方面表现不俗,除得益于学界的大力推动,以及政界,尤其是四川省省长刘成勋的鼎力支持外,也与该时期川省方兴未艾的"省宪自治"风潮紧密攸关。在男女合校的时代潮流下,短短数年,全国各地法政学校包括上海法政大学、上海法科大学等私立法科院校,甚至部分综合性公立大学的法学院皆相

---

① 参见北平大学校长办公处编:《国立北平大学一览》,杰民制版印刷局1934年版,第65页。
② 《南京快信》,《时报》1922年3月28日,第2版。
③ 参见《学校系统改革案》,《平民教育》1922年第56期,第25—28页。
④ 据中华教育改进社统计,1922—1923年间,中国33所法政专门学校中,男女生总数为10864人,女生仅为13人,占比0.12%。参见中华教育改进社编:《中国教育统计概览》,商务印书馆1924年版,第11—12页。
⑤ 参见刘昕杰主编:《法学教育近代化的地方实践:四川大学法学教育史略》,四川大学出版社2022年版,第188—192页。

继对女性开放，但女生占比仍较为微弱。据史良回忆，她在1927年自上海法科大学毕业时，全校毕业生中只有3名女生。① 作为北方法学教育重镇的朝阳大学，其向女生开放的时间稍迟。因朝阳大学迟迟不开"女禁"，1922年8月，余依在报纸上撰文对其进行公开指责："北京的平大中大，已早开放……北京地方，惟独他一个大学不招女生。"② 但朝阳大学仍无动于衷，直至1927年该校法学系才招收了乐毅、罗壁蓉、李芙蓉3名女学生。③ 法政院校开放"女禁"，使得中国的女子法学教育迎来了新的转机。不过由于该时期法律职业仍未向女性开放，女性习法者毕业后只能从事一些与法律无关或与法律稍有关联的边缘性文秘工作。这一根本性桎梏，成为女性法科生人数稀少的主因。

纵观民初女子法政教育的发展历程，尽管民元之后如雨后春笋般出现的法政女校以"参政之预备"为创校理念，且受限于各种复杂的政治和社会原因导致其存续时间过于短暂，但这一早期尝试仍为之后中国女子法学教育的开展积累了一定的经验。1920年代之后，中国女界争取"男女同校"的努力，成功地使女子法政教育不再是孤立的教学实践，高等法学教育领域的性别隔阂以一种渐进的方式被打破。中国女性在法学教育领域中的地位，亦由清末被忽视的"她者"，逐步体现出某种程度的"主体性"。

三、南京国民政府时期女子法学教育的逶迤推进

南京国民政府成立初期，各地仍存在部分男女合校的公立法政专门

---

① 参见子冈：《史良律师访问记》，《妇女生活》1936年第2卷第4期，第54页。
② 余依：《对于朝阳大学不招女生的不平鸣》，《社会日报（北平）》1922年8月22日，第1版。
③ 参见《历年毕业之女同学》，《朝阳》1935年第2卷第2期，第10页。

学校,但就读的女生人数依然甚少。1928年的一项统计表明,全国注册在编之公立法政专门学校中,除浙江省立法政专门学校有女生9人(其中法律科3人)、山西公立法政专门学校有女生5人(其中法律科2人)、云南公立法政专门学校有女生18人,其他各校皆无女生。①1929年3月,焦易堂与王用宾、宋庆龄等在南京创办中央女子法政学校,后教育部令其更名为首都女子法政讲习所。该讲习所"设于南京杨将军巷,并经南京市教育局核准立案,学制为二年四学期,共有教职员十人"。②其所开课程"以法律学科为主体","所聘的教授,都是法律专家"。办学年余,"先后招考三次","取录学生约二百人"。③

嗣后,为提高高等学校人才培养质量,南京国民政府采取各项措施对高等教育加以整顿。1929年7月26日国民政府颁布的《大学组织法》规定,"由省政府设立者为省立大学,由市政府设立者为市立大学,由私人或私法人设立者为私立大学","大学分文、理、法、农、工、商、医药、教育、艺术及其他各学院","凡具备三学院以上者,始得称大学,不合上项条件者,为独立学院"。④1929年8月14日又颁布了《大学规程》,进一步明确"大学法学院或独立学院法科,分法律、政治、经济三学系,但得专设法律学系"。⑤根据上述法令,高等法学教育机构仅限于大学法学院和独立学院法科两种,不得设立法律专门学校或法政大学,已设立者限期停办或改设为独立学院。至此,清末民初盛极一时的法政专

---

① 参见民国教育部高等教育司编:《高等教育概况(1928年8月—1929年7月)》中册,南京国民政府教育部1929年印行,第25—26页。
② 庄文亚编:《全国文化机关一览》,世界书局1934年版,第356页。
③ 龙九经:《首都女子法政讲习所状况》,《妇女共鸣》1930年第31期,第25—28页。
④ 张国有主编:《大学章程》第1卷,北京大学出版社2011年版,第387页。
⑤ 宋恩荣、章咸编:《中华民国教育法规选编》,江苏教育出版社2005年版,第387页。

门学校,悉数退出历史舞台。其后之女子高等法学教育,主要集中于各大学法学院及独立学院法科。

表1 1929—1930年度各大学法学院及独立学院法科女生人数一览

单位:人

学校	1929年	1930年	学校	1929年	1930年	学校	1929年	1930年
中央大学	14	21	山西大学	0	2	大夏大学	3	13
北平大学	64	88	河南大学	3	2	燕京大学	25	25
北京大学	6	7	湖南大学	2	3	南开大学	5	5
清华大学	11	15	安徽大学	6	11	东吴大学	4	39
中山大学	14	17	成都大学	1	4	武昌中华大学	12	5
武汉大学	1	2	吉林大学	0	3	中国公学	12	34
劳动大学	8	8	厦门大学	1	1	上海法政学院	25	37
暨南大学	10	11	金陵大学	4	1	中国学院	13	28
广东法科学院	0	3	复旦大学	23	29	朝阳学院	6	3
河北大学	0	3	沪江大学	9	11	上海法学院	18	25
东北大学	8	16	光华大学	11	22	总计	319	494

资料来源:教育部高等教育司编:《全国高等教育统计(1928年8月—1931年7)》,国民政府教育部1932年印行,"表34""表35"。

由上表可知，1929年全国各大学法学院和独立学院法科女生就读人数总计319人，1930年升至494人，但由于法科包括法律、政治和经济3个系别，故在法律系专修法学之女生，实际上要远少于以上统计人数。此外，该时期赴海外留学法科之女生，亦不乏其人。1929年9月，毕业于上海法科大学的钱剑秋女士，经时任外交部长王宠惠推荐，"入纽约大学专攻法律"。① 另据统计，1931年中国出洋留学人数公费生52人，自费生678名，"女生占七分之一，以学法科最多"。②

1932年12月9日，国民政府教育部发布《改革大学文法等科设置办法》，要求现有文法等科办理不善者，限令停止招生或取消立案，除边远省份为养成法官及教师准设文法科外，一律暂不新设。③ 鉴于当时部分法政院校为了增加收入而滥收学生，且教学管理过于松懈，导致法科毕业生素质良莠不齐，加之该时期国民政府已明确高等法学教育的目标是培养高层次的法律职业人才和国家公务人员，为提升法学教育的水准，1934年教育部又训令限定各大学法学院所招新生及转学法科人数，独立法学院每一学系或专修科所招新生及转学生之数额，不得超过50名。④ 经由此番整顿，全国法科学生人数骤降，从1932年的14 523人降至1937年的7125人（表2），法科教育在各科教育中的排名，也由原来的列居首位降到第四位。就读法科的女生人数，亦因此受到一定程度的波及。1934年3月《新闻报》发布的一项统计数据显示，当时上海各大学法学院和独立学院法律系共有男女生1253人，其中女生76

---

① 《钱剑秋女士赴美》，《时事新报（上海）》1929年9月7日，第8版。
② 《二十年度留学生统计》，《剪报》1932年第11期，第92—93页。
③ 参见曹义孙、胡晓进编著：《三十年中国法学教育大事记：1919—1949》，中国政法大学出版社2011年版，第144页。
④ 参见孙晓楼：《法律教育》，中国政法大学出版社1997年版，第81—82页。

人,仅占6%左右。① 由朝阳大学改设的朝阳学院,1935年度其法律系共有在读学生1014人,女生仅33人,占比3.3%。②

1937年全面抗战爆发后,随着沦陷区的扩大,大量高校开始内迁,大学和独立学院数量锐减,法科在校生人数亦步入低谷,直至1940年才逐渐恢复至战前水平。抗战结束后,为因应"建国建制"和"实施宪政"之需要,法律人才的培养重获重视。1946年7月24日至26日,国民政府教育部在南京举行高等教育讨论会,召集大学校长及教育专家共30余人参加。讨论会形成了多项决议案,其中包括"为造就法学人才,法学院得单独设立法学系"。③1948年2月4日,国民政府教育部法律教育委员会在南京开会,就高等法学教育之发展形成如下决议:调整大学法律系课程;扩充大学法律系招生名额;奖励设立法律学校;等等。④

不过令人欣慰的是,即使如此,在整个南京国民政府时期,全国范围内各大学和独立学院就读法科的女生人数,除个别年份略有波动外,整体上仍呈稳步上升势态。专科以上学校中就读法科之女生人数,由1936年的733人增长至1946年的3240人,其在法科学生总数中的占比也由1934年的7.8%一度增长至1941年的15.5%(见表2)。

以上为南京国民政府时期女子法学教育发展之大略。下面试择取其时之南方法学教育重镇东吴大学法学院,以及在女子法学教育领域成效最为显著的上海法政学院为例,从微观层面再作管窥。

---

① 参见《上海市大学生统计》,《新闻报》1934年3月8日,第15版。
② 参见《在校同学性别人数统计表》,《朝阳》1935年第2卷第2期,第11页。
③ 曹义孙、胡晓进编著:《三十年中国法学教育大事记:1919—1949》,第231—232页。
④ 参见曹义孙、胡晓进编著:《三十年中国法学教育大事记:1919—1949》,第242页。

表2 1932—1946年全国专科以上学校就读法科学生数

单位：人

年度	学生总数	男生人数	女生人数	女生占比	年度	学生总数	男生人数	女生人数	女生占比
1932年	14 523	不详	不详	不详	1940年	11 172	9558	1614	14.4%
1933年	12 923	不详	不详	不详	1941年	12 084[a]	10 211	1874	15.5%
1934年	11 029	10 174	855	7.8%	1942年	12 598	10 900	1698	13.5%
1935年	8794	8026	768	8.7%	1943年	15 377	13 437	1940	12.6%
1936年	8253	7520	733	8.9%	1944年	15 990	14 001	1989	12.4%
1937年	7125	6312	813	11.4%	1945年	17 774	15 769	2005	11.3%
1938年	7024	6080	944	13.4%	1946年	28 276	25 036	3240	11.5%
1939年	8777	7500	1277	14.5%					

资料来源：教育部教育年鉴编纂委员会编：《第二次中国教育年鉴》四，商务印书馆1948年版，第1413页。

注：a. 史料原文如此，疑有误。唯其不影响性别比，姑留。

东吴大学法学院于1928年始招女生，1931年第14届毕业生中已有首位获得法学士的女生。[①] 此后该院毕业的女生人数渐有增长，自1931年至1936年，6届毕业生中获得法学士的女生共有28人，其中1935年最多，达到12人。[②] 在1930年代，东吴大学法学院毕业的女生占全院毕业生总数的12%，法律系略低，约占9%左右。[③] 但在后期，法学院的女

---

① 李彩霞系东吴大学法学院女毕业生第一人，后赴美国留学，1935年获美国纽约大学法学博士学位。参见《私立东吴大学法学院一览》，东吴大学法学院1936年版，第87页；《华生五人得法学博士》，《大汉公报》1935年6月21日，第32版。
② 据东吴大学法学院同学会编：《东吴大学法学院同学录》（1936年）梳理统计。
③ 参见艾莉森·W. 康纳：《培养中国的近代法律家：东吴大学法学院》，王健译，《比较法研究》1996年第2期。

生人数增长甚速。1947年的一份调查表显示:该年度秋季学期法学院在册学生数为772人,其中女生173人,占在册学生总数的22.4%。①此外,在1940年代后期,法学院还出现了毕业于本院的女教师。如分别于1934年和1937年毕业于本院的程修龄和谭铭德,她们在美国纽约大学法学院获得法学博士学位后,均于1946年进入东吴大学法学院任教。②程修龄是东吴大学法学院最杰出的女毕业生,1947年曾作为联合国女权委员会中国代表出席会议,也是中国派往联合国的第一位女性工作人员。③据其后来追忆,她在法学院就读期间,"学习成绩全是'优'",男生们甚至对她"行脱帽礼表示佩服"。④东吴大学法学院培养的女生水平颇高,据王伟统计,中国近代22位女性留洋法学博士中,有5位毕业于东吴大学法学院,其数量在当时全国各高校中位居首位。⑤

上海法政大学于1929年更名为私立上海法政学院。1927年,郑毓秀出任该校校长,此后掌校达6年之久。郑氏于1925年获法国巴黎大学法学博士学位,为中国近代获得法学博士女子第一人。郑毓秀掌校期间,该校法科女生人数增长较快。1927年6月,该校专门部法律系第一届毕业生中,有女生李亚儒1名,1930年第四届毕业生中女生增至8人,1931年第五届则升至11人。1930年6月本科法律系第三届毕业生中亦有女生3人,1931年和1932年第四、五两届各有女生6人。⑥1932年的学生名册显示,该年度该校共有在读女学生61名,占全体在校生

---

① 参见王国平:《东吴大学简史》,苏州大学出版社2009年版,第158页。
② 参见艾莉森·W.康纳:《培养中国的近代法律家:东吴大学法学院》。
③ 参见《程修龄博士赴美出席会议》,私立东吴大学编:《老少年》复刊号(1947年12月20日)。
④ 程修龄:《中国第一位女律师程修龄》,载张珑编:《回忆中西女中(1900—1948)》,同济大学出版社2016年版,第91页。
⑤ 参见王伟:《近代留洋法学博士考》,上海人民出版社2019年版,第389—390页。
⑥ 参见《上海法政学院一览:二十一年度》,上海法政学院1933年版,第99—125页。

总数的 11.6%。① 至 1935 年,该校大学法律系第八届毕业生中,女生竟多达 23 人。② 上海法政学院聘用女性法学教员亦较早。该校 1932 年的教师名录显示,59 名教师中有女性教师 3 人,其中担任国际私法课程教学的卢瀛洲,系法国巴黎大学国际法学院毕业生。③ 上海法政学院在其时之上海乃至全国,在女子法学教育方面颇负盛名,该校培养的女性法律人才众多,且有不少成为女性法律职业群体中的翘楚。

综上可知,南京国民政府时期,中国高等法学教育体系日趋成熟和稳定,女子法学教育的发展与全国层面高等法学教育的发展势态趋于一致。在该时期,经由一波三折的发展,女子法学教育最终融入近代化高等法学教育的大潮之中。总体言之,1930 年代至 1940 年代,女子法科就读人数及其在法科生总人数中的占比呈现出稳步增长的势头。导致这种现象的根本原因,乃因当时的法律职业已经向女性全面开放。1927 年 7 月 23 日,南京国民政府司法部公布修订后的《律师章程》,其第二条规定,"中华民国人民,满二十一岁以上者","依律师考试会考试合格,或依本章程有免试之资格者",可充任律师。④ 1929 年,国民政府修订《考试法》,将文官应考资格中的"民国男子"改为"中华民国国民",⑤ 女性可以参加包括司法官在内的所有文官考试。至此,女性进入法律职业的通道被彻底打开,女性法学教育的发展亦因此逐步兴盛。到民国后期,国民政府也于政治层面的需要,对法学人才的培养较为重视,女性习法者日众。广大女性进入法政院校接受正规的法学教育,俨

---

① 参见《上海法政学院一览:二十一年度》,第 160—182 页。
② 据《上海法政学院第十届毕业纪念刊》所收毕业名册统计。Q248-1-624,上海市档案馆。
③ 参见《上海法政学院一览:二十一年度》,第 92 页。
④ 《司法部公布律师章程》,《民国日报》1927 年 7 月 25 日,第 4 版。
⑤ 《考试法》,《立法院公报》1929 年第 9 期,第 106 页。

然已从被忽视的"她者",成为中国近代高等法学教育不容忽视的参与力量。

四、中国近代女子法学教育发展的多重历史意义

1920年代后期,随着全国法政院校和各大学法学院纷纷开放"女禁",以及法律职业最终向女性弛禁,面向法律职业人才培养的女性高等法学教育得以真正开启。至1930年代,一众接受过正规法学训练的女性开始步入职场,成为影响中国近代社会变革的一支重要力量。中国近代女子法学教育的发展虽举步维艰,但仍具有以下多重历史意义。

(一)促成了中国初代女性法律职业阶层的兴起

前已述及,1912年《律师暂行章程》排除了中国女性从事律师职业的资格,故民初在中国执业的女律师主要为外籍女律师。1920年,美国女律师海伦·麦考利夫人(Helen Leary)获准在上海的美国驻华司法机构执行律师业务,是为中国最早出现的外籍女律师。① 此后数年,法国籍女律师雷声布(Flora Rosenberg)、美籍女律师劳来斯、葛罗斯(Margaret Pauline Gross)、史密斯(A. Viola Smith)等也相继来沪执业。② 至1930年代初,由于律师资格已向女性全面开放,中国律师界频频可见女性的身影。1930年10月,继郑毓秀加入上海律师公会后,又

---

① 参见"First woman lawyer admitted to practice at U.S. bar here", *The China Press*, December 12, 1920, p.1;《上海将有女律师出现》,《时报》1920年8月25日,第13版。

② 参见《法国女律师到廨观审》,《申报》1921年1月24日,第10版;《美国女律师至公廨观审》,《新闻报》1923年4月11日,第10版;"American woman lawyer will practice in Shanghai", *The Shanghai Times*, June 2, 1925, p.18; "American woman lawyer", *The North-China Daily News*, January 30, 1934, p.18。

有杨志豪、罗张舜琴加入上海律师公会。①至 1931 年 9 月，上海共有女律师 7 人。②史良为上海女子法政讲习所第一届毕业生，其毕业后又先后在上海法科大学、上海法学院就读，获得法学士学位。1931 年史良进入董康所办律师事务所执业。③1933 年 4 月，上海女律师增加至 24 人。④1939 年 6 月，在上海律师公会登记的女律师已达 50 余名。⑤上海以外，女律师在其他各地也开始陆续出现。1931 年 10 月，被称为"华北女律师第一人"的濮舜卿在天津设立律师事务所。⑥1932 年 1 月，江西法政专门学校毕业生程印在南昌执律师业，是为江西省女律师第一人。⑦1933 年 3 月，杭州女律师已有 3 人，分别为上海法政学院毕业生章廉、杭州法政专门学校毕业生王行三、上海法学院毕业生夏同文。⑧1934 年 10 月，朝阳学院法律系女毕业生李德义、马荃、丁聪在北平创设联合律师事务所。开业伊始，她们在《朝大校刊》发表宣言，表达她们利用法律知识保障女权的初衷。⑨1935 年 11 月，上海法政学院毕业生金婉范在无锡执律师业，成为无锡女律师第一人。⑩1938 年 10 月，毕业于朝阳学院的张庭晖在成都执律师业，成为四川省首位女律师。⑪随

---

① 参见《女律师又添两位》，《申报》1930 年 10 月 14 日，第 7 版。
② 参见俊逸：《海上女律师统计》，《小日报》1931 年 9 月 3 日，第 2 版。
③ 参见史良：《史良自述》，中国文史出版社 1987 年版，第 6—8 页。
④ 参见俊逸：《女律师廿四人》，《金钢钻》1933 年 4 月 16 日，第 1 版。
⑤ 参见《律师重行登记》，《申报》1939 年 6 月 1 日，第 9 版。
⑥ 参见《津法院新纪录：女律师出庭》，《益世报（天津版）》1931 年 10 月 19 日，第 6 版。
⑦ 参见觉民：《江西女律师》，《上海画报》1932 年第 777 期，第 2 页。
⑧ 参见心亘：《杭州女律师》，《越国春秋》1933 年第 9 期，第 3 页。
⑨ 参见《本校毕业女同学李德义、马荃、丁聪等自本年双十节起开始执行律师职务》，《朝大校刊》1934 年第 5 期，第 2 页。
⑩ 参见《无锡女律师第一人》，《锡报》1935 年 11 月 18 日，第 3 版。
⑪ 参见《女律师张庭晖事务所已成立》，《新新新闻》1938 年 10 月 18 日，第 10 版。

着各地尤其是上海一带女律师的渐次增多,女律师群体逐渐成为民国律师界的一股新生力量。

就女性司法官而言,1927年3月,郑毓秀被委任为上海地方审判厅厅长,郑氏因此被誉为中国近代女法官第一人。①1930年10月,李朝柱被任命为上海地方法院助理推事,②翌年擢升为正式推事。1931年11月,上海地方法院女书记官张瑞华被"委任为该院民事简易庭推事"。③不久,章粹吾新任上海地方法院候补推事。李朝柱、张瑞华、章粹吾三人皆系上海法政学院女毕业生。④至1932年5月,上海已有女推事5人。⑤1932年12月,上海法学院毕业生周文玑任浙江黄岩地方法院推事,成为"浙江女法官之第一人"。⑥1935年12月,陈自观"调任吴县地方法院候补推事",成为"苏州女推事第一人"。⑦1936年10月,福建闽侯地方法院亦出现福建省首位梁姓女推事。⑧几乎与此同时,一批女检察官也开始进入民众的视野。1931年2月,毕业于私立福建学院的女律师陈瑛被福建省高等法院检察处委任为建瓯法院检察官。⑨1934年11月,毕业于北平民国大学法律系的王欲纯,被委任为天津地方法院检察官。⑩1937年1月,毕业于中央大学法学院的方理琴,成为无锡地区首

---

① 参见《中国第一个女法官郑毓秀》,《奋报》1940年4月10日,第2版。
② 参见《司法界中之女杰》,《新闻报》1930年10月17日,第4版。
③ 《上海地方法院两位女推事》,《时报》1931年11月16日,第5版。
④ 《开女推事之新纪录》,《法政周刊(上海)》1931年第3卷第11期,第15页。
⑤ 参见一帆:《女推事一调一辞》,《正义》1932年5月14日,第2版。
⑥ 《女推事周文玑》,《民报》1934年1月6日,第3版。
⑦ 《吴县法院有女推事》,《民报》1935年12月16日,第4版。
⑧ 参见《闽侯地方法院增一女推事》,《小民报》1936年10月6日,第2版。
⑨ 参见《闽省女法官建瓯法院检察官陈瑛》,《益世报(天津)》1931年2月10日,第4版。
⑩ 参见《地方法院女检察官》,《大公报(天津)》1934年12月13日,第6版。

位女检察官。①不过,虽然该时期已有女性成功地进入法官和检察官行列,仍是为数寥寥。1936年的一项统计表明,该年度全国各地法院共有男推事1653人,女推事仅4人,男检察官为853人,女检察官仅5人,女性占比极为微弱。②

在1930年代至1940年代,随着全国各法政院校和大学法学院女生毕业人数逐渐攀升,得缘于法律职业面向女性全面开放,中国的女性法律职业阶层悄然兴起。就该时期女性法律职业群体的职业构成来看,以执律师业者居多;从毕业学校来看,则以上海法政学院的女毕业生最众。上海法政学院同学会1947年编制的一份同学通讯录表明,列入名册之该校41名女毕业生中,有18人职业为律师,8人担任法官或检察官。③中国初代女性法律职业阶层主要出身于国内公立和私立法政院校,显示了中国近代女子法学教育发展的重要成果。

(二)催生中国早期的女性法学教员群体

民国时期女性法科毕业生的就业去向,除担任律师、法官与检察官以外,也包括充任法学教员。不过当时在法学院校任教的女性不多,且多是以女律师身份兼事教职。1931年,刚刚在天津登记执业的女律师濮舜卿就被邀请成为天津法律专科函授学校的教员,④后又担任河北省立法商学院讲师。⑤女律师祝匡正曾任国立暨南大学法学院助

---

① 参见《无锡女检察官莅新》,《申报》1937年1月26日,第9版。
② 参见田奇、汤红霞选编:《民国时期司法统计资料汇编》第18册,国家图书馆出版社2013年版,第1页。
③ 参见《同学通讯录》,载《上海法政学院同学录》,上海法政学院同学会1948年版。
④ 参见河北省地方志编纂委员会编:《河北省志·司法行政志》,河北人民出版社2012年版,第79页。
⑤ 参见中华全国妇女联合会妇女研究所、中国第二历史档案馆编:《中国妇女运动历史资料·民国政府卷》下册,中国妇女出版社2011年版,第656页。

教，①她还协助编校了民国时期的经典法律辞书《法律大辞典》，并付出了诸多心血。②毕业于法国国立都鲁斯大学的法学硕士陈令仪归国后也曾在大夏大学任法学教授，③1946年又被浙江大学法学院聘为教授，主讲"法学通论"。④从民国时期女性法学教员的学历构成来看，以留洋归国的法学女博士居多。中国近代留洋法学女博士中，有7位归国后积极投身于国内法学教育事业。

表3　民国时期任教于国内法学院校的留洋女博士一览表

姓名	毕业学校	博士学位论文	毕业时间	教学履历
郑毓秀	巴黎大学	《中国宪法运动：比较法的研究》	1925年	1931—1937年任上海法政学院校长
周蜀云	南锡大学	《1911年中国革命后舆论之演进及现存各政党之概况》	1931年	1933年受聘于厦门大学法学院，抗战期间任大夏大学法学院教授，讲授"宪法""国际公法""国际私法""行政法""破产法""土地法""保险法"等课程
钱剑秋	西北大学	无	1931年	上海法政学院教授，讲授"亲属法"

---

① 参见中华全国妇女联合会妇女研究所、中国第二历史档案馆编：《中国妇女运动历史资料·民国政府卷》下册，第656页。
② 参见何勤华等主编：《"清末民国法律史料丛刊"辑要》，上海人民出版社2015年版，第212页。
③ 参见《妇女工作报告：陈令仪女士执行律师职务》，《女声》1933年第1卷第19期，第19页。
④ 参见孙康：《浙江大学法学院民国办学史片记》，载焦宝乾主编：《浙大法律评论》，浙江大学出版社2019年版，第40页。

续表

姓名	毕业学校	博士学位论文	毕业时间	教学履历
宋渊如	南锡大学	《中国宪法运动：1934年10月16日立法院宪法案研究》	1935年	复旦大学法学院教授
程琇	南锡大学	《中国妇女私法地位的历史演变》	1935年	中正大学教授
陈芳芝	拜扬麦尔学院	《与中国有关的若干国际法问题》	1940年	燕京大学政治系主任及研究院导师,讲授"国际法"及"中国外交史"等课程,1952年院系调整后入北京政法学院
程修龄	纽约大学	《对中立船舶与航空器上邮件的战时干涉》	1942年	1946年任教于东吴大学法学院
谭明德	纽约大学	《国家管辖权的性质和范围——基于属地优越权和个人效忠之外的其他原则》	1939年	1946年任教于东吴大学法学院

资料来源：王伟《近代留洋法学博士考》，第58、73、76、154、222、229、236—237、389—390页。

上述8位女博士中，郑毓秀、钱剑秋、宋渊如、程修龄、谭明德皆为上海律师公会注册会员，均是在执律师业数年后转任或兼任法学教员。[1] 除此之外，未被王伟著作收入留洋女博士名录中的华侨张舜琴女博士亦是上海律师公会在册会员，1933年，其应广西大学法学系之约赴该校任教，[2] 后又辗转任教多所大学，1938年前后在西北联合大学任

---

[1] 参见王瑞超：《民国时期上海女律师研究》，华东政法大学2020年博士学位论文，第49、50页。

[2] 参见冻蝇：《张舜琴舍律就教》，《晶报》1933年8月23日，第3版。

教。① 中国近代女子法学留洋教育是中国近代女子法学教育必不可少的组成部分,中国近代留洋法学女博士的出现,一方面提升了中国女性法律人的学历构成,另一方面,部分留洋法学女博士归国之后任教于各法学院校,亦为民国时期高等法学教育放一异彩。

(三)推动中国近代女权事业发展

中国近代的女子法学教育与女权事业存在一种微妙的关联。始于民元的法政女校创办热潮,导源于该时期的女子参政运动,当时积极投身于女子法政教育的女权领袖,皆把实现女子参政权视为开展女子法学教育的首要目标。而1920年代后期法政院校纷纷对女性开放,亦为女性争取平等教育权的重要成果。当然,中国近代女子法学教育的发展,也培养了一大批女性法律精英。她们本着维护女权的初衷进入法律职场,通过各种途径为女性发声、为女性伸张权利,进而推动了中国女权事业的发展。

首先,通过职业活动救助弱势妇女,保障女性权利。郑毓秀初执律师业时,"对于女界清苦无告同胞,尽量援助,弗取公费"。② 女律师史良则将铭刻"人权保障"的银盾置于办公桌上以自我勉励,其所代理的案件,绝大多数为维护女性权利案件。③ 女律师濮舜卿在她十余年的律师职业生涯里"消磨了一半以上的时光,来为妇女界义务的工作着"。④ 她曾在代理14岁儿媳房氏被婆婆陈吴氏无故虐打案件中,无偿为房氏提供法律服务,为其伸张冤屈。⑤ 在这些优秀女性法律人的帮助下,许多

---

① 参见姚远:《西序弦歌:西北联大简史》,陕西人民出版社2020年版,第182页。
② 《女律师义务办案》,《申报》1940年2月19日,第10版。
③ 参见段炜编著:《不可不知的10位中国名女人》,哈尔滨出版社2006年版,第143页。
④ 参见友孙:《女律师濮舜卿》,《东南风》1946年第4期,第8页。
⑤ 参见《女律师援助少妇离苦海》,《益世报(天津版)》1932年3月5日,第6版。

身处社会底层的妇女得到了救助,其权利亦得到维护。

其次,通过请愿或提交议案等方式伸张女权。1934年,国民政府立法院公布新刑法修正案,其第239条规定,"有夫之妇与人通奸者处一年以下有期徒刑,其相奸者亦同"。该条放任有妇之夫与人通奸而不制裁,有违男女平等原则,一时女界哗然。女律师邓季惺、郭世英及女推事倪光琼等组织南京女界同仁率先成立"首都妇女力争法律平等同盟会"赴国民党中政会请愿。① 此后,上海、北平、杭州等地妇女团体也相继加入请愿队伍。此次请愿运动,以女律师为中坚力量。在女界的多方努力下,立法院最终将该条修改为"有配偶而与人通奸者,处一年以下有期徒刑;其相奸者亦同"。1940年5月,作为上海律师兼参政员的史良,向国民参政会第一届第五次大会提交《请政府注意凡妇女所能服务之公职应尽量任用妇女案》,痛陈"各机关竟公然禁用女职员,此种剥夺妇女参加工作机会","有失男女平等之原则",要求"政府严加取缔"。② 在史良的争取下,大会通过了此项议案,并由国民政府抄发至各机关以为训令。

最后,通过发表演说唤醒女性权利意识。公开演说是女性法律人唤醒妇女权利意识的有力手段。女律师史良曾在上海青年会宣讲"妇女与民权",其内容涵盖民法、刑法、国籍法、商法、工厂法等多个领域;③ 女律师屠坤范在上海女中演讲时,启迪女学生要努力学法并以法律为武器维护自己的合法权益,令"听者耳目为之一新,无不精神百

---

① 参见《全国妇女团体力争刑法二三九条经过》,《妇女共鸣》1935年第4卷第1期,第42页。

② 中华全国妇女联合会妇女研究所、中国第二历史档案馆编:《中国妇女运动历史资料·民国政府卷 1912—1949》下册,第667页。

③ 参见张书庚:《妇女与民权:史良女律师在上海青年会讲》,《新闻报》1933年10月12日,第22版。

倍"。①女检察官李侠平应邀在重庆广播电台发表演说,除解释"选举罢免法",还特别针对女性阐释"婚姻与继承"中的权利保护问题。②女性法律人的演讲主题,主要侧重于妇女在婚姻家庭中的权利保护问题,由于受众较广,故对唤醒女性权利意识颇有成效。

五、结语

纵观人类社会的历史,长久以来,社会被一分为二地建构为相互对立的私人领域和公共领域,"'女性'安全地处于政治之外的私人领域中,而男性生活在政府、社会契约式的'利维坦'和共同意志中"。③法律规则的最初产生被认为是男人与契约博弈的结果,这一过程始终将女性排斥在外,于是男性进一步将法律职业构建成为男性的专属领域。④这造成世界范围内女性与法学教育和法律职业的普遍分离。从世界法学教育史的发展历程来看,近代欧美各国的女子法学教育,同样因社会性别歧视而步履维艰。依英美法的传统观念,法律职业属于阳刚职业,非柔弱之女性的智力和体力所能胜任,故女性在很长一段时间都被排除于法学教育和法律职业之外。直至1868年,美国才出现第一位被允许进入大学法学院学习的女性,⑤而英国迟至1917年才在伦敦大学

---

① 参见《上海女中昨请女律师屠坤范演讲》,《民报》1935年9月28日,第1版。
② 参见《李侠平播讲立委选举罢免法》,《中央日报(重庆)》1947年10月20日,第3版;《李侠平讲演》,《中央日报(重庆)》1947年10月22日,第3版。
③ 克瑞斯汀·丝维斯特:《女性主义与后现代国际关系》,余潇枫等译,浙江人民出版社2003年版,第7页。
④ 参见周安平:《性别与法律》,法律出版社2007年版,第222页。
⑤ 参见 Katharine T. Bartlett, *Gender and Law: Theory, Doctrine, Commentary*, Boston: Little, Brown & Company, 1993, p. 621。

出现第一位获得学位的女性法律毕业生,①其他欧美各国的女子法学教育,亦大多发轫于19世纪末20世纪初。

中国近代女子法学教育萌芽于清末维新派人士创立的新式女学。民元前后的女子参政运动,一度促使了民初女子法政教育的勃兴,厥后因政局跌宕又退潮而去。1920年代后期,随着全国法政院校和各大学法学院纷纷开放"女禁",中国的女子高等法学教育才真正迎来发展的良机。迨至南京国民政府时期,中国的高等法学教育体系日趋成熟,加之法律职业普遍向女性开放,女子法学教育方得以逐步兴盛。女性最终由法学教育体系中被忽视的"她者",转变为具有某种"主体性"色彩的重要参与力量。

中国近代女子法学教育的发展艰辛而曲折。今日重温这段历史叙事,可以发现,女子法学教育与女性法律职业之间存在一种彼此缠绕的关系,前者是后者的基础,后者则是前者发展最重要的促进因素。民初女性知识精英发起的以争取参政权为目标的女权运动,虽然开启了中国近代女子法学教育的历史进程,但该时期法律职业的性别壁垒限制了其赓续空间。南京国民政府时期的女子法学教育,具有一定的法律职业导向,这使得女子法学教育与女性法律职业之间形成了一种彼此促进的良性互动关系。中国早期女性法律职业阶层的兴起,亦为斯时女子法学教育发展的必然产物。相较于法学教育而言,中国近代女性法律职业的发展,则表现得更为出色。就世界范围来看,虽然早在1890年美国就出现了第一位领取律师执照的女律师布拉德韦尔(Myra Brandwell),但直至1920年,美国才正式向女性开放法律职业,1947年马修斯(Mita Matthews)成为第一个进入联邦地区法院的女法官。②日

---

① 参见韩慧:《英国近代法律教育研究》,山东人民出版社2014年版,第141页。
② 参见孙菲菲:《法律职业中的女性》,《现代法学》2009年第31卷第1期,第132页。

本女性法律职业始于1940年3名女性注册成为律师,这一进程比中国落后了13年。①民国时期,中国女性虽系以一种被动"赋权"的方式进入法律职业,但在1930年代至1940年代,中国女性法律职业的发展一直居于世界前列。中国妇女进入法律职业这一革命性变革曾令外国学者深感惊讶。②1943年,以哥伦比亚大学教授克罗斯(Croloss)、新闻专家泰勒(Taylor)、英国驻华大使馆参赞蒲乐道(Jahn Blofeld)为首的美国考察团赴四川璧山实验地方法院参观,他们震惊地发现这个全国唯一的实验法院中竟有李侠平、文学淑两位女性法官。美国摄影家安德森旁听两位女推事的庭审,惊叹:"中国文明进度之速,出乎想象之外!"女推事李侠平的庭审照片还被刊载于美国《观察》杂志上,在美国妇女界一时之间引起轰动,甚至有美国妇女致函李侠平向她请教女性从事法律职业的经验。③当时以女律师为主体的女性法律精英通过其职业活动和各种社会参与,在推进中国近代女权事业发展方面所作出的贡献同样令人瞩目。综上所述,由中国近代法学教育所孕育出的初代女性法律人,以其不俗的表现,不仅推动了中国女性法律职业和女权事业的发展,而且为当时世界范围内女性法学教育与法律职业的发展,提供了一种鲜活的"中国经验"。

---

① 参见石田京子:《日本女律师:历史与现在的挑战》,载辛西娅·格兰特·鲍曼、於兴中主编:《女性主义法学:美国和亚洲跨太平洋对话》,中国民主法制出版社2018年版,第114页。

② Mary Szto, "Gender and the Chinese Legal Profession in Historical Perspective: From Heaven and Earth to Rule of Woman", *Texas Journal of Woman and the Law*, Vol. 18 No. 2 (2009), p. 260.

③ 参见李思桢:《国际闻名的女法官李侠平女士》,《中央日报(重庆)》,1947年9月2日,第3版;《友邦人士参观璧山实验地方法院记》,《中华法学杂志》1944年第4期,第78—79页。

举足轻重：晚清宗人府与贵胄法政学堂

张剑虹*

摘　要　在晚清贵胄法政学堂的日常运行中，宗人府起到了关键作用。不仅生源摸底、报名入学、学员更改班次、退学、行为管理等日常事务依赖之，它还有权修改学堂章程，特别是当章程与其则例不符时。宗人府通过八旗族长的协助完成这些事务。学员虽然每天在学堂学习，但从报名到各项事务处理等事情均须向宗人府提出申请，由宗人府向学校转达。学堂并不直接处理有关学员的事务，而是转交宗人府。学员与学堂之间除了日常上课，并无直接关系。这一切均源自学员的宗室身份及宗室管理制度。宗人府为管理宗室的专门机构，关于宗室事务，其他机构无权涉及，也不愿涉及。

关键词　宗人府　贵胄法政学堂　宗室

在清代宫廷历史与宫廷司法的研究中，几年前，笔者曾关注过晚清出现的贵胄法政学堂，对该学堂设立的背景及经过、招生条件、课程设置、经费管理等基本问题进行了探讨。① 近年来，随着可查阅档案的增

---

* 张剑虹，故宫博物院研究馆员。
① 参见张剑虹：《清末贵胄法政学堂研究——基于清朝军机处、内阁、宗人府档案的考察》，《延安大学学报（社会科学版）》2020 年第 6 期。

多，笔者对此问题有了新的认识，发现宗人府在学堂日常运行中起到非常重要的作用：修改学堂章程、生源摸底、招生名录的收集、咨送、学员班别的更换，学生在上学期间的行为处理等诸多事项均由其负责。

一、修改学堂章程

学堂章程是学堂的基本文件，是相关部院衙门议奏、皇帝奏定后颁行的，然而宗人府可以直接上奏皇帝、要求修改某些条款。

> 第四条 宗室王以下、奉恩将军以上及其子弟，年在十五岁以上、三十岁以下，除现有差缺或已入其他官立学堂外，必应一律造册咨送入学，又第二十二条宗室王以下至奉恩将军以上及其子弟由宗人府查明应入学而不入学者，如已袭封，罚停半俸两年，未经袭封，停其袭封一年，仍勒令入学，每届咨取新班学员时，均由宗人府照章恭办。又第二十四条宗室王以下奉恩将军以上及其子弟得有修业文凭者，由本学堂咨行宗人府查照应考封袭者，即准照例考封、袭封等语。

> 查臣衙门例载，凡亲王以下至奉恩将军遇有准袭之缺，均于百日后由臣衙门照例拣选带领引见承袭，至考封，均系王公及世职章京之子弟，俟及岁时，人数在十名以上，由臣衙门奏请钦派考试，如列优等者，准其照例授封，劣等者停封，历经遵办在案。今贵胄法政学堂章程内称应入学而不入学者，如已袭封，罚停半俸两年，未经袭封者停其袭封一年，得有修业文凭者准其照例考封、袭封，臣等查，宗室王公世爵多系奉祀爵职，若概行停袭，致使祀典有阙，殊于礼制未合。且臣衙门将此项奏案久悬，亦多窒碍。查该学堂章程

内既有如已袭封罚停半俸两年,未经袭封停其袭封一年,并无不准袭封之语。臣等公同商酌变通办法,俟后自王以下至奉恩将军以上,遇有应行袭封之缺,仍由臣衙门照例办理,袭封后年岁合格并无他项差缺者,令其补行入学。如不入学,罚停半俸两年,仍勒令入学。至应考封者,未入学及未得有修业文凭者,停其考封,与臣衙门考试应封之例,尚不甚悬殊,应照该学堂章程办理。①

对宗人府来说,关于学堂章程,只有与本部门则例不相违背的,才可以适用("与臣衙门考试应封之例,尚不甚悬殊,应照该学堂章程办理"),与本部门则例不相符的,则应采取变通办法,规避学堂章程,以实现适用本部门则例的目的。学堂章程规定,应入学而未入学的宗室,若未袭封者,停其袭封,该规定与宗人府相关则例相悖。宗人府要求仍然适用本部门则例,罔顾学堂章程("宗室王公世爵多系奉祀爵职,若概行停袭,致使祀典有阙,殊于礼制未合")。宗人府的做法是符合袭封条件的给予袭封,袭封之后再令其入学。

二、学堂日常事务的处理

(一)生源摸底

对清廷宗室而言,符合入学条件者必须进入贵胄法政学堂学习,属于强迫教育("宗室王以下、奉恩将军以上及其子弟,年至十五岁以上、三十岁以下,应由宗人府查明,除现有差缺或已入其他官立各学堂外,

---

① "为贵胄法政学堂章程内入学宗室等考封袭封不合之处酌拟变通办法恭折具奏请旨事",宣统年间(1909—1911),宗人府档案 06-02-004-000317-0067,中国第一历史档案馆。

必应一律造册咨送入学")。① 这是该学堂章程第四条的规定,为了强制符合入学条件的生源均入学、没有遗漏,需要有个机构摸清生源。作为主管皇室事务的专门机构,宗人府自然是首选,而且其有能力胜任此项任务——至少比没有约束宗室日常行为的贵胄法政学堂更能胜任。"应行入学之人,学堂原无册籍可考,无从稽查,应由宗人府查明,照章办理"②,"应行入学之世爵及其子弟入学,相应备文咨行贵府,将王以下奉恩将军以上及其子弟年在十五岁以上三十岁以下,凡合第四条资格,应行咨送各学员,迅速查明数目开单,克日见覆,以凭规划学舍,酌定教员"③。宗人府接到学堂的调查生源咨文后,转发各王公门上、左右翼四十六族,逐级汇集生源信息。"刻即查明有无入学人员,务于三日内声明报府"。④ 在中国第一历史档案馆藏的宗人府档案中,关于贵胄法政学堂的内容,大多数为在京八旗各族给宗人府的查明本族是否有应入学堂者的呈报。这些呈报就是生源情况,宗人府汇集后转交贵胄法政学堂。

(二)学员报名

有意进入贵胄法政学堂的考生不直接向学堂报名,而是由各自的族长、学长,将报名材料报给宗人府,由宗人府报给学堂,考生与学堂之间

---

① "贵胄法政学堂章程",宣统元年(1909)十一月,民政部档案 21-0992-0005,中国第一历史档案馆。
② "为贵胄法政学堂资格限制学额科目及入学程度毕业奖励等项知会王公门上并传知两翼四十六族事",宣统年间(1909—1911),宗人府档案 06-01-001-000741-0348,中国第一历史档案馆。
③ "为请查明宣统三年本堂预备科肄业考试修业出学合格学员数目事致宗人府",宣统三年(1911)二月十三日,中国第一历史档案馆宗人府档案,06-01-001-000784-0180。
④ "传知查明有无入贵胄法政学堂人员务于三日内声明报府单",时间不详,中国第一历史档案馆藏宗人府档案,06-02-004-000319-0071。

并不发生直接的联系。考生材料要经过族长（学长）、宗人府两个环节才能到达学堂，其中族长（学长）这个环节是关键，报名材料均由其收集，包括考生姓名、年龄、学习经历、祖孙三代爵位官职等信息。试举一例如下。

> 右翼近支三族学长溥肇等谨呈宗人府事，本族接得传知，准贵胄法政学堂文称，王公子弟并世爵或中学小学堂毕业生应入考试，本族内现有入考之宗室人员，本族开明年岁三代旗佐呈报。计开：
> 厢蓝旗署佐领毓英佐领下，荫生、应封宗室毓彭，现年二十一岁，光绪十五年九月十七日丑时生，系不入八分辅国公溥元之子，原任不入八分辅国公载龄之孙，原任不入八分辅国公奕果之曾孙。
> 厢红旗定寿佐领下，奉恩将军载励，现年三十六岁，同治十三年七月十三日寅时生，奉恩将军奕增之子，原任奉恩将军绵林之孙，原任奉恩将军永屯之曾孙。①

该条档案记载了在京八旗右翼近支三族学长溥肇将本族考生报名材料呈报宗人府，报名材料包括考生姓名、爵位、官职、年龄、出生时辰、祖与父信息等内容。

贵胄法政学堂报名有别于其他普通法政学堂。对于普通法政学堂来说，有意入学者直接到学堂报名。例如，直隶法政学堂要求学生亲自到学校报名："凡欲入本堂肄业者，须于入学考试前三日亲到本堂填明志愿书。"②

---

① "为呈报右翼近支三族人考贵胄法政学堂宗室人员年岁三代旗佐事"，宣统元年（1909）六月，宗人府档案 06-01-001-000783-0025，中国第一历史档案馆。
② "呈拟订直隶法政学堂章程清单"，光绪十一年（1885），军机处档案 03-7209-003，中国第一历史档案馆。

(三)学习期间的事务处理与行为管理

宗人府将左右翼四十六族交上来的报名材料审核完毕后提交贵胄法政学堂,它在其中的角色不仅仅是中转人,更是担保人,对经手的学员在学堂期间的行为承担管束的责任。学员入学后在学堂发生的一切事情,比如退学、更改班次等事务,要通过宗人府向学堂转达,而不是直接向学堂表达,学堂也不直接受理来自学生的诉求,而是转给"原咨送衙门"(宗人府)处理,由宗人府从中斡旋、转达,学堂不与学员直接联系。

例如,奉恩将军春元在报名贵胄法政学堂时,没有写明具体班次,学堂将其编入听讲班,他通过宗人府向学堂转达变为正科班的意愿:"窃职前呈报送考贵胄法政学堂,原报并未声明肄业、听讲,今职已列入听讲册内,恳祈贵族转呈宗人府恩准,行文贵胄法政学堂,将职名归入正班肄业。"[①] 又如,睿亲王的儿子中铨原为法政学堂正科班学员,但因家中事务需要处理,无法做到满勤,遂通过宗人府向学堂转达改为听讲班:"今查各学员七年毕业,并由辰至昏,方能散归,查中铨现在本门上帮办一切家务,不能终日赴堂肄业,情愿改为听讲,为此呈报贵府刻即转行贵胄法政学堂。"[②] 再如,理藩部主事宗室恒敬本是正科班,因工作繁忙无法完成学习任务,要求改为听讲班,通过宗人府转达:"职前由宗人府咨送贵胄法政学堂肄业,刻因部中差务繁重,又以年岁加长,精力实有不及,拟请改归听讲班,随班听讲,为此呈请宗人府转咨施行。"[③]

---

① "正红旗四族奉恩将军春元恳祈由贵胄法政学堂听讲班归入正班肄业事",宣统元年十一月,宗人府档案 06-01-001-000783-0116,中国第一历史档案馆。
② "为查明睿亲王之子应封宗室中铨帮办家务不能赴贵胄法政学堂肄业情愿改为听讲事",宣统二年二月初二日,宗人府档案 06-01-001-000784-0038,中国第一历史档案馆。
③ "为呈请将贵胄法政学堂肄业改归听讲班随班听讲事",宣统二年二月,宗人府档案 06-01-001-000784-0080,中国第一历史档案馆。

宣统元年（1909），宗室继极原为陆军贵胄学堂毕业，后分配东三省军队任职，因家中祖母病危，请假回老家侍奉祖母，终养期间，适逢贵胄法政学堂招收学员，就报名参加听讲班："身在假期派差既然停委，咨调又应缓办，与其辜间岁月，不如入学听讲，是以送选贵胄法政听讲员。"①后来祖母病故，孝家期满后必须返回军队任职，无法继续在贵胄法政学堂听讲了，"现今齐衰在身，将来终养事毕，百日孝满，应派咨各项军队差委，听讲之任势难兼顾"，向学堂申请退出听讲班。②但学堂未接收该申请，而是让其把申请递交宗人府，通过宗人府转达："前赴贵胄法政学堂呈禀，未收原呈，嘱由原咨送衙门片行办理，为此呈明族长转呈宗人府片详贵胄法政学堂核办。"③学堂的处理原则是一切由"原咨送衙门"即宗人府办理。

对于长久旷课、严重违反学堂规定的学员，贵胄法政学堂也不直接处理，而是转告宗人府。学员溥垚开学一个月内，旷课达十几天，未履行请假手续，学堂向宗人府转达此事，要求宗人府对溥垚进行教育："案查贵府前送奉国将军载霭之子溥垚，自本年开学以来，旷课至二百九十四小时之多，并未据声明事故，呈请病假事假等情，查该学员今年已及强迫教育资格，未变停其旷废学业，应请贵府传饬该学员认真勤学，逐日来堂受课，勿得故违定章，致干参办，相应备文咨行贵府查照办理，并希见复。"④学堂的公文提到了溥垚是宗人府咨送过来的，一旦违反学校纪律，仍应由宗人府进行教育与规劝，并希望宗人府将教育结

---

① "为呈请告退贵胄法政学堂听讲员事"，宣统二年，宗人府档案 06-01-001-000784-0158，中国第一历史档案馆。
② 同上。
③ 同上。
④ "为转饬奉国将军载霭之子溥垚认真勤学逐日来堂受课事致宗人府"，宣统三年四月初四日，宗人府档案 06-01-001-000784-0225，中国第一历史档案馆。

果反馈学堂。

值得一提的是,对于学员入学期间严重违反规定的行为,宗人府也决定不了处理方式,需要请旨定夺。"宗室王以下、奉恩将军以上及其子弟入学后,故犯规条以致开除学额及无故自行告退者,如已袭封,罚停半俸两年,未经袭封,停其袭封一年,如所犯情节较重,另行奏明请旨。"①

由于学堂日常诸多事务的运行依赖宗人府,所以学堂运行的顺利与否,宗人府起到关键作用,实践中出现宗人府并不及时处理相关事务、学堂不得不催促的情况。宣统三年(1911)二月,贵胄法政学堂咨行宗人府,统计未经入学之世爵自王以下奉恩将军以上及其子弟,年在十五岁以上三十岁以下,凡应行袭封、考封人员情况,三个月过去了,宗人府未给任何反馈,学堂不得不催促,"现经三月未据咨覆,事关教育,奏案未便久延,相应咨催贵府迅速查照前咨,无论人数多寡,克日见覆,本堂于七月一日以前即须据咨入奏,幸勿延误"。②从档案记载可知,"希见复""迅速查明""克日见复"等词多次出现在贵胄法政学堂给宗人府的咨文中。

这种学堂日常运行依赖宗人府的情况,不惟贵胄法政学堂,陆军贵胄学堂也是如此。其生源摸底、学员报名等事项也是通过宗人府为之,由宗人府将这些事项通知八旗左右翼各族,各族长、学长查明本族情况后呈报宗人府。以下二则档案说明了具体情况。

---

① "贵胄法政学堂章程",宣统元年十一月,民政部档案 21-0992-0005,中国第一历史档案馆。
② "为请查明宣统三年本学堂预备科肄业应试修业未入学应行袭封考封各员数目事致宗人府",宣统三年六月初三日,宗人府档案 06-01-001-000784-0226,中国第一历史档案馆。

右翼近支头族学长四品宗室溥迪等为呈报事,准宗人府片,查族内有无愿考贵胄陆军学堂之宗室等因到族,今本族详查得此次各宗室并无入考贵胄陆军学堂,为此出具图片呈报宗人府。①

正红旗第二族海志佐领下族长锡垣等为呈报事,查本族内并无应考陆军学堂人员,为此呈报宗人府办理。②

可见,即便在晚清宪政改革的大环境下,宗人府的权力依然很大,宗室的日常行为均由其管理,在约束、管理宗室等方面,其他机构不敢轻易涉及,仍由宗人府决定。不仅贵胄法政学堂、陆军贵胄学堂无权处理宗室学员,陆军部也无权管理宗室属员。前文提及的宗室继极因祖母病危、去世的请假、续假等事均是通过宗人府向自己所属单位(陆军部)转达的:"自陆学堂毕业后奉发东三省差遣,适因亲老病危,当经呈报宗人府片覆陆军部请告终养。"③

宗人府在涉及宗室事务方面的权力源自清代政治体制中的宗室管理制度。宗室是个特殊群体,清廷在赋予宗室诸多特权的同时,也设立了宗人府作为专门机构管理宗室成员。宗人府是管理皇室宗族事务的机构,掌管宗室的籍贯、封爵、教育、赏罚等。《清史稿·职官志》记载,"宗令掌皇族属籍","以时修辑玉牒,奠昭穆,序爵禄","丽派别,申教诫,议赏罚,承陵庙祀事""并核承袭次序、秩俸等差,及养给优恤诸事"

---

① "为查明右翼近支头族并无应入贵胄陆军学堂之宗室出具图片事",宣统二年,宗人府档案 06-01-001-000784-0174,中国第一历史档案馆。
② "为查明正红旗第二族并无应考陆军学堂人员事",宣统二年,宗人府档案 06-01-001-000784-0175,中国第一历史档案馆。
③ "为呈请告退贵胄法政学堂听讲员事",宣统二年,宗人府档案 06-01-001-000784-0158,中国第一历史档案馆。

等。① 乾隆《大清会典》卷一记载,宗人府"掌皇族之属籍,以时修辑玉牒,办昭穆序爵禄,均其惠养而布之教令。凡亲疏之属,胥受治焉"。② 由于管理对象是宗室,宗人府在清代政制中的地位自然不低,处尊居显,位列内阁、六部之前。宗人府"设宗令一人,以亲王郡王统理府事,左右宗正二人,以贝勒贝子兼摄,左右宗人二人,以镇国辅国公与将军兼摄"。③ 宗人府官为宗室缺,宗令是正一品,由宗室亲王或郡王兼领,左右宗正、左右宗人也均由有爵位的宗室充任。"辛酉政变"后,恭亲王奕訢担任宗令;光绪三十三年(1907)宗人府宗令为礼亲王世铎,左、右宗正为肃亲王善耆、睿亲王魁斌,左、右宗人为贝子溥伦、顺承郡王讷勒赫。可见直到清末,宗人府主要职官都是由王公贵族担任的。王公担任宗人府主要官员体现了王公、宗室只能由同一阶层或更高阶层的人来管理,而不能由庶民管理。在封建统治体系里,王公宗室是仅次于皇帝的阶层,能够约束这个群体的只能是皇帝和群体内其他成员。

三、学部的影子何在?

1905年,清廷设立学部作为主管全国各级教育的中央行政机关,学部由总务司、普通司、实业司、专门司和会计司等五司构成,其中专门司负责核办大学堂、高等学堂及凡属文学、政法、学术、技艺、音乐等各种专门学堂事务。晚清时期,朝廷下令各省设立法政学堂。法政学堂基本上由各地的课吏馆、仕学馆改设而成,在制定章程、教务等方面由学部统一管理。学部官员可以调任法政学堂监督。光绪三十三年,学部

---

① 《清史稿》卷一二一《志九十六·职官一》,书同文古籍数据库。
② 《乾隆朝钦定大清会典》卷一《宗人府》,书同文古籍数据库。
③ 乾隆朝《钦定大清会典则例》卷三《吏部文选清吏司·官制》,书同文古籍数据库。

左丞乔树楠充京师法政学堂监督。那么，在贵胄法政学堂的日常运行中，学部扮演了什么角色？

贵胄法政学堂相关的重要文件中，与学部有关的内容如下。

第一，在学堂设立之初，就课程问题需要学部参与。

> 请饬下军机大臣会同学部妥议课程，详定规则。①

第二，在学堂章程中，与学部有关事宜如下。

> 第十八条　各科毕业时由本学堂总理监督会同学部堂官督率职员考试一次，给毕业文凭。
>
> 第十九条　各科评定考试分数，均酌照学部奏定章程办理。
>
> 第二十条　正科、简易科毕业考列最优等、优等、中等，此除发给文凭外，并由本学堂会同学部分别等次，开单奏请带领引见请旨，分别奖励，其预备科及听讲班毕业者，但分别发给文凭，不请奖励。
>
> 第二十三条　宗室王以下、奉恩将军以上及其子弟入学后，故犯规条以致开除学额及无故自行告退者，如已袭封，罚停半俸两年，未经袭封，停其袭封一年，如所犯情节较重，另行奏明请旨，均由本学堂会同宗人府具奏，其他项学员均按照学部定章办理。
>
> 第四十五条　本章程所未备载之处，应参照学部奏定各学堂章程办理，其余管理详细规则，由本学堂随时安定。②

---

①　"奏请设法政贵胄学堂事"，光绪三十三年（1907）八月初一日，宗人府档案03-7221-019，中国第一历史档案馆。

②　"贵胄法政学堂章程"，宣统元年十一月，民政部档案21-0992-0005，中国第一历史档案馆。

由此可知，课程、考试、评分等事项依据学部章程，招生、学生日常行为管理以及学堂等其他事务则依赖宗人府。贵胄法政学堂的学生为宗室子弟。如前所述，只有皇帝、王公宗室才有资格管理宗室子弟，诸如宗室子弟的日常行为等事务，尽管发生在学堂，也是非宗室出身的学部官员无法管理的。这也造成了贵胄法政学堂管理的多元化，在这个多元化体系中，学部仅能就教学进行宏观管理、提出标准或要求，实际具体事务的裁决有赖于宗人府甚至皇帝。当学员严重违反规定时，如何处理由皇帝定夺，正如章程里提到的："如所犯情节较重，另行奏明请旨。"

四、小结

在贵胄法政学堂日常运行中，宗人府充当着重要角色，它不是学堂的上级主管部门，但学员的事务均依赖其处理。究其原因，一是清廷实施的这种针对宗室的强迫教育，若不清楚宗室具体人数，无法做到强制入学，只有宗人府能够做到这一点。二是晚清时期，清廷仍然力保宗室的特殊地位与利益，有别于其他群体。晚清官制改革中，有一批机构未被改动，[①] 仍沿袭旧制，宗人府即其中之一。这些机构均为与皇权直接相关的部门，或为朝廷中枢机构，或为直接服务皇帝的机构。事实上，彼时京城及各地均有法政学堂，宗室成员完全可以入学，没有必要单独另立学堂。这种另立学堂的做法源自清朝对宗室觉罗专门教育的传统。

---

① 详见《清穆宗实录》卷五百六十四"光绪三十二年九月甲寅"："军机处为行政总汇，雍正年间，本由内阁分设，取其近接内廷，每日入直承旨办事，较为密速，相承至今，尚无流弊，自毋庸复改，内阁、军机处一分规制，着照旧行……外务部、吏部，均着仍旧……学部仍旧……其余宗人府、内阁、翰林院、钦天监、銮仪卫、内务府、太医院、各旗营、侍卫处、步军统领衙门、顺天府、仓场衙门，均着毋庸更改。"

洋务运动时期朝野知识分子对于西学的认知-评价心理[*]

李 栋[**]

摘 要 洋务运动时期,面对西学在中国的传播,朝野知识分子首先以"强制同化"的认知心理,把西方的器物、制度和思想用中国固有的范畴、概念进行归类。然后,他们用亘古不变的儒学精义进行"圣学投影",以演绎的方式对西学进行评价。"认知—评价心理"具体呈现为"西学中源"说和"中本西末"说。然而,随着对西学知识认知的加深,他们中的一部分人开始突破既有的"认知—评价",提出"中西各有本末""中本亦可变""中本中的大本"等别样的"中本西末"观,但最终仍未摆脱既有"中本西末"的政体框架。按照麦金太尔的相关理论,出现上述困境的根本原因在于,中国朝野知识分子没能从根本上意识到西学之于中国在本质上属于"认识论危机",他们仍在采用传统处理知识危机的方法进行,因此意义有限。

关键词 强制同化 圣学投影 西学中源 中本西末 认识论危机

---

[*] 本文部分内容曾以《洋务运动时期知识分子对西学的认知—评价心理——从"强制同化"到"新的阐释"》为题,发表在《广西师范大学学报(哲学社会科学版)》2022年第3期。

[**] 李栋,武汉大学法学院教授,博士研究生导师。

如果说鸦片战争前后西学的输入在中国未掀起波澜是因为"政教一体化"的王权主义维系了传统的"夷夏观",国人囿于文化心理的定势思维对西学加以排斥的话,① 那么,经过洋务运动三十年,当西学无论从深度和广度上都进一步输入中国时,当更多的中国人接触、认识到这些知识时,其影响依旧有限,这就不得不引起思考。显然,导致这些现象的原因并不在于西学传播内容的多少,传播方式的优劣,或传播程度的大小,而主要涉及这背后中国人对西学这种舶来知识的认识、理解与评价相关联的认知—评价心理。因为这一认知—评价心理直接左右着洋务运动时期的中国人,尤其是朝野知识分子,影响着他们在自己的思维中完成对外来知识的"消化"和评价。

以往学界对于西学之于洋务运动时期朝野知识分子的影响的研究,大都局限于史实经验层面,侧重于通过大量翔实具体的史料去展现这一过程,介绍这些朝野知识分子都说了什么,以及所说内容前后发生的变化,却缺少对于这一过程背后涉及的相关理论的分析。本文在结合相关史料的基础上,试图以心理学上"认知—评价"理论为分析框架解释上述问题,以期深化学界对于这一主题的研究。

需要指出的是,这里所说的朝野知识分子的认知—评价心理,既不是其中个体心理的总和,也不是其中间均衡状态,而是个人在其心理中或多或少地体现出这种典型的心理状态。更为具体地讲,保守派体现这种典型的心理状态程度可能要高一些,洋务派少一些,早期改良派则出现了一些偏离的状态。对此,有论者言:

> 各人的社会经历、个性特质与这种作为集体经验的典型心理不

---

① 详见李栋:《鸦片战争前后英美法知识在中国的输入与影响》,中国政法大学出版社 2013 年版,第 232—241 页。

同比例的结合,从而使士大夫的思想呈现出千姿百态来。尽管如此,我们还是要指出,这种典型心理既然是从大多数士大夫的国粹表现中抽象出来的,它当然为大多数人所共有。我们民族在近代史上的种种不幸,就主观方面而言,恰恰在于,在中国特殊历史文化条件下,有幸摆脱这种典型心理模式支配的士大夫为数实在太少了。①

一、中国对西学的认知—评价心理

(一)"强制同化":朝野知识分子的认识心理

首先就认知心理而言,从认识心理学的角度看,人作为认识主体,是运用自己思维中内在的认知结构作为框架来认识外界客观事物的。申言之,这里说的认知结构就是由一系列在特定的历史文化条件下形成的概念、范畴有机结合而成的思维网络。所谓对客体对象的认知,就是人们运用自己认知机构中的概念、范畴和术语,表征和描述他所感知到的外部客观事物。因此,人们运用自己的概念、范畴、术语,对外部客体的信息和感觉材料加以摄取、包容之后,客体对象在人的思维中就转换为主体所能理解和接受的语词形态。②

瑞士心理学家皮亚杰(Jean Piaget, 1896—1980)将人们对外部客体对象的认知过程,类型化为两种——同化(assimilation)机制和顺化(又称顺应,accomodation)机制。

---

① 萧功秦:《儒家文化的困境:近代士大夫与中西文化碰撞》,广西师范大学出版社2006年版,第33页。
② 同上书,第33—34页。

前者指涉的是"把外界元素整合于一个机体的正在形成中或已完全形成的结构内"。[①] 即是说,当某一外部客体作用于人的思维时,它与主体的概念范畴库存中现存的语词直接吻合,从而顺利地被主体认知结构予以吸收,进而直接转换为主体认知结构内部的语词指号。换言之,在同化机制中,主体无须对自己原有的认知机构本身进行内部调整和改变,就能够在思维中吸收、同化和包容这一外部刺激,完成对外部刺激即客体对象予以认知的功能。

后者指涉的则是另一种情况:当某一种特异的新奇事物刺激人的感觉和思维时,主体在自己原有的概念库存中找不到适当的、对应的语汇来准确地表达这一外部对象。也就是说,外部事物不能与人的认知结构中原有的任何概念直接吻合和匹配。既然认知结构无法直接吸收该外部刺激,那么为了克服这一困境,主体必须对自身的认知结构进行内部调整、补充乃至改组,最终顺应对该特异客体在自己的认知结构中予以吸收的功能要求。

由于后者能够不断自我更新以适应认识客观世界的需要,因此具开放性,而前者主要适用于主体对外部世界周而复始的、循环出现的熟知对象进行迅速的处理、分类与编码,对新鲜事物或异质事物则显得无能无力,因而倾向于保守。[②] 对此,皮亚杰指出:

> 当同化胜过顺化时(就是说不考虑客体的特性,只顾到它们与主体的暂时兴趣相一致的方面),就会出现自我中心主义的思想,甚至表现我向的思想。[③]

[①] 皮亚杰:《皮亚杰的理论》,载张述祖等编:《西方心理学家文选》,人民教育出版社1984年版,第429页。

[②] 参见萧功秦:《儒家文化的困境:近代士大夫与中西文化碰撞》,第34—35页。

[③] 皮亚杰:《皮亚杰的理论》,第432页。

以此为据，我们很容易发现，由于缺乏同质文明的冲击且对自身典章文物制度具有自信，中国传统的认知心理大体上属于同化机制。知识分子们遇到新事物、新知识时，惯常用"旧瓶装新酒"的方式，从旧有词库中寻找相近术语进行表达，而不是另辟蹊径，通过建构或发明新概念完成认识任务。例如他们将西方的"炮船器具，声光化电"用古语"奇技""机巧"表达，将国与国之间的"通商贸易"用古语"互市""通市"概括，将英美的议会政治用古语"议礼明堂""议政乡校"比附。

这种"强制同化"的认知心理，一方面很容易使来自西方的新事物、新知识被中国人归类到其原有的知识结构中，转化为中国人可以直接理解的概念形态，甚至构成一种接受西方知识的权宜"策略"，"展现了冲破文化隔阂或拘囿的努力，为求弥合而诉诸本土话语，为异域法律文化寻找'适当'的本土表述，蕴含着对西方法律的引介之策与推广之术"。① 然而，从另一个方面来讲，由于这种"强制同化"发生在认识主体对新事物的客观性特征和本质属性尚未充分认知以前，认识主体也就因而失去了对其进一步辨识、理解的机会，必然表现为一种不真实或者说一种扭曲的认知，并必然导致观念与现实的背离和名实不符等情况的出现。对此，有论者指出：

> 近代正统士大夫们并没有切实地，哪怕是肤浅地了解近代西方的科学技术、工业制度、政治制度、民族风俗、文化价值观念以及国际通商贸易法和外交惯例等近代新事物，却用硬性附会方法来表征及描述这些新异事物。于是这使人们的精神状态、心态和意念仍然

---

① 黄涛涛、马腾：《近代比较法研究的"格义附会"现象分析》，载徐昕主编：《司法·近代司法专号》，厦门大学出版社2012年版，第307页。

被笼罩在中古时代的陈旧的术语编织的范畴网络之中。这使他们在不知不觉中作茧自缚,并自信这个世界上并没有任何新异的东西需要他们费尽心智去重新认识。既然明明具有新质的西方事物被传统术语层层掩盖起来,他们就自然会认为西方的"夷狄"、"术数"、"机巧"、"袄教"完全不出于吾圣人先贤论述的大载大复之外。以致于他们从来不曾设想要对西方挑战另辟蹊径重新认识和反省。①

这里需要强调的是,皮亚杰的认知心理理论提醒我们美国学者费正清提出的理解近代中国的"刺激—反应"公式可能并不恰当。因为一个"刺激"之所以能够引发"反应",很大程度上首先取决于一个有机体能否"感受"到这个"刺激"。如果不能采取"顺化"的认知、采取"同化"的认知,那么,由于缺乏对外部的"感受",又何谈"刺激"、哪有"反应"呢?

(二)"圣学投影":朝野知识分子的评价心理

具体到认识主体的评价心理问题,既有研究认为,人们对于具体事物进行评价和取舍,必须依循一定的尺度和标准,而评价的尺度和标准的来源途径一般有两种。一种是对有关事实的信息进行归纳,通过信息综合,提出假说,然后考察这一假说能否说明全部事实,并通过比较事实与假说修改、补充和丰富假说。这种过程是不断重复的。这一具体的运思过程,假说的提出、修改、补充、验证,是运思者独立的创造性的发现过程。另一种获得评价尺度的思维途径,是将某种先定的信条、原则、规范及外在的权威命题作为前提,并从这些前提中演绎出针对具

---

① 萧功秦:《儒家文化的困境:近代士大夫与中西文化碰撞》,第43—44页。

体问题的判断尺度和取舍标准。① 就差异而言,后一种以类似演绎逻辑的方式将新事物纳入先验性的权威系统,进行评价,前一种则有归纳逻辑的意蕴,即新事物构成了原先先验性知识的"源头活水"。

从理论上讲,评价心理虽不同于认识心理,但两者的关系十分紧密,因为从解释学的角度讲,认知主体在认知心理的模式选择过程中已经"前见地"持有着某种价值倾向。申言之,洋务运动时期朝野知识分子认识心理的"强制同化"必然会对其评价心理产生影响。

具体而言,洋务运动时期朝野知识分子恪守的先验性权威原则是"尧舜孔孟之道"。对此,有论者说道:

> 人们判断是非、曲直、善恶、真伪的尺度,是从先贤明哲的四书五经中严格推衍派生出来的,并不需要人们运用个人的理智独立去发现。这些尺度、准则和规范,作为千古不变的大经大法,早已由古代的圣贤们记载于"六经语孟"之中,并巨细无遗地昭示给后人了。从朱熹所称"圣人之学""继天立极",到近代士大夫叶德辉的"孔教为天理人心之至公",都表明这些圣学法则具有超越一切时代和地域的全称判断命题的性质。而且,这些"终极真理"一旦被圣贤明哲发现,以后也不可能有一丝一毫的增加和损减。据朱熹《中庸章句序》,(尧舜禹)"以天下之大圣,行天下之大事,而其授受之际,丁宁告诫,不过如此,则天下之理,岂有以加于此哉"足以表明圣学原则的永恒的普遍性和稳定性。清末正统派人士朱一新称:"五经四子之书,日用所共,如水火菽粟之不可缺,无论今文古文,皆以大中至正为归,古今只此义理,何所庸其新奇,闻日新其

---

① 参见萧功秦:《儒家文化的困境:近代士大夫与中西文化碰撞》,第44页。

德,未闻日新其义理也。"另一个正统派叶德辉也称:"考之六经,从未闻弃旧如遗,悍然以开新为务者。"①

这些先验性权威原则,一方面意味着人世间万事万物并没有什么新奇之处,世间一切都只是这些权威原则的"投影",即所谓"天下唯道与事而已","数穷理极必返其本"。如果用权威原则的"投影"无法投射,这类事物就一定是旁门左道,异端邪说。另一方面,任何新出现的问题和遇到的困境,都被归结到对权威性原则的偏离。因此,解决方式就是重归圣人之学,即用"求贤,亲君子,远小人,慎守吏,修养心身,安民靖边,经筵讲学,重农抑商,尊中国,攘夷狄"等方式就可解决。例如,一位正统士大夫在光绪九年(1883)所上奏折中,在列举了内外交困的种种问题与大量时弊之后,指出解决问题的关键就在于皇帝应像康熙皇帝当年平"三藩之乱"时一样,"亲御经筵,熟读六经"。在这名士大夫看来这是一个简而易明、约而可守、体用赅贯的途径,他认为只要这样去做,一切困难自然迎刃而解,接下来定会出现一个"靖内攘外,诸务次第振兴"的安泰局面。②

对于上述认知—评价心理,这里可以用清代乾嘉学派大师俞樾(1821—1907)在为王之春《清朝柔远记》所作序中的表述予以例证。在该序中,俞樾写道:

> 晋皇甫谧《帝王世纪》云:"自神农以上有九大洲,柱州、迎州、神州等。黄帝以来,德不及远,惟于神州之内分为九州。"是说也,

---

① 萧功秦:《儒家文化的困境:近代士大夫与中西文化碰撞》,第45页。
② [清]屠仁守:《屠光禄疏稿》卷一《敬献刍言疏》。转引自萧功秦:《儒家文化的困境:近代士大夫与中西文化碰撞》,第46页。

儒者或未之深信。及佛氏之书出，而四大部洲之说兴，更为儒者所不道。乃自泰西诸国通乎中夏，则海外五大洲，曰欧罗巴，曰利未亚，曰阿细亚，曰南、北亚墨利加，曰墨瓦蜡泥加，固皆舟车之所至，人力之所通矣。以是推之佛氏四大部洲可信，而神农以上大九州亦可信。夫神农以上，如天皇、地皇之类，固荒远难稽，而伏羲都陈，神农亦都神，后又都鲁，载籍有征，学者亦皆信之。然则神农以上君临大九州者，皆吾中国圣人，而四夷无与焉。天下大势，合久必分，分久必合。今远人来欢，视道如咫，此盖分而复合之征。意者，吾中国有大圣人，将合大九州而君之，以复神农以上之旧乎？①

很明显，这里俞樾首先使用"强制同化"的认知心理，将世界五大洲附会古书《帝王世纪》的"大九州"这一传统的概念之中，接着，他对其进行"圣学投影"，以圣学所载的"天下中心论""分久必合论"以及"圣人君临论"进行演绎，得出中国"圣学"必将实现"大九州"一统的结论。

二、"西学中源"与"中本西末"：朝野知识分子认知—评价心理的具体表达

按照前述洋务运动时期朝野知识分子认知—评价心理的介绍，他们处理西学的思维过程大致分为两步：第一步是，用"强制同化"的认知心理把西方异质器物、制度和思想，用固有的范畴和概念进行归类，第二步是，用亘古不变的儒学精义进行"圣学投影"，以演绎的方式对西

---

① ［清］王之春：《清朝柔远记》，赵春晨点校，中华书局2008年版，"俞序"第7—8页。

方器物制度和思想进行评价。这一过程在洋务运动时期呈现为两种具体的观念或者说是范式,① 即"西学中源"说和"中本西末"说。

(一)"西学中源"说:认知心理"强制同化"的具体表达

就涉及认知心理的"强制同化"来说,无论是居庙堂之上的洋务派士大夫,还是处江湖之远的早期维新派文人,为了认知、接纳西方异质事物,他们都秉持"西学中源"说。

先说洋务派,该派之所以坚持"西学中源"说,主要是为了对抗守旧派,为洋务运动开路。与洋务派所坚持的功用主义不同,面对西学,保守派表现得更加敏感,他们更关心的问题是这样一套西学知识会不会破坏中国人亘古不变的"人心"及其一整套完整的价值体系。例如当时的一位翰林院编修对此忧心忡忡,他说道:

> 伏惟近年以来正学不明,人心思动,读书通籍之士,以立品为迂谈,以放言为晓事,以圣贤书为无所用,以礼教事为不必拘,以先王之政法为万不可行,以祖宗之章程为奉行故事。由是一倡百和,浸成风气,故谗回罔利之徒,得以肆厥诪张,妄兴大议。彼知中朝士夫之不我瑕疵也,今且谗邪之焰久而愈炽,几有不可复遏之势。②

---

① "范式"一词来自托马斯·库恩1962年的大作《科学革命的结构》,该词后被引入科学哲学以外的广泛领域。按照学者梁治平先生的观点,"范式"指的是"历史学家自觉或不自觉引以为据的一套不容置疑的理论或信念,这套理论或者信念支配了历史家的工作,决定了他们的提问的方式、范围乃至最后的结论。服膺于同一套理论或者信念的历史家形成某种学术共同体,范式正是一个学术共同体成员所共有的东西。根据这样的界定,则范式不仅包含方法,也可能包含意识形态因素;范式存在于特定时空、特定人群之中,有其制度化的表现形式;范式可以有层次上的差别,其内容可能部分地重叠,而不同范式可以并存"。参见梁治平:《法律史的视界:方法、旨趣与范式》,《中国文化》2002年第19、20期。

② 《丁立钧敬陈管见》,《洋务运动》一,第256页。转引自丁伟志、陈崧:《中西体用之间——晚清文化思潮述论》,社会科学文献出版社2011年版,第121页。

面对保守派的指摘,洋务派必须回答中学与西学的关系问题。申言之,洋务派面对的窘境是:一方面他们与保守派一样,也是孔孟之道的拥护者,恪守道统,认为不能逾越雷池;另一方面,他们必须谋求变化,接受西学,以应对"三千年未有之大变局"。

于是,我们看到"强制同化"的认识心理在洋务派身上发生了作用:他们不去客观地辨识、理解中国和西方,而是千方百计将西方纳入中国,寻求一种正当性。需要强调的是,洋务派鼓吹"西学中源"并不是什么理论创新,而是借用明末清初朝野上下已经约定俗成的"西学中源"理论。① 实际上,李鸿章早在 1865 年为了论证派人赴西方学习机器制造不违反固有传统时,就开始了"西学中源"说,其文载:

> 无论中国制度文章,事事非海外人所能望见,即彼机器一事,亦以算术为主,而西术之借根方,本于中术之天元,彼西土目为东来法,亦不能昧其所自来。尤异者,中术四元之学,阐明于道光十年前后,而西人代数之新法,近日译出于上海,显然脱胎四元,竭其智慧不出中国之范围,已可概见。特其制造之巧,得于西方金行之性,又专精推算,发为新奇,遂几于不可及。中国亦务求实用,焉往不学?学成而彼将何所用其骄?是故求遗珠不得不游赤水,寻滥觞不得不度昆仑。后之论者,必以和仲为宅西之鼻祖,《考工》为《周礼》之外篇,较夫入海三千人采黄金不死之药,流沙四万里缮青莲般若之文,岂可同年语耶?事虽创闻,实无遗议。②

---

① 关于明末清初"西学中源"说的形成过程,参见乐爱国:《从儒家文化的角度看"西学中源"说的形成》,《自然辩证法研究》2002 年第 10 期;张明悟:《"西学中源"》,《自然辩证法通讯》2018 年第 6 期。

② 《海防档·机器局(一)》,第 14 页。转引自丁伟志、陈崧:《中西体用之间——晚清文化思潮述论》,第 123 页。

洋务派的后期代表曾纪泽也是如此。① 他在光绪五年(1879)二月二十三日的出使日记中就认为西学涉及的政教、器物皆来自"上古之中华"。是谓:

> 余谓欧罗巴洲,昔时皆为野人,其有文学政术,大抵皆从亚细亚洲逐渐西来,是以风俗文物,与吾华上古之世为近。尝笑语法兰亭云,中国皇帝圣明者,史书不绝,至伯理玺天德之有至德者,千古惟尧舜而已。此虽戏语,然亦可见西人一切局面,吾中国于古皆曾有之,不为罕也。至于家常日用之器物,无一不刻镂绘画,务求精美,则亦吾华尊、罍、斝、盏、槸、禁、玷、洗之遗意也。或者谓火轮舟车、奇巧机械,为亘古所无。不知机器之巧者,视财货之赢绌以为盛衰。财货不足,则器皆苦窳,苦窳,则巧不如拙。中国上古,殆亦有无数机器,财货渐绌,则人多偷懒而机括失传。观今日之泰西,可以知上古之中华;观今日之中华,亦可以知后世之泰西,必有废巧务拙,废精务朴之一日。盖地产有数,不足以供宇宙万国之繁费,而由精而入粗者,势使然也。②

总之,洋务派"西学中源"说为他们"师事夷人",进而"采西学"做出了合理性辩护。

令人感到吊诡的是,"西学中源"说不仅是洋务派所坚持的,以王韬、薛福成、郑观应为代表的早期改良派也对此深信不疑,并在此基础上将"西学中源"说的范围从"声光器电",扩展到"礼乐刑政"。

---

① 笔者这里仍将曾纪泽看作洋务派而非早期改良派,主要是因为综观曾纪泽一生的论述,他不仅强调西学中源,而且并未提出学习西方民主政制的观点,仍对中国传统典章文物保有信心。
② [清]曾纪泽:《出使英法俄日记》,王杰成标点,"走向世界丛书"第5册,岳麓书社出版社2008年版,第177—178页。

长期接触西学的王韬就在《弢园文录外编》"原学"篇中得出"中国为西土文教之先声"的结论,并用大量篇幅予以溯源。他说道:

> 中国,天下之宗邦也,不独为文字之始祖,即礼乐制度、天算器艺,无不由中国而流传及外。
> 当尧之世,羲和昆仲已能制器测天,用璇玑玉衡以齐七政,而兄弟四人分置于东西南朔,独于西曰昧谷者,盖在极西之地而无所纪限也。当时畴人子弟,岂无授其学于彼土之人者?故今借根方犹称为东来法。乃欧洲人必曰东来者,是指印度而非言震旦也,不知印度正从震旦得来。欧人之律历格致大半得自印度,而印度则正授自中原。即以乐器言之,七音之循环迭变,还相为宫吗,而欧人所制风琴,其管短长合度,正与中国古乐器无殊。他如行军之乐,铙吹之歌,中国向固有之,至今失传耳。当周之衰,鲁国伶官俱怀高蹈,而少师阳襄则远入于海,安知古器、古音不自此而西乎?他若祖冲之能造千里船,不因风水,施机自运;杨么之轮船,鼓轮激水,其行如飞,此非欧洲火轮战舰之滥觞乎?指南车法则创自姬元公以送越裳氏之归,霹雳炮则已见于宋虞允文采石之战,固在乎法朗机之先。电气则由试琥珀法而出者也,时辰钟则明扬州人所自行制造者也。此外,测天仪器,何一非由璇玑玉衡而来哉。①

薛福成对于"西学中源"说表述得更为极端,他认为,不仅器物层面的各种"制作"是"西学中源"的:

> 昔者宇宙尚无制作,中国圣人仰观俯察,而西人渐效之;今者

---

① [清]王韬:《弢园文录外编》,上海书店出版社 2002 年版,第 89—90 页。

西人因中国圣人之制作,而踵事增华,中国又何尝不可因之?①

而且西方的宗教、工商、政制亦是如此。是谓:

> 余尝谓泰西耶稣之教,其原盖出于墨子,虽体用不无异同,而大旨实最相近……《淮南子·主术训》曰:"众智所为,则无不成也。千人之群无绝梁,万人之聚无废功。西国各学各事之所以能胜人者,率用此术,即其用人行政之有议院,工商诸务之有公司,亦合众智以为智,众能以为能,所以鲜有败事也。"②

早期改良派代表人物陈虬(1851—1904)也认为议院之名虽不直接来源于中国,但其法则却是中国的。他说道:

> 议院之设,中土未闻,然其法则固吾中国法也。考之传记,黄帝有明堂之议,实即今议院之权舆。管子大匡篇:凡庶人欲通,乡吏不通,七日囚。乡子产不毁乡校,其知此义矣。③

此外,早期改良派集大成者郑观应在其《盛世危言》的卷一《道器》篇中,也说到当日进入中国之西学不过是从前自中国"流徙而入于泰西"④的结果,接着在"西学"篇中详细列举了"西学中源"的种种表现。在此基础上,他认为学习西学是"以中国本有之学还之于中国"的表

---

① [清]薛福成:《出使英法义比四国日记》,张玄浩、张英宇标点,岳麓书社出版社2008年版,第133页。
② 同上书,第252页。
③ [清]陈虬:《创设议院以通下情》,载"中研院"近代史研究所编:《近代中国对西方列强认识资料汇编》第3辑第2分册,1986年版,第917页。
④ [清]郑观应:《盛世危言·道器》,辛俊玲评注,华夏出版社2002年版,第18页。

现,"犹取之外厩,纳之内厩",①并批评保守派反对西学恰恰是不明中国固有古史的表现。是谓:

> 今人自居学者,而且不睹诸子之书,耳不闻列朝之史,以为西法创自西人,或诧为巧不可阶,或斥为卑无足道。噫!异矣!②

光绪十六年(1890),还未出仕的汤震甚至明确提出西方"法学"源自中国古籍。文载:

> 余若天文、物学、化学、气学、光学、电学、重学、矿学、兵学、法学、水学、声学、医学、文字制造等学,皆见我中国载籍。③

由是观之,"西学中源"说构成了前述朝野知识分子践行"强制同化"认知心理的主要方式。其中既有他们从明末清初官方确立"西学中源"说所载的知识方面的来源,④也有应对保守派策略上的考量,但主要

---

① [清]郑观应:《盛世危言·西学》,第111—112页。
② 同上书,第111页。
③ [清]汤震:《论中学西学》,载"中研院"近代史研究所编:《近代中国对西方列强认识资料汇编》第3辑第2分册,第511页。
④ 如果拿清乾隆年间所修明史中《历志》内容与上述洋务派和早期维新派"西学中源"所列举具体内容比对,很容易发现两者的相似性。《明史·历志》载:"西洋人之来中土者,皆自称瓯罗巴人,其历法与回回同,而加精密。尝考前代,远国之人言历法者多在西域,而东南北无闻。盖尧命羲、和仲叔分宅四方,羲仲、羲叔、和叔则以嵎夷、南交、朔方为限,独和仲但曰'宅西',而不限以地,岂非当时声教之西被者远哉。至于周末,畴人子弟分散。西域、天方诸国,接壤西陲,非若东南有大海之阻,又无极北严寒之畏,则抱书器而西征,势固便也。瓯罗巴在回回西,其风俗相类,而好奇喜新竞胜之习过之。故其历法与回回同源,而世世增修,遂非回回所及,亦其好胜之俗为之也。羲、和既失其守,古籍之可见者,仅有《周髀》。而西人浑盖通宪之器、寒热五带之说、地圆之理,正方之法,皆不能出《周髀》范围,亦可知其源流之所自矣。夫旁搜博采以续千百年之坠绪,亦礼失求野之意也,故备论之。"[清]张廷玉等撰:《明史》卷三一《志第一·历一》,中华书局1974年版,第544—545页。

还是源于其根深蒂固的认知心理。这一点可以从早期改良派拓展"西学中源"说的范围得到验证。至于为什么早期改良派会将"西学中源"说的范围扩大至"礼乐刑政",则涉及他们对于"中本西末"观的不同认识。

(二)"中本西末"说:评价心理"圣学投影"的具体表达

就涉及评价心理的"圣学投影"来讲,洋务派和早期改良派在对待、评价西学知识时,其实都在某种程度上坚持着"中本西末"说。①

既然洋务运动时期朝野知识分子在认知心理上坚持的是"强制同化",其具体表现为"西学中源",那么中西之间的关系是不言自明的,即中国的"圣学"是放之四海的,西学只是"圣学"在泰西之地的延伸。因此,评价西学的标准自然是"圣学","圣学投影"成为一种评价心理。

"西学中源"说只是在文化源头上作出了解释,而"圣学投影"需要进一步在文化的性质上明确中西之间的全部关系问题。于是,"中本西末"说成了洋务运动时期知识分子评价心理"圣学投影"在实践中的具体表现。

学界一般认为,洋务派和早期改良派"中本西末"说皆来自1861年冯桂芬(1809—1874)所著《校邠庐抗议》中的"采西学议"。冯桂芬为翰林院编修出身,他很可能读过明末清初天主教来华传教士所译、编之

---

① 这里需要说明的是,使用"中本西末"而不是"中体西用"概括此时期对中西文化关系的理解,是目前学界之通说。通说认为,"从1861年到1894年的三十余年间,洋务政治家和思想家在论及中学与西学关系时,曾有过'中本西辅'、'中本西末'、'中道西器'、'中道西艺'等等不同提法。但是,在大多数情况下,他们是用'本''末'这对概念来表述中学与西学的关系的。不仅'中道西器'、'中道西艺'的提法只是偶尔出现,'中体西用'的提法的出现也不过寥寥数次,居于主流地位的是'中本西末'论,而且,'中体西用'这一提法只是在1895年维新思潮兴起后才开始流行"。参见戚其章:《从"中本西末"到"中体西用"》,《中国社会科学》1995年第1期。

西书，故而提醒国人不能夜郎自大，应注意这些西学文献。是谓：

> 顾氏炎武不知西海，夫西洋即西海，彼时已习于人口，《职方外纪》等书已入中国，顾氏或未见，或见而不信，皆未可知。今则地球九万里，莫非舟车所通、人力所到，《周髀》《礼》疏、驺衍所称，一一实其地，据西人舆图所列，不下百国。此百国中经译之书，惟明末意大里亚及今英吉利两国书凡数十种，其述耶稣教者率猥鄙无足道，此外如算学、重学、视学、光学、化学等皆得格物至理，舆地书备列百国山川厄塞、风土物产，多中人所不及。昔郑公孙挥能知四国之为，子产能举晋国实沈、台骀之故，列国犹有其人，可以中华大一统之邦而无之乎？亦学士之羞也。①

接着，他提出了"采西学"的顺序以及所涉范围。他说道：

> 今欲采西学，宜于广东、上海设一翻译公所……一切西学皆从算学出……由是而历算之术，而格致之理，而制器尚象之法，兼综条贯，轮船、火器之外，正非一端。②

由此，我们看到冯氏将西学的范围限定在数算地理、声光器电等自然科学领域内，但他又主张尽可能多得"鉴诸国"，凡是"于我朝章、吏治、舆地、民情类"有帮助的，都应该了解。③ "鉴诸国"秉持的原则立场

---

① ［清］冯桂芬：《校邠庐抗议》，上海书店出版社 2002 年版，第 55 页。
② 同上书，第 56 页。
③ 有关这一点可以在《校邠庐抗议》"收贫民议"中看到，冯桂芬在该篇中明确主张效法荷兰设立收养和教育贫民的机构（"养贫教贫局"），效法瑞典设立强制性义务教育学校（小书院），将范围扩大至政制和社会层面。参见［清］冯桂芬：《校邠庐抗议》，第 75—76 页。

是"以中国之伦常名教为原本,辅以诸国富强之术",其目标是"驭夷为今天下第一要政"。① 这里,冯桂芬很明确地提出了"中本西辅"说,西学仅作为辅助中国富强的功用,"伦常名教"作为"圣学"之本是毫无疑问的。

尽管洋务派在洋务运动中以反对保守派得名,但在坚持"中本"还是"西本"这个问题上,两派并无分歧,皆将"圣学"奉为圭臬。李鸿章在1864年致函总理衙门时称:"中国文武制度,事事远出于西人之上,独火器万不能及……中国欲自强,则莫如学习外国利器。"② 1865年他在《置办外国铁矿机器折》中明确提出了"中本西末"的观点,即"中国文物制度"是不可动摇之本,而西学"犹如急病之方"是末,"末"对"本"而言,有"补救"之功效。是谓:

> 中国文物制度,迥异外洋獉狉之俗,所以郅治保邦固丕基于勿坏者,固自有在。必谓转危为安、转弱为强之道,全由于仿习机器,臣亦不存此方隅之见。顾经国之略,有全体,有偏端,有本有末,如病方亟,不得不治标,非谓培补修养之方即在是也。③

此种"中本西末"的表达在1866年的左宗棠(1812—1885)那里,亦是如此。他说道:

> 均势人也,聪明睿知相近者性,而所习不能无殊。中国之睿知

---

① [清]冯桂芬:《校邠庐抗议》,第57页。
② 《筹办夷务始末(同治朝)》卷二五,第9—10页。
③ 李鸿章:《置办外国铁矿机器折》(同治四年十月),载《李文忠公全集·奏稿》卷九,第35页。

运于虚,外国之聪明寄于实。中国以义理为本,艺事为末;外国以艺事为重,义理为轻。彼此各是其是,两相不逾,姑置弗论可耳。①

曾纪泽甚至认为,种种西学的内容,中国圣人"于数千年已曾道破",西学不曾超出中国经典所言。如他在光绪五年(1879)的日记中说道:

> 理雅各、马格里皆疑余□大言欺人,又谓《易》为卜筮之书,无关学问。余答之曰:《易》之深处未易骤谈,请为君举浅处三数事以证之,可见西洋人今日孜孜汲汲以求考者,中国圣人于数千年已曾道破……《易》于中国学问,仰观天文,俯观地理,形而上者谓之道,形而下者谓之器,探赜索隐,钩沉致远,诚未易言。即西学而论,种种精巧奇奥之事,亦不能出其范围,安得谓之无关学问哉?②

可见,洋务派与保守派最大的不同在于是否"开门"接纳西学,前者以一种功用的态度,认为西学可以"补救""中本",而后者恪守"夷夏大防",完全"堵塞"西学,生怕西学之末的引入会腐蚀、消解"圣学"之本。然而,两者在是否应该固守"圣学"之本这个问题上,态度完全一致且不容分说。这一点在1876年李鸿章写给友人的书信中表现得极为明显。文载:

> 尝谓自有天地以来,所以弥纶于不敝者,道与器二者而已……

---

① "中研院"近代史研究所编:《海防档》乙《福州船厂(一)》,第7—8页。
② [清]曾纪泽:《出使英法俄日记》,第228—229页。

中国所尚者道为重,而西方所精者器为多……欲求御外之术,惟有力图自治,修明前圣制度,勿使有名无实;而于外人所长,亦勿设藩篱以自隘,斯乃道器兼备,不难合四海为一家。盖中国人民之众,物产之丰,才力聪明,礼义纲常之盛,甲于地球诸国,既为天地精灵所聚,则诸国之络绎而来合者,亦理之然也。①

洋务运动时期另一个让人感到吊诡的表现是,早期的改良派对待中学与西学关系的价值取向和评价心理也是"中本西末"说。

例如,王韬认为"治天下者,当立其本,而不徒整顿其末"②,且本末应同时进行,由本及末。是谓:

> 盖洋务之要,首在借法自强,非由练兵士,整边防,讲火器,制舟舰,以竭其长,终不能与泰西诸国并驾而齐驱。顾此其外焉者也,所谓末也。至内焉者,仍当由我中国之政治,所谓本也。其大者,亦惟是肃官常,端士习,厚风俗,正人心而已。两者并行,固已纲举而目张。而无如今日所谓末者,徒袭其皮毛;所谓本者,绝未见其有所整顿。③

在此,王韬不仅明确了"本"是"中国之政治","末"是泰西诸国"练兵士、整边防,讲火器,制舟舰",而且批评了洋务派徒袭西人皮毛、不固国本的问题。因此,王韬在《上当路论时务书》中一再重申"中本西末"说,指出"本"是中国固有的"圣学",而"末"是西学,学习西学

---

① [清]薛福成:《庸庵文编》卷二。
② [清]王韬:《弢园文录外编·变法下》,第13页。
③ [清]王韬:《弢园文录外编·洋务下》,第27页。

的目的是"相辅而行之"。其文载：

> 西学、西法非不可用，但当与我相辅而行之可已。《书》有之曰："民惟邦本，本固邦宁。"故治民本也，效仿西法其末也。①

由此，我们看到早期改良派中的王韬虽然批评洋务派只学习西方之"末"，但对坚持中国之"本"并无异议，相反，他还提醒洋务派在学习"西末"的同时，更应该提升"中本"，且后者更为重要，因为纲举才能目张——"此由本以治末，洋务之纲领也"。②

需要说明的是，王韬上述"中本西末"说是其"道器论"的衍化，"道"大体上对应"中本"，"器"则指代"西末"。这一推衍过程进一步说明了"圣学投影"在王韬评价心理中的客观存在。有关这一点，在他为郑观应《易言》所写的跋中体现得非常明显。其文载：

> 用夏变夷则有之矣，未闻变于夷者也……诚使孔子生于今日，其于西国舟车枪炮机器之制，亦必有所取焉。器则取诸西国，道则备自当躬。盖万世而不变者，孔子之道也，儒道也，亦人道也。道不自孔子始，而道赖孔子以明。③

作为早期改良派的集大成者，郑观应也明确地坚持"中本西末"说："中学其本也；西学其末也。主以中学，辅以西学。"④与王韬一样，

---

① ［清］王韬：《弢园文录外编·上当路论时务书》，第246页。
② ［清］王韬：《弢园文录外编·洋务下》，第29页。
③ ［清］王韬：《弢园文新编·杞忧生〈易言〉跋》，李天纲编校，生活·读书·新知三联书店1998年版，第166—167页。
④ ［清］郑观应：《盛世危言·西学》，第112页。

郑观应的"中本西末"说也是建立在"道器论"的基础上,凸显了其对"中道"圣学的坚守立场。他说:

> 《易·系》曰:"形而上者谓之道,形而下者谓之器。"盖道自虚无,始生一气,凝成太极……故物由气生,即器由道出……故庄子《南华经·天地外篇》云:"以道观言,而天下之君正;以道观分,而君臣之义明;以道观能,而天下之官治;以道汎观,而万物之应备。通于天地者德也,行于万物者道也。"即形而上焉者也。"上治人者事也,能有所艺者技也。"即形而下焉者也。"技兼于事,事兼于义,义兼于德,德兼于道,道兼于天。"兼者合而一之之义,分而两则道器离矣。其所论精当,虽圣人复生,不易斯言矣……然尧、舜、禹、汤、文、武、周、孔之道,为万世不易之大经、大本,篇中所谓法可变而道不可变者。惟愿我师彼法,必须守经固本;彼师我道,亦知王者法天。①

由是观之,"中本西末"说构成了前述朝野知识分子践行"圣学投影"评价心理的具体表达。

洋务运动时期朝野知识分子的这种认知—评价心理决定了他们对于西学的态度,以及西学这一时期在中国被接受的可能性。对此,有论者认为这些朝野知识精英基本来自上层,而"这些人受过中国经典学说的彻底熏陶,因而最不可能背离对待外国人的传统态度"。②

---

① [清]郑观应:《盛世危言·西学》,第18—20页。
② 王尔敏、郝延平:《中国人对西方关系看法的变化,1840—1895年》,载费正清、刘广京编:《剑桥中国晚清史(1800—1911年)》下册,中国社会科学出版社2007年版,第141页。

先说保守派。该派适用这一心理机制的逻辑大体是,从认知心理上,甚至无须刻意地"强制同化",直接将西方的一切归入未曾开化的"夷情"范畴,进而评价心理上,在"圣学投影""夷夏大防"的演绎下,直接对西学进行否定性评价。此种逻辑在洋务运动时期保守派关于"同文馆"设立之争①和关于"海防"的争论中,②表现得极为明显。

再说洋务派和早期改良派,他们在适用这一心理机制时,一开始就在认知心理上,在"西学中源"说的指导下,用中学的固有概念和表达,"强制同化"新出现的、业已在中西交涉中显示出无可辩驳之实际威力的西方事物。接着,在"圣学投影"的逻辑演绎下,他们以"中本西末"说为具体展开公式,以一种包容性的姿态,以西末"补救"中本。

因而,按照这一认知—评价心理,西学在洋务运动时期,要么像保守派那样被彻底否定,要么像洋务派和早期改良派那样被有限地接受,无法从根本上置换中国固有的"圣学"传统,以致走上了类似佛教、基督教在华传播的老路。对此,列文森也说:

> 当英国人在鸦片战争中显示出他们的技术优势后,一些真诚的孔子门徒开始毫无顾虑地谈论起中国文化的变化来,在1840年代,谈论的人并不多吗,但到了19世纪末,谈论的人则迅速增多起来。具有讽刺意义的是,他们谈论变化,是因为他们具有反对变化的传统主义偏见,他们同顽固的传统主义者分手,并不在最终目的上——即将最终价值归于中国的文明,而在如何保存这种价值的手段上。③

---

① 参见戚其章:《晚清社会思潮演进史》,中华书局2012年版,第261—276页。
② 参见王宏斌:《晚清海防:思想与制度研究》,商务印书馆2005年版。
③ 列文森:《儒教中国及其现代命运》,郑大华、任菁译,中国社会科学出版社2001年版,第48页。

这样一种认知—评价心理的结果,要么像保守派那样,呈现出一种近乎迂腐般的盲目乐观情绪,进而滋生一股虚骄、排外之气,[①] 要么像洋务派和早期改良派那样,随着对"西末"了解、接受程度和广度的深化,在思维层面越来越呈现出一种观念与现实的极度混乱和悖离,以致痛苦不已。实际上,早期改良派中的很多知识分子便表现出了这一点。

三、别样的"中本西末"观:朝野知识分子认知—评价心理的有限突破

尽管从整体上讲,洋务运动时期西学在中国的传播受到上述认知—评价心理的作用,影响有限。但是,从某个角度来讲,这些新鲜的法律知识的传入毕竟也对上述的认知—评价心理产生了一定的冲击。有关这一点,在前述对王韬、郭嵩焘、薛福成、何启以及郑观应的记述和分析中已经有所体现。这里,笔者试图再以"中本西末"说为论说重点,展现早期改良派虽在整体上坚持"中本西末"观,但由于受到上述西学的影响,后期的"中本西末"观在内容上已经与洋务派产生了很大的不同,而这些不同的认识为之后"戊戌变法"时期的变化埋下了伏笔。

前已述及,"中本西末"观既是洋务运动时期朝野知识分子对待西学的评价心理,也是一种逻辑演绎范式,似乎一切新鲜知识、新奇事物都可以毫无扞格地放进这个既有的公式中进行逻辑推衍。然而,令这些知识分子始料未及的是,他们面对的西学是一套全新文明的产物,是

[①] 当然,有论者认为洋务运动中的很多保守主义者已经预见到部分接受西学的危害,比如在倭仁(1804—1871)看来:"如果允许西方文化因素进入中国,那么其结果是用来坚守中国文化的地盘将会越来越变得狭窄,目的在于保证中国意识的认同不受西方思想损害的'体用'模式,最终只能导致中国意识的认同受到西方思想的损害。"参见列文森:《儒教中国及其现代命运》,第58页。

一套用固有"圣学"所无法涵摄的新知识,还是一整套既包括"奇技淫巧",也包括"政教文化"的完整知识。对此,有论者说道:

> 既然"西学"的闸门由洋务派人士打开,涌进来的就不可能全是他们喜欢的东西。事实上,他们也不可能把"船坚炮利"的西方技术拿进来以后,又要强迫他人将"君民共主"、"上下不隔"的观念和知识留在码头上。当脱胎于"洋务"阵营的王韬、薛福成、郑观应高举着"君民共主"的政治大旗继续向西学迈进的时候,洋务派人士的主张和措施已经被抛在了历史的脑后。①

因此,"中本西末"在后期的早期改良派(洋务派)那里还有另一种表达,这构成了对于其既有认知—评价心理的某种有限突破。

(一)中西各有本末

总体说来,洋务派所说的"中本西末"观,指的是西方的一切"船坚利炮"和"声光器电",甚至包括后期利用"西学中源"所"强制同化"的"政教文化",都属于"末"的范畴。洋务派认为,中国当下学习它们,只是为了修补、拱卫"中本"。"中本"与"西末"是在一个大框架下的,是可以相互修补的。至于到底是"由本及末",还是"由末及本",抑或"本末并行",都不是最为关键的。因为"本"已经由中国的先贤圣人规定好了,且这个"本"本身是至当的和放之四海而皆准的。即便"西末"中有涉及"中本"的内容,那也是"中本"在很久之前传入西人那里的,现在的学习充其量算是"礼失而求诸野"。申言之,西人无"本",即使有"本"那也是中国固有之"本"——"本"只有一个,那就是"圣学"。

---

① 王人博:《中国近代的宪政思潮》,法律出版社2003年版,第42—43页。

对此种认识,郭嵩焘在接触了西学,尤其是作为公使出使英法之后,就做出了改变。1875年他在《条议海防事宜》中提出了西洋也有本末的观点。是谓:

> 嵩焘窃谓西洋立国有本有末,其本在朝廷政教,其末在商贾,造船、制器,相辅以益其强,又末中之一节也。①

而且,就本末之关系而言,他认为要因时制宜。"时之应有常、有变,而功之施有本、有末。时处乎变,则从其变之数以治其末而匡救之,而本有不暇顾矣。时际乎常,则审其常之理以探其本而厘正之,而末有不足言矣。"②

既然西人也有"西本",那这一"西本"又是什么?它是否只是"中本"的投影呢?如果不是,它又是什么?

对此问题,郭嵩焘1877年在考察完英国政制之后,得出了如下认识。郭嵩焘逐渐认识到"在君主政治之外,尚有君民共主,民主之治矣"的其他文明政治模式,而这种"君民共主"的政治模式是西洋富强、文明的根本所在,即"西洋所以享国长久,君民兼主国政故也"。③ 早期改良派的另一代表人物陈虬也有类似表达。是谓:

> 当道诸公师问官之意,既节取其寸长,以为土壤涓流之助,如矿务、铁路、电线、制造诸法,以及广方言馆、水师武备等学堂,皆

---

① [清]郭嵩焘:《郭嵩焘奏稿》,杨坚校补,岳麓书社1983年版,第345页。
② 同上书,第340页。
③ [清]郭嵩焘:《伦敦与巴黎日记》,钟叔河、杨坚整理,岳麓书社2008年版,第156页。

一一施行。虬愚以谓泰西富疆之道,在有议政院以通上下之情,而他皆所末。①

需要注意的是,郭氏甚至还以西洋"君民兼主国政"的民主制度为参照,反思了中国陈陈相因两千多年的君主专制政体,提出中国两千年以来的政治恰与西洋"君民兼主国政"相反。是谓:

> 计英国之强,始自国朝;考求学问以为富强之基,亦在明季,后于法兰西、日耳曼诸国。创立机器,备物制用,实在乾隆以后。其初国政亦甚乖乱。推原其立国之本末,所以持久而国势益张者,则在巴力门议政院有维持国是之义,设买阿尔治民有顺从民愿之情。二者相持,是以君与民交相维系,迭盛迭衰,而立国千余年终以不敝。人才学问相承以起,而皆有以自效,此其立国之本也。而巴力门君民争政,相互残杀,数百年久而后定,买阿尔独相安无事。亦可知为君者之欲易遏而难戢,而小民之情难拂而易安也。中国秦汉以来二千余年适得其反,能辨此者鲜矣。②

此外,就本末之间的学习顺序而言,他改变了先前的观点,认为:

> 要之,国家大计,必先立其本。其见为富强之效者,末也。本者何?纲纪法度,人心风俗是也。无其本而言富强,只益其侵耗而已。贤者与此固当慎之。③

---

① [清]陈虬:《创设议院以通下情》,第917页。
② [清]郭嵩焘:《伦敦与巴黎日记》,第407页。
③ [清]郭嵩焘:《郭嵩焘诗文集·致李傅相》,杨坚点校,岳麓书社1984年版。

由此观之，郭嵩焘不仅认为西人亦有本末，而且西人之"本"完全不同于中国之"本"，甚至西人之"本"可能优于中国之"本"。因而，中国学习西学应从其"本"开始，徒学其"末"是存在问题的。这些观点不仅与洋务派的"中本西末"观相左，而且在某种程度上颠覆了洋务派的观点。

（二）中"本"亦可变

按照洋务派"中本西末"观的理解，中"本"乃圣王之学，是万古不变之"常经"，这个"本"是不能变的。即便西学中存诸多涉及"本"的内容，按照"强制同化"的认知心理，在"西学中源"的逻辑下，西学之"本"也被认为是从中学之"本"得来的，因此，说到底这个中"本"是静止的，永远不能变的。

然而，随着西学知识的传入，早期改良派不仅开始意识到"中西各有本末"，还随着这种认识的加深，开始产生中"本"亦可变的观念。其中以薛福成、钟天纬表现得最为明显。

前已述及，从法政思想来看，薛福成的思想以出使西洋为界，大体可分为两段。前期薛福成的思想没有摆脱传统的法政观念，仍在经世致用的思想指导下对传统制度进行补苴，其出使后才真正产生对传统的体制具有颠覆性的思想，而且认识到了西洋法政的利弊及中国可资借鉴之处。例如，他在1865年论及筹海防事宜时，从传统治世"治标"和"治本"的观念出发，最早使用了"中体西用"概念，但实质上未与洋务派的"中本西末"有太大不同，只是富有洞见性地将练兵、通商等也列为"体"。其文载：

> 防之之策，有体有用。言其体，则必修政刑、厚风俗、植贤才、

变旧法、祛积弊、养民练兵、通商惠工,俾中兴之治业,蒸蒸日上,彼自俯首帖耳,罔敢恃叫呶之故态以螯我中国。言其用,则筹之不可不豫也。筹之豫而确有成效可睹者,莫如夺其所长,而乘其所短。西人之所恃,其长有二:一则火器猛利也,一则轮船飞驶也。……彼之技艺可学而能也……若是,则彼之所长,我皆夺而用之矣。①

薛福成有感于保守派因循守旧,阻挠洋务,也觉察到洋务派徒学皮毛,效果有限,因而,提出"变法"主张("大抵天道数百年小变,数千年大变。自尧舜至今世益远,变益甚")②,并极具洞见地概括出天下已由封闭社会转变为中外交通之社会。是谓:

> 降及今日,泰西诸国,以其器数之学,勃兴海外,履垓埏若户庭,御风霆如指臂,环大地九万里,罔不通使互市。虽以尧、舜当之,终不能闭关独治。而今之去秦、汉也,亦二千年,于是华夷隔绝之天下,一变为中外联属之天下。③

薛福成主张应"大变",即"世变小,则治世法因之小变;世变大,则治世法因之大变"④。同时,他认为:"今天下之变亟矣,窃谓不变之道,宜变今以复古;迭变之法,宜变古以就今。"⑤更为甚者,他突破了洋务派

---

① [清]薛福成:《上曾侯相书》(1865年),载徐素华选注:《筹洋刍议——薛福成集》,辽宁人民出版社1994年版,第20—22页。
② [清]薛福成:《答友人书》(1875年),载徐素华选注:《筹洋刍议——薛福成集》,第52页。
③ [清]薛福成:《筹洋刍议》(1879年),载徐素华选注:《筹洋刍议——薛福成集》,第88页。
④ 同上书,第89页。
⑤ 同上。

"西末"的观念,认为西法不仅不是"西末",相反其得"风气之先",中国应主动学习。是谓:

> 或曰以堂堂中国而效法西人,不且用夷变夏乎? 是不然。夫衣冠、语言、风俗,中外所异也;假造化之灵,利生民之用,中外所同也。彼西人偶得风气之先耳,安得以天地将泄之秘,而谓西人独擅之乎? 又安知百年数十年后,中国不更驾其上乎?①

在这段表述中,薛福成已经承认中国在作为"本"的"风气"方面已经不如西方,希望通过学习西方,以期在未来"更驾其上"。他在1893年借出使随员之口,讲出西学之"本"最重要的五个方面,即"通民气""保民生""牖民衷""养民耻""阜民财"。他认为:"有此五端,知西国所以坐致富强者,全在养民教民上用功;而世之侈谈西法者,仅曰精制造、利军火、广船械,抑末矣。"②

既然承认中学之"本"不同于西学之"本",甚至不如西学之"本",那么,中学之"本"是否应该改变? 对这个问题,薛福成的回答是矛盾的。一方面,他主张中国之"本"亦可变是必须的,比如他在出洋之后还坚持说:

> 居今世而图立国之本,虽伊、吕复生,管、葛复生,谓可勿用致意于枪之灵、炮之猛、舰之精、台之坚,吾不信也。若夫修内政,厚民生,濬财源,励人才,则又筹此数者之本原也。③

---

① [清]薛福成:《筹洋刍议》(1879年),第89页。
② [清]薛福成:《出使英法义比四国日记》,第803页。
③ [清]薛福成:《海外文编》卷六,第3页。转引自戚其章:《从"中本西末"到"中体西用"》。

但在另一方面,薛福成在很多时候又坚持"独三纲之训,究逊于中国",强调"中本"的优先性。例如,他在 1890 年的日记中写道:

> 夫各国勃兴之际,一切政教均有可观,独三纲之训,究逊于中国。洋人亦或推中国为教化最先之邦,似未尝不省悟及此;然一时未能遽改者,盖因习俗相沿之故。余谓耶稣当西土鸿荒出辟之时,启其教化,魄力甚雄,然究竟生于绝域,其道不免偏驳。失之毫厘,差以千里,不信然欤。①

对于同一问题,在 1880 年前后,同样出过洋,且长期与西人接触、从事中西翻译工作的钟天纬表达得更为明确和深刻。

首先,他认为西人之"本"在于"政教修明"的政教制度,以及君主对通过民主形式产生的法律至上性的遵守。是谓:

> 统观欧洲各国,无不政教修明,民生熙皞,国势日臻富强。而究其本源,不外乎通民情、参民政而已。盖泰西通例,国之律法最尊,而君次之;君亦受辖于律法之下,但能奉法而行,不能权威自恣。而国之律法,则集亿兆公议而定;君之威权亦本亿兆公助而成,是以君权虽有所限制,反能常保其尊荣。民情得以自伸,不致受困于虐政。则不必袭揖让之虚名,而阴已得"官天下"之实际。则此国势强弱、民生休戚之大关键也。②

---

① [清]薛福成:《出使英法义比四国日记》,第 273 页。
② [清]钟天纬:《刖足集内篇·综论时势》,载薛毓良、刘晖桢编校:《钟天纬集》,上海交通大学出版社 2018 年版,第 21 页。

接着,他指出,西方正是由于坚持了这个不同于中国之"本",所以带动了各种"目",纲举目张、实现了大治。其文载:

> 至于通民情、参民政之目,则如:开公议堂,而闾阎无不达之情;创新闻纸而草野无不言之隐;立讼师陪审之员,则是非一秉大公,而民无冤狱;设乡举里选之法,则好恶参诸舆论,而野无遗才。若夫赋税由民定,则不困诛求;工役由民办,则乐于从事;教养由民捐,则朝廷无博施济众之病;巡逻由民派,则官府无精神不到之区……驯至道不拾遗,夜不闭户,几几乎三代刑措之风,断未可以无本之治目之矣。至于武备之精、吏制之懋、学术之隆、人才之盛、刑罚之公、财用之足、商务之兴、制造之利、水利之修、农功之治,胥本此道以行之,故能造其精微,睹其成效耳,非即其致治之本源也。①

对于这样一种良善的"西本",钟天纬直言不讳地指出,中国的贫弱源于"本源之地,受病最深"。他说道:

> 乃中国事事与之相反。由于堂帘太隔,太阿独操,所以易治者以此,所以易乱者亦以此。望君门如万里,则壅蔽日深,操政柄于一人,则民心日涣,虽有九州十八省,实则家自为政,人各有心,不啻瓜分为百千万国。如此则国势安得不削弱,君民安能关痛痒乎?于此而欲谋挽回补救之方,原自有在,特不从大本大原处着手,而仅就外面张皇,不揣本而齐末。则如遣使、肄业、练兵、制器、开矿

---

① [清]钟天纬:《刖足集内篇·综论时势》,第21页。

等事,非不竭力经营,仍治标非治本,则不过小小补苴,终无救于存亡之大计。①

钟天纬在字里行间已经表露出,要用西方政教修明之"本"来改变中国"独操为政"之"本"的想法,可谓走向了"中本西末"的反面。当然,像钟天纬这样极端的表达在当时只能算是"先知先觉",更多的早期改良派依然试图在"中本西末"的范式内表达其不同于洋务派的主张。

(三)"中本"中的"大本"

随着对西学了解认知的深入,早期改良派不仅认识到西学一样"有本有末",而且西学之"本"有尤其良善的一面,甚至产生了中学之"本"亦可变的想法。但囿于时代之风气、教育之背景以及不得不考虑的政治压力等影响,他们陷入了既想突破"中本西末",引进"西本",又不敢公然革新"中本"的尴尬境地。尴尬之余,他们十分无奈地提出了一些奇特的主张。其中以郑观应所提出的"大本"最具代表性。

前已述及,郑观应是"中本西末"观的代表性人物,其代表性表达即是"中学其本也;西学其末也。主以中学,辅以西学"。② 然而,如果认真品读郑观应在"西学篇"的这句史料,实际上,在这句表达"中本西末"观的文字之上,还有一个"大本末"的概念。其完整的表达是:

> 且夫国于天地,必有与立,究其盛衰兴废,固各有所以致此之由。学校者,人才所由出;人才者,国势所由强。故泰西之强强于

---

① [清]钟天纬:《刖足集内篇·综论时势》,第21页。
② [清]郑观应:《盛世危言·西学》,第112页。

学,非强于人也。然则欲与之争强,非徒在枪炮战舰也,强在学中国之学,而又学其所学也。今之学其学者,不过粗通文字语言,为一己谋衣食,彼自有其精微广大之处,何尝稍涉藩篱?故善学者必先明本末,更明大本末,而后可言西学。分而言之,如格致、制造等学,其本也(各国最重格致之学,英国格致会颇多,获益甚大,讲求格致新法者约十万人),语言文字,其末也。合而言之,则中学其本也,西学其末也。主以中学,辅以西学。知其缓急,审其变通,操纵刚柔,洞达政体。教学之效,其在兹乎?①

从这段记述中可以看出,郑观应一方面"分而言之"地认为,西学也是有"本末"的,其"本"就是格致、制造等学,后来也包括政教之学,"末"则是语言文字等,另一方面他"合而言之",就中学与西学关系而论,他强调了"中学其本也,西学其末也"。那么西学的"本"与中学的"本"是什么关系呢?对此,郑观应提出了"故善学者必先明本末,更明大本末,而后可言西学"的观点,即中学的"本"较西学的"本"更为重要、根本,是"大本"。

那么,这个"大本"具体包括什么呢?郑观应在《道器》篇给出了明确的说明。他说:

> 然尧、舜、禹、汤、文、武、周、孔之道,为万世不易之大经、大本,篇中所谓法可为而道不可变者。②

由此可见,郑观应对中学之"大本"进行了明显的限缩,仅将其定

---

① [清]郑观应:《盛世危言·西学》,第112页。
② [清]郑观应:《盛世危言·道器》,第20页。

位为抽象化的尧舜周孔"圣学之道"。也就是说,除这个抽象化的"圣学之道"以外,都可以说是"末",哪怕是涉及西学之"本"的种种制度与知识。

通过这种转换,我们看到,一方面郑观应在政治立场层面坚决贯彻了"中本西末"这个清廷和当时的社会舆论坚守的原则与底线,另一方面,他通过"大本"的提出,使中学之"本"在内容上被缩小了。这样更多的西学之"本",可以通过这种转换,堂而皇之地进入中国,因为说到底它们有一个无伤大雅的名讳——"末"。这一点,郑观应在该篇的另一段话中表露得更加明显:

> 《新序》曰:"强必以霸服,霸必以王服。"恭维我皇上天亶聪明,宅中驭外,守尧、舜、文、武之法,绍危、微、精、一之传,诚使设大小学馆以育英才,开下议院以集众益,精理农商,藉植富国之本;简练水陆,用伐强敌之谋,由强企霸,由霸图王,四海归仁,万物所得,于以拓车、书大一统之宏规而无难矣。①

在这段论述中,类似"开下议院"这样涉及根本性政教内容的西学之"本",也被说成可以作为"末"辅助中国之"大本"。这样一来,在早期改良派的世界里,"中本西末"这个评价心理公式已经与洋务派有了绝然的不同。

在早期改良派那里,"西末"的内容不断扩大,而"中本"的内容不断缩小。这也解释了前面提到的问题,即为什么早期改良派会将"西学中源"说的范围扩大至"礼乐刑政",因为其中学之"本"的内容要远远

---

① [清]郑观应:《盛世危言·道器》,第19页。

大于洋务派。

事实上,这一时期为了弥合中学之"本"与西学之"本"同时存在的尴尬,与郑观应提出"大本末"类似的是,还有人提出了"末中之本"和"本中之本"的概念。是谓:

> 今之天下,欲弭外患非自强不可,人能知之;而自强之要之本,人固不能尽知也。简器、造船、防陆、防海,末也;练兵、选将、丰财、利众,方为末中之本;修政事、革弊法、用才能、崇朴实,本也;正人心、移风俗、新主德、精爱立,方为本中之本。得末中之本者尚难勉支强敌,得本中之本者足以永奠苞桑。①

这里朱采对中学之"本末"和西学之"本末"进行了杂糅,按照四个序列进行了排序,即洋务运动早期所提倡的"坚船炮舰"和"声光器电"被认为是最低等的"末",洋务运动后期所讲的练兵、丰财、利众等内容被认为是"末中之本",早期维新派所提倡的西方的"政教制度"被认为是"本",而中国传统"圣学"被认为是最高级的"本中之本"。对此,他解释道:"人心何以正?躬化导、尊名教,其大纲也。风俗何以变?崇师儒、辨学术,其大要也。"②

总之,尽管洋务运动时期朝野知识分子在评价心理上都秉持"中本西末"观,但由于立场和认识的不同,早期改良派语境下的"中本西末"观在很多方面已经与洋务派产生了很大的不同。这些不同,一方面很大程度上是早期改良派接受西学知识的结果,另一方面,他们所谓的

---

① [清]朱采:《清芬阁集》卷四《复许竹筼》,第23页。转引自丁伟志、陈崧:《中西体用之间——晚清文化思潮述论》,第146页。

② 同上。

"中本西末"并未从根本上突破"中本"的限制,这就决定了他们对西学的理解和接受程度是有限的。法政知识连同背后的西学一起是中学之"大本"之外的"本"或者说"末",这也是甲午战后,当维新派变法改制的维新思潮席卷中国时,这些知识分子反而噤若寒蝉的原因所在。

四、朝野知识分子认知—评价心理背后的原因

前已述及,洋务运动时期,尽管西学在中国的输入较之鸦片战争前后已有明显不同,朝野知识分子对于它的态度已不再是冷漠与排斥,而是以一种极为复杂的心理对待它,并将其具化为"西学中源"与"中本西末"这样的认知—评价心理,甚至这一认知—评价心理在后期的某些朝野知识分子心里出现了某种有限的突破,呈现出一种别样的"中本西末"观,但这一时期朝野知识分子仍为泱泱华夏几千年来固有传统的内核留下了位置,不仅没有彻底否定它,甚至很难讲怀疑它。无论"中本西末"也好,别样的"中本西末"也罢,"中本"这一核心本身对于这一时期中国而言,仍是具有正当性的。

造成这一结果的原因显然是传统的力量。传统作为一种承上启下的存在,既是一种制度,也是一种思想,更是一套特定场域下人们日常洒扫应对的信仰。用美国学者麦金太尔的话讲,传统并非笛卡尔(René Descartes, 1596—1650)以降,尤其是启蒙思想家笔下那种"未经反思的智慧",它不但不违反理性,相反,其本身就是理性的具体表现,此即"传统的合理性"(the rationality of traditions)。[1] 作为一种传统存在的

---

[1] 阿拉斯戴尔·麦金太尔:《谁之正义?何种合理性?》,万俊人、吴海针、王今一译,当代中国出版社1996年版,第457—466页。

中国,生活在这片土地上的人们对中国的传统保有一种发自内心的自豪感,并对其内在典章文物的良善性深信不疑。

然而,两次鸦片战争的残酷现实促使生活在这种传统中的人们不得不开始反思他们在兹念兹的这个传统,于是有了上述类似"中本西末"这样的表达。正如前文所述,尽管这一时期朝野士大夫开始反思,甚至更化这种传统,但其本质仍是在"绝对主义"哲学思维框架下对待传统的。传统的典章文物仍被看成是"大本",看作绝对的,不容更改,且优于其他传统的存在。

按照麦金太尔的理论,一个传统之所以称为传统并具有合理性,其自我发展、更化的过程大致包括三个阶段:第一阶段是建立起相关的信仰、经典和权威,而生活在这个传统中的人们对此深信不疑;第二个阶段是在经过一段时间以后,传统中出现了某些问题或"各种各样的不充分性",这些问题或不充分性对传统构成了潜在的威胁,但尚未找到克服或补救的方法;于是在第三个阶段,经过努力,对于上述问题找到了解决办法,"那种神圣的权威因此会在这一过程的进展中免遭否定,但其话语当然可能重新阐释"。[①] 即是说,经过第三个阶段,尽管传统的内核被保留了下来,但是与前两个阶段相比,人们在此过程中对那个过去牢不可破的传统进行了新的解释。当然,我们对于这种新的解释也不能给予太高的估计,因为在本质上讲,这种解释并没有从根本上否定或者解构传统的核心部分,而其一定宣称传统的核心部分在这种新的解释下不仅更贴近原意,而且更具活力。对此,麦金太尔说道:

> 在某一发展中达到了一定阶段的那些人,通过把他们现在对世

---

① 阿拉斯戴尔·麦金太尔:《谁之正义? 何种合理性? 》,第 464—465 页。

界的判断,或至少是对世界一部分的判断,与当时判断的结果进行比较,便能回顾并找出他们自己以前理智的不足或其前辈理智的不足。①

具体结合本文所论述的问题,可以看到,清末自"海禁"大开以来,传统受到来自欧风美雨的强势冲击,传统中国遭遇到麦金太尔前述提及第二阶段的"潜在威胁",开始朝第三个阶段转化,当此之时,传统中国为了赓续传统,自然会对传统进行反思,看看自己的传统究竟哪里出了问题,为什么会这样,以及该如何应对。很明显,两次鸦片战争之前,中国自认为"天朝上国",不会主动产生这些想法。相反,鸦片战争之后的洋务运动时期,朝野知识分子的上述表达与实践,实际上都说明了他们在对被冲击的传统做着新的解释。当然,与过去历史不同的是,面对"三千年未有之大变局",这一时期朝野知识分子的新的解释所依凭的和所面对的都是传统农业文明所不曾遇见过的工业文明全新且不同质的知识。当然,借助这套新知识所给出新的解释,如"西学中源""中本西末""中体西用"等,显然是过去不曾有的,但是这套新的解释的框架仍未超出传统。它探究的最终依据仍来源于历史经验,强调的仍是"中国之所以为中国"这种特殊性,而非西方笛卡尔那种出发点式的探究,或者黑格尔那种终点式的探究。②

中国对待传统这种探究的合理性在于:它不仅使得传统具有某种延续性,陈陈相因,自成一体,而且使得任何赓续传统的努力具有某种正当性,即所谓"周虽旧邦,其命维新"。

---

① 阿拉斯戴尔·麦金太尔:《谁之正义?何种合理性?》,第 468 页。
② 同上书,第 470—471 页。

然而,这种探究传统的方式也是存在问题的。申言之,当这种具有"绝对主义"色彩的传统通过新的解释能够应对危机,即通过前面麦金太尔提到的第三个阶段的工作使得传统重新获得活力时,传统还能得以维系,得以继续。但当这个传统即便通过新的解释无法应对问题时,这种具有"绝对主义"色彩的传统就面临着破产的危险,呈现出"认识论危机"(epistemological crisis)。对于这种通过传统框架无法解决的"知识论危机",麦金太尔这样描写道:

> 在任何阶段,任何被构成传统探究都可能发生这样的情况:通过以它自身进步的标准来衡量,它已经无法再获得进步了。迄今为止人们信得过的探究方法已变得无效了。对关键问题的各种对立答案的冲突,再也无法得到合理解决。更有甚者,实际上有可能发生这样的情况:即探究方法和争论形式的运用(通过这种方式,取得了迄今为止的合理性进步),开始产生越来越多地暴露新的不充分性、暴露至今尚未意识到的不连贯性、以及新的问题的后果,而在业已确立的信仰结构内部,似乎没有足够的资源或者根本没有任何资源解决这些新问题。①

"认识论危机"不仅意味着具有"绝对主义"色彩的传统无法维系而被迫承认其他传统存在的"相对主义"哲学思维框架,在"相对主义"哲学思维框架下的固有传统和其他传统也不是相互平行、无法比较、不分优劣的。当一个传统遭遇"认识论危机",它必须借助于其他传统帮助其"续命",这一过程使得两种传统不仅可以比较,而且在这一时刻

---

① 阿拉斯戴尔·麦金太尔:《谁之正义?何种合理性?》,第473页。

它们在价值上是存在优劣的。即是说在"认识论危机"之下,不仅任何自认为具有"绝对主义"色彩的传统无法继续"绝对",被降格为"相对主义"意义上的存在,而且这种"相对主义"意义上的存在如果还想继续存在,就必须借助另一个有生命力的传统,在批判、质疑原有传统内核的基础上,彻底改变自己。麦金太尔将这种"有生命力的他传统"的特征及其与旧传统的关系概括为:

> 真正解决认知论危机的办法要求发明或发现新的概念和建构某种或几种新的理论来满足三个高度严格的要求。第一,这个在某种程度上全新的和概念上丰富了的图式,如果要结束认识论危机,必须以系统和连贯的方式,给那些以前证明是难以处理的问题提供解决办法。第二,它还必须解释在这种传统获得新的资源之前,是什么原因使得它成为瘫痪无能的或不连贯的,或两者兼而有之的。第三,必须用这样一种方式来完成前两项任务:即展示这种新的概念结构和理论结构与借此一直规定着该探究传统的那些共享信仰之间的某种基本的连续性。①

同时,"相对主义"者的哲学命题(每一种传统必须永远按照那些标准来得以维护,因为它提供自己的合理性证明标准)也就跟着破产了。②尽管在这里麦金太尔注意到其他传统与旧传统之间应具有连续性,但他特别强调克服"认识论危机"的新理论和概念结构"绝不会从那些早期的立场中派生出来",是与传统发展第三个阶段解决问题的方式有本

---

① 阿拉斯戴尔·麦金太尔:《谁之正义?何种合理性?》,第473—474页。
② 同上书,第476页。

质区别的。① 更重要的是,从价值上来看,这种帮助旧传统"续命"的他传统是"更有洞见的",它一方面使旧传统"得以幸存和繁荣",另一方面,它凸显了其他传统在何时何地较旧传统而言,才更具意义。②

以此为据,笔者认为:前述概括、抽象出的洋务运动时期朝野知识分子对西法的认知—评价心理及其所出现的有限突破或者说尴尬的表达,很大程度上是因为他们根本没有认识到清末之变实际上是中国固有传统遭遇了"认识论危机",仍旧采取传统应对危机方式对待其。

面对"华夷隔绝之天下"变为"中外联属之天下"的现实,尽管当时不乏薛福成、郑观应等有识之士,他们也发现了此次变化不同以往,但他们尚无力从更为深入层面和更具理论化的角度阐释此种变化,因而,他们注定只能从麦金太尔前述传统发展第三个阶段所使用的方式思考、应对它。笔者这里并不是苛责古人,只是想表达他们的阐释不仅是符合当时的时代的,也是注定的。国人对此认识的茫然无知,甚至持续到五四运动时期,即梁启超所概括的"器物—制度—文化"。这一过程因为无法预计,所以只能通过历史的发展,固有方式、努力的不断受挫,通过时间才能感悟和获得。对此过程,麦金泰尔非常形象地描述道:

> 每一种传统,不管它是否意识到这一事实,都面临着这样一种可能性:在将来某个时候,它将会陷入认识论危机的状态,它通过其自身合理性证明的标准可以意识到这种情况。但这些标准本身却一直都被当作在该传统的发展史上所出现的最佳标准来加以维护。一切试图想调动想象性和发明的资源、即试图调动该传统之信

---

① 阿拉斯戴尔·麦金太尔:《谁之正义?何种合理性?》,第474页。
② 同上书,第475页。

奉者所能提供的资源之企图，都有可能失败，或者，对于补救该探究传统所陷入的无能与不连贯性无能无力；或者会揭露或造成新的疑难问题，显露出新的缺陷和新的局限。时逝如水，但人们依旧是束手无策，没有任何新的资源和解决办法。[①]

这也就注定了洋务运动时期的朝野知识分子面对西学时，一方面无法摆脱"绝对主义"的思想框架，站在一个"相对主义"的哲学立场去正视它们、理解它们，另一方面，他们在无法意识到"认识论危机"的情况下，更无法用来自其他传统的法政知识去质疑或从根本上置换关涉固有传统中核心的部分，并论证这种质疑和置换本身的正当性。

---

① 阿拉斯戴尔·麦金太尔：《谁之正义？何种合理性？》，第475—476页。

近代新式"特别法院"建制考论*

——以《收回中东铁路司法制度之临时办法》为中心

邓齐滨**

摘　要　民国初年新式法院建设备受国内外关注。1920年,以撤废俄国在华领事裁判权为契机,中国政府收回中东铁路司法权,阁议通过《收回中东铁路司法制度之临时办法》(4条)。该办法从制定到颁布经过了多方角力,最终确定了设立近代中国新式法院中第一个"特别法院"(东省特别区域法院)的设立方案。东省特别区域法院为此组建了清理俄人旧案处等特别机构,选拔和任用了有俄语和外交背景的特种司法人员,酌用了外国咨议调查员,并颁布了一系列规范性文件,以审慎变通的态度审理了大量的外侨刑事、民事案件。以东省特别区域法院为样板,尝试建制"特别法院"成为近代收回治外法权之嚆矢,为民国时期陆续在上海等地建立特别法院提供了建制经验,也为近代中国审理涉外案件提供了重要的审判参考。

---

* 本文系国家社科基金后期资助重点项目"哈尔滨法制史(1905—1949)"(23FFXA007)暨黑龙江省社会科学基金一般项目"革命根据地红色法治理念的传承与发展研究"(23FXB012)的阶段性成果。

** 邓齐滨,黑龙江大学法学院教授。

关键词 东省特别区域法院 新式法院 特别法院 治外法权 中东铁路

一、问题的提出

民国肇始，中国新式法院的建设推广成为国内外各界关注的焦点问题。① 新式法院设立后，如何在中国构建现代司法制度、对内统一司法与对外收回法权，成为中央政府司法工作的迫切现实问题。② 近代中国新式法院的建设，离不开一个核心问题：围绕治外法权之收回，应建立怎样的司法制度，从而完成司法统一的调试。

调查法权委员会及其所形成的报告书是观察近代中国收回治外法权、评价中国新式法院的重要窗口。1926 年《调查法权委员会报告书》对新式法院中的特别法院给予了高度评价，认为特别法院"居中国司法制度上特殊地位"，是"收回治外法权之嚆矢"，对其建制"感觉殊佳"③。近年来，虽然关于收回治外法权的相关研究④在概念厘定、主体形塑、条约修废、司法改革等方面逐步展开，但极少有以特别法院为样本观察近代中国新式法院建设或观察治外法权收回的，基于法律文本的考证进行的细微观察，更是付之阙如。究其原因：一是受一手档案史料所限，特别法院的建制问题未能实现全面的梳理；二是特别法院的研究

---

① 参见李启成:《治外法权与中国司法近代化之关系——调查法权委员会个案研究》，《现代法学》2006 年第 4 期。
② 参见侯欣一:《司法统一：困境与出路——以民国时期的司法实践为例》，《法学评论》2022 年第 6 期。
③ 《调查法权委员会报告书》，《法律评论》1926 年第 182 期。
④ 参见颜丽媛:《法权自主：凡尔赛-华盛顿条约体系下的中国青岛涉外审判》，《国际法学刊》2023 年第 3 期；黄兴涛:《强者的特权与弱者的话语："治外法权"概念在近代中国的传播与运用》，《近代史研究》2019 年第 6 期。

本就微观，其样本无论东省特别区域法院还是上海特区法院都偏于一隅，如不站在新式法院视角上，仅就样本而言，难以引起学界重视。

东省特别区域司法档案的发现给上述问题的研究带来了新契机。笔者在查阅哈尔滨市档案馆的历史档案中，惊喜地发现了"东省特别区域高等法院""东省特别区域地方法院"全宗号目录下的4899卷档案。档案虽然因历史年代久远而有部分遗失，但其中不仅保存了东省特别区域法院审理案件的统计数字、年度总结，还存有司法部专门为东省特别区法院审理外侨案件制定的各种制度法令、行政函件、命令电复和大量的各类案件卷宗。这批珍贵档案与《哈尔滨指南》《东铁判牍》等历史文献、民国司法史料汇编及民国报纸等相互印证，证明了史料的真实性。这些史料较为完整地再现了近代第一个"特别法院"的建制历程。通过新档案史料的整理和研究，笔者进一步明确了特别法院研究的重要意义。东省特别区域法院是1920年中国政府控制中东铁路、宣布对驻华俄国领事停止待遇、收回中东铁路司法权后，在中东铁路区域内建立的中国新式特别法院。东省特别区域法院之"特别"有三：一是区域之特别，东省特别区域与原中东铁路附属地区域相同，是黑龙江、吉林两省境内中东铁路沿线两侧被划为铁路用地的区域，该区域因铁路的连接呈现"糖葫芦"状，具有区域范围广、铁路线长且点多、人员流动性大、文化传播力强等特点；二是时间之特别，东省特别区域存在于1920年中国政府收回中东铁路护路权、撤废俄国在华领事裁判权至1932年东北沦陷为止，是收回治外法权的过渡时期；三是管辖之特别，历史原因造成了中东铁路区域内外侨人口比例高[①]、外侨纠纷复杂、区域内外"异治"和外侨"健讼"的特点，唯有设立特别法院完成司法治

---

① 参见薛连举：《哈尔滨人口变迁》，黑龙江人民出版社1998年版，第65页。

理的过渡,才能逐步从"异治"走向"同治",因此,该区域内中国人与中国人之间的案件均由滨江地方审判厅审理,东省特别区域法院专门审理一切涉外民刑事案件。东省特别区域法院是近代中国的新式特别法院的"先行者",是新式法院的"对外窗口",对其研究不仅具有近代新式法院研究的普遍价值,而且具有涉外法院、铁路法院研究的特殊价值。因此,对特别法院的建制问题的研究,不仅不应忽视,而且应予以珍视。此项研究对重新认识近代中国治外法权收回后涉外案件审理具有特殊意义,对正确评价治外法权收回和新式法院性质和功能具有重大意义。

1920年9月28日北京政府国务会议通过的《收回中东铁路司法制度之临时办法》(4条),是新式"特别"法院建制的关键性立法,开启了中国近代建立新式法院以收回治外法权的艰难历程。本文试图以《收回中东铁路司法制度之临时办法》为线索,通过对该办法的文本、颁布和执行的考证,呈现特别法院建制过程中的多方角力和司法考量,以东省特别区域法院为样本观察特别法院建制和运行,分析治外法权收回背景下新式特别法院的建构自觉,将特别法院放入中国近代法制进程中,观察其地位、价值和影响并试图回答围绕治外法权收回建立了怎样的司法制度这一核心问题。

二、文本考:从"接收"到"接续办理"的考量

《收回中东铁路司法制度之临时办法》是1920年中国政府停止俄国领事裁判权待遇后,为了解决中东铁路附属地内无领事裁判权国人民(主要是俄侨)诉讼问题,先由司法部拟定,又电告吉林督军、黑龙江督军、中东铁路督办,最后经国务会议修改审议通过的规范性文件。

(一)官报、商报、协会报与文献之考证

在现有民国史料档案中,笔者发现了四个《收回中东铁路司法制度之临时办法》文本。

一是《交通公报》1920年第48期的"国内要闻"中载《收回中东路司法权之办法》[①]。《交通公报》是交通部的官办行政公报,是民国政府《政府公报》重要组成部分,其主要功能是官方发布与交通有关的法律法规、行政命令、统计信息和新闻等。《收回中东路司法权之办法》一文中报道称"(1920)9月28日国务会议通过收回中东铁路司法制度之临时办法",并登载了该办法,其内容如下:

> (一)俄国人所设类于自安审判厅者,共计十一处,概由中国接续办理,改称治安审判厅。凡属于经济及民治之亲族关系、财产继承关系以及关于公人之事项等,概归该审判厅管辖。
>
> (二)俄国人所设之地方审判厅一所,以后由中国政府组织之,选任通各国方言者为裁判官,管理由治安审判厅上诉之事件。今由司法部派遣之精通法律之外国人,充法厅调查委员及翻译官,并令俄国人实行律师事务。
>
> (三)于该审判厅所选定之适当地点,设司法讲习所,招集通俄文之人,讲习中俄法律,预备将来与治安审判厅直接办事。
>
> (四)审判厅经费,由吉黑两省及中东铁路支出。

二是上海《时报》1920年10月1日第2版所载《收回中东路司法

[①] 《交通公报》1920年第48期,第143页。

权之办法》①。上海《时报》是由维新派人士狄楚青创办的一份综合性的大型日报,清末民初时与《申报》《新闻报》并称"上海三大报",是当时最具影响力的报纸之一。《收回中东路司法权之办法》一文中登载《收回中东铁路司法制度之临时办法》,与《交通公报》登载内容相比,唯一不同之处是,所载第二条"由司法部派遣之精通法律之外国人,充法庭调查委员及翻译官"中"法庭"与"法厅"存在一字之差,法规名称、颁布时间及其他内容均相同,存在笔误的可能。

三是哈尔滨市档案馆藏民国历史文献《哈尔滨指南》中载《司法部提议收回中东路司法制度暂行办法电》②。《哈尔滨指南》是民国时期东陲商报馆因哈尔滨"特区之法制各异",为了方便查阅对照使用,将"地方之成规"编辑成册。《哈尔滨指南》分为八卷,卷二"机关"中专设"司法"一章,其第一节"东省特别区高等审判厅"载有"筹备接收法院之文电",原文节录了1920年9月27日《司法部提议收回中东路司法制度暂行办法电》,电文如下:

> 吉林鲍督军、齐齐哈尔孙督军、中东铁路宋督办鉴吉林黑龙江高等审检两厅。径日本部提出国务会议收回中东路司法制度暂行办法四条:
>
> (一)俄人所设类于治安审判厅十一处,均由中国接收,改名为治安审判厅,凡违警罪及属于民事之亲属承继婚姻事件悉归该厅审理。
>
> (二)原有俄人所设之地方审判厅一所,由中国组织选任通晓

---

① 《时报》1920年10月1日,第2版。
② 殷仙峰:《哈尔滨指南》卷二,东陲商报馆1922年版,第10页。

各国语言之法官,审理治安审判厅上诉事件。由司法部选派明习法律之外国人,充法庭调查员及翻译官,并得许俄国人执行律师事务。

（三）于该处择相当地点设司法讲习所,招考通晓俄文之人,开班讲习中俄法律,以为将来直接管理治安审判厅之预备。

（四）审判厅之经费均由吉黑两省及该铁道筹拨。

从上述电文内容可以看出,该文中名称、颁布时间、具体内容等项均与《交通公报》和《时报》登载内容大不相同。

四是《铁路协会会报》1920年第98期所载《接收中东路法权暂行办法》[①]。《铁路协会汇报》是铁路协会本部事务所发行于北京的铁路刊物。《接收中东路法权暂行办法》一文说该办法"前由院部议定",随后电令"吉省当局依照实行",也就是说该处登载的内容应与《哈尔滨指南》中的记载一致。对比《铁路协会会报》与《哈尔滨指南》,虽然文字表述不尽相同,但关键用语完全一致,这也充分印证了司法部拟定办法之说的真实性。

（二）司法部提议文本与国务会议通过文本之辨析

比较上述《收回中东铁路司法制度之临时办法》的四个文本,虽文本载体之官报、商报、协会报和文献的性质各有不同,但从文本内容来看,大体可以归为两类:一是司法部拟定之办法（《哈尔滨指南》与《铁路协会会报》所载）,一是国务会议通过之办法（《交通公报》与上海《时报》所载）。笔者将两类文本分析对照并分析列表如下。

---

① 《铁路协会会报》,1920年第98期,第61页。

表 1　司法部提议文本与国务会议通过文本对照表

法规名称		《收回中东路司法制度暂行办法》	《收回中东铁路司法制度之临时办法》
发布机关		司法部	国务会议
拟定或通过时间		1920年9月27日	1920年9月28日
法规内容	原俄审判厅称谓	治安审判厅	自安审判厅
	处理方式	中国**接收**，改名为治安审判厅	中国**接续办理**，改称为治安审判厅
	管辖范围	凡**违警罪**及属于民事之亲属承继婚姻事件悉归该厅审理	凡属于**经济及民治之亲族关系财产继承关系**以及关于公人之**事项**等概归该审判厅**管辖**
	选任人才	由**中国**组织选任通晓**各国语言之法官**，审理治安审判厅上诉事件	由**中国政府**组织之，选任通**各国方言者**为**裁判官**，**管理**由治安审判厅上诉之事件
		由司法部选派**明习法律之外国人**，充法庭调查员及翻译官	由司法部派遣之**精通法律之外国人**，充法厅调查委员及翻译官
		并**得许**俄国人**执行**律师事务	并**令**俄国人**实行**律师事务
	人才储备	**择相当地点**设司法讲习所，招考通晓俄文之人，开班讲习中俄法律，以为将来**直接管理**治安审判厅之预备	选定之**适当地点**设司法讲习所，**招集**通俄文之人讲习中俄法律，预备将来与治安审判厅**直接办事**
	经费来源	审判厅之经费均由吉黑两省及该铁道**筹拨**	审判厅经费由吉黑两省及中东铁路支出

首先，颁布时间之辨。司法部提议《收回中东路司法制度暂行办法》并电告吉林、黑龙江两省的时间是 1920 年 9 月 27 日，而国务会议

通过《收回中东铁路司法制度之临时办法》的时间为1920年9月28日。从时间可以准确分辨出，该办法先由司法部提议，后经国务会议审议修改、公布施行。

其次，法规名称之辨。司法部拟定之办法，在发给黑龙江督军、吉林督军的电文中称为《收回中东路司法制度暂行办法》，而在《铁路协会会报》中表述为《接收中东路法权暂行办法》；国务会议通过之办法，在《交通公报》与《时报》中均表述为《收回中东铁路司法制度之临时办法》。这三个名称中，司法部拟定《收回中东路司法制度暂行办法》与国务会议通过《收回中东铁路司法制度之临时办法》的证明力较强，《接收中东路法权暂行办法》因《铁路协会会报》整体文稿风格表达之随意性较强而证明力较弱。应当明确的是，无论哪个名称，在收回中东铁路过程中司法部关注的核心问题是"司法制度"如何完成从特殊到一般的过渡，只是"暂行办法"抑或"临时办法"的表述尚无从考证，但不论究竟是"暂时"还是"临时"，办法的名称都显示了当时法规的过渡性质。

最后，文本内容之辨。从司法部提议到国务会议通过，该办法内容有诸多修改。从审判机构称谓看，司法部提议在办法中将中国政府接收前的俄国人所设初级审判厅和接收后新的审判组织均称为"治安审判厅"，难免因误导引发争议，国务会议则将俄国人所设的初级审判厅称为"自安审判厅"，将中国政府接收后建立的新的初级审判组织称为"治安审判厅"，笔者查阅中东铁路相关条约、法律文件、法令、俄文文献等，均未找到"自安审判厅"一词，据此笔者推断，该称谓是因前后"治安审判厅"名称相同容易造成混淆而以示区别。从管辖范围看，司法部具体提出"违警罪"和"亲属承继婚姻"民事案件由治安审判厅审理，而国务会议通过时做了较大修改，扩大了案件管辖的范围。不仅"亲属承继"等民事案件由治安审判厅审理,涉及"经济""公人之事项"也由治安审判厅审理,还为了"兜底"用了"等"字,尽量将除刑事犯罪以外的民事、经济、行政案件纳入治安审判厅管辖范围。从法规用语看,司法部提议的文本具有明显的法律特征,国务会议通过文本则更侧重外交辞令的表达,如将案件的"审理"改为"管辖",将各国"语言"改为"方言",因有的审判厅仍用"推事"之名而将"法官"改为"裁判官"等。从经费来源角度看,司法部用"筹拨"二字而国务会议改为"支出",明确了经费来源为地方,即吉林、黑龙江两省和中东铁路。

事实上,从"接收"到"接续办理"的文本表达凸显了司法部文本的法律特性与国务会议的外交考量之杂糅,这也给该办法的颁布与执行增加了难度。中国政府要如何"接续办理"治安审判厅才能收回中东铁路司法权?单纯地"接收改名"是否会被外国政府和外侨误认为原来的俄国人审判机构仍在延用,进而影响治外法权的收回进程?中国政府接收原俄国审判厅、建立新的地方审判厅与黑龙江、吉林的地方审判厅的案件管辖如何划分?接收后形成的新式法院所需要的通晓各国语言和法律的特殊人才如何选拔,如何培养?经费从何处筹办?此时仍由中俄共管的中东铁路筹拨接收前由中东铁路支出的法院经费,是否会再度引起司法权纷争?此时除俄国已经取消领事裁判权外,英、法、美等国尚享有领事裁判权,收回司法权后的俄侨及其他国籍侨民(包括有领事裁判权和无领事裁判权国)之间的诉讼如何妥善解决?其实上述问题并未在该办法中予以规定,收回治外法权建立新式法院的具体方案尚在"摸着石头过河"之中。但值得肯定的是,《收回中东铁路司法制度之临时办法》确认了收回中东铁路司法权,建立了中国政府治下的司法制度的合法性基础。

三、颁布考:从"改名沿用"到"创建"新式特别法院的抉择

司法部于 1920 年 9 月 27 日提议"收回中东路司法制度暂行办法"并电告吉林、黑龙江两省和中东铁路督军,国务会议随即于 1920 年 9 月 28 日修改通过了《收回中东铁路司法制度之临时办法》。但接到司法部电告后,吉林、黑龙江两省督军和中东铁路督办提出了异议,因此,该办法的颁布几经变通、调研和磋商,最终形成了建立司法特区——"东省特别区域",并设立了新式法院中的"特别法院"("东省特别区域法院")。《东省特别区域法院编制条例》的颁布是对《收回中东铁路司法制度之临时办法》颁布的进一步补充。

(一)提出异议:地方长官谏言应并入滨江地方审判厅

《收回中东铁路司法制度之临时办法》提出的直接接收并沿用治安审判厅和地方审判厅的方案,遭到了吉林督军、黑龙江督军和中东铁路督办的强烈反对,吉林督军(该督军姓鲍,可能是鲍贵卿[1867—1934])复电称:

> 关于东路司法制度试行办法各条荩筹至佩,惟治安审判厅制度为法院编制法所无,在大部变通成法,自因中俄民事习惯不同不得不别创一例因时制宜,而路界无约国人民所在皆有,专为俄人开此先例,恐无以餍其他各国之心,且将来各国领事裁判权撤销以后,若更援例要求,益觉难于为继,此就编制上言之其质疑者一也。

并给出了自己的建议,即:

> 现在东路司法制度自应一本吾国法典组织以重统系,拟将各路原有之十一处治安审判厅一律改为地方分庭,上诉机关即以滨江地方厅任之,如虑各厅人员不尽谙悉俄国习惯,可雇用外人为调查员及翻译官,以副其穷,再滨江地方厅管辖范围酌事推广使之及于全路界线以内并增设推检员额俾免贻误。①

两省督军认为,不应"别创一例"建立特殊法院,而应将中东铁路的司法案件移交各地方审判厅审理,以免出现司法权再度丧失的后患。同时,三位督军督办还提议增设外国咨议调查员、翻译员,适当增加推事和检察官的员额,并特别提出司法费用不应再由中东铁路承担。其理由是,此时的中东铁路路权、利权仍很复杂,1920年北京政府仅收回了护路军权、司法权、行政权等权力,中东铁路公司并非中方一国所有,如果司法经费由中东铁路负担,那么仍有中外共同出资的嫌疑,势必影响司法主权的行使,故而司法经费也应与各地方审判厅相同,统一筹划。

司法部在9月30日复电称:"治安审判因该处纯系俄人聚族之地,恐一时难得审判人材,故送与外部磋商定此暂时办法,果能如尊电直接管理,更所希望。"为此,司法部呈请大总统令,派司法部长张一鹏到哈尔滨实地调查,待形成一致意见后再与内阁商议。

(二)实地调研:司法部确定建立"东省特别区域法院"

司法部长张一鹏到达哈尔滨后,与"当地官绅详询意见"。一方面,他采纳了地方官绅对外侨案件审理增设外国咨议调查员、翻译员的意见,另一方面,他又以《收回中东铁路司法制度之暂行办法》所提综合

---

① 殷仙峰:《哈尔滨指南》卷二,第11页。

"接续办理"的方案为依据,折中地提出建立特别法院的设想,将法院的名称拟定为"东省特别区域法院"。

张一鹏在呈报司法部电文中详细说明了建立"特别法院"的谋划:其一,人才方面,除选聘俄籍法官充任顾问翻译外,拟于司法部中设甄拔委员会,"凡通晓俄言俄律、办事有年者付与法官资格,一面讲习所添招新班自能取多用宏";其二,经费方面,先用"俄赔款一百二十万左右"的一半六十万解决燃眉之急。设立"特别法院"方案得到了内阁会议的高度认同,只是由于俄国赔款已经"移作他用",所以交由财政部筹划经费。经过反复文电交驰,"一再会商,不得不定为特别区域"[①]。

司法部最初设想的"接收"法院并改名,但沿用"治安审判厅""地方审判厅"等名称的方案,在《收回中东铁路司法制度之临时办法》颁布过程中遇到了多重障碍。一方面来源于外部"司法改良"的交涉压力。妥善处理外侨案件急需专业化、国际化的精英法律人才和资金的保障,改名后若因"一时难得审判人材"而开沿用原俄国司法人员的先例,势必影响中国治外法权收回的进程。另一方面,来源于内部"以重统系"的观念影响。接收改名后的审判厅的隶属关系、管辖范围、适用法律等棘手问题亟待解决,若直接移交地方审判厅,存在涉外案件审理经验不足、人才缺乏等问题。双重矛盾与内外交困下,司法部不得不将"接续办理"俄国人审判厅的方案确定为建立"东省特别区域法院"。东省特别区域法院既隶属中国司法系统,也与同时期的其他地方审判厅等新式法院又存在区别。这是一种当时特殊历史条件下"别无选择"的选择。

---

① 殷仙峰:《哈尔滨指南》卷二,第13页。

（三）补充规定：出台《东省特别区域法院编制条例》

为了将《收回中东铁路司法制度之临时办法》的实施推进下去，1920年10月31日《东省特别区域法院编制条例》正式颁布。《东省特别区域法院编制条例》是对《收回中东铁路司法制度之临时办法》的进一步补充，为东省特别区域法院的设立提供了法律依据。①

《东省特别区域法院编制条例》共13条，其对内部机构设置、审级、管辖范围、司法人员选任、无领事裁判权国人律师出庭制度以及外国咨议调查员制度等新式法院制度做了全面规定。②关于审级，"东省特别区域于哈尔滨设高等审判厅一处、地方审判厅一处，并于铁路沿线设地方分庭若干处"，地方审判厅附设简易庭和地方分庭为第一审，高等审判厅为第二审，不服第二审判决可"上告与大理院"。关于人员，由于存在"一时难得审判人材"与不宜延用原俄国司法人员之间的矛盾，条例规定"东省特别区域高等及地方审判厅得由司法部酌委外国人为咨议调查员"，并说明"咨议调查员任免及办事章程另定之"。这一方面限制了外国人审判权，另一方面又借助外国人审判经验暂时减缓涉外案件审判压力。特别要指出的是，第12条规定"本条例如有修正事宜由司法部呈准行之"，这是针对该条例摸索阶段中未尽之处设置的补充性条款，是在《收回中东铁路司法制度之临时办法》颁布过程中的立法经验总结。

该条例颁布意义有三：一是明确管辖区域为中东铁路沿线铁路用地，包括哈尔滨、满洲里、绥芬河、博克图、长春、穆棱、张家湾、满沟、一面坡、安达在内的铁路区域，在法律文本中首次被废除"中东铁路附

---

① 郭海霞、曲鹏飞：《东省特别区域法院诉讼制度研究》，《北方文物》2009年第4期。
② 5-1-274，东省特别区域地方法院历史档案，哈尔滨市档案馆。

属地"的名称,由"东省特别区域"取而代之;二是从司法上确认该区域已被中国政府收回并行使司法权,法院隶属民国法院系统;三是鉴于中东铁路沿线外国侨民众多,法院建设采取了一种创制性且过渡性的特别做法,东省特别区域法院是新式法院中的"特别法院",形成了涉外专门法院的特色。

事实上,《东省特别区域法院编制条例》虽为《收回中东铁路司法制度之临时办法》的重要补充,但仍停留在中观规划层面,具体落实之微观问题尚不及规定。

四、执行考:东省特别区域法院的建制与运行

《收回中东铁路司法制度之临时办法》的执行方案最终落实为建立东省特别区域法院,但特别法院的建立仍面临着异常复杂的局面。从审判机构组建的角度看,接收原俄国法院及治安审判厅是一个事关中俄两国外交的系统工程,阻力不仅来自武力干涉,也来自外侨抵制、外交干预,甚至还受当时中国的司法境遇影响。从司法人员组成的角度看,民国时期的司法官不足导致许多新式法院的设立"流产",而东省特别区还需要掌握中俄法律和外侨习惯风俗、具备涉外案件审判能力的法官,这无疑是难上加难。从司法制度的角度看,原中东铁路附属地内俄国边境地方法院的审判依据是俄国法律,新组建的东省特别区域法院对俄人案件的审理(尤其俄旧案审理)应选择适用俄国法律还是中国法律,应建立怎样的诉讼制度,均具有相当大的挑战。司法权收回后组建司法系统,尤其是建立合适的司法制度、选任合适的司法人员、适用合适的法律等事,不仅特殊,而且重要。

（一）组建"特别"机构并建立组织制度

东省特别区域法院作为新式法院的代表，其设置机构与其他新式法院多有相同，但也为处理外侨案件设置了"特别"机构。东省特别区域法院设高等审判厅与地方审判厅，两厅设置机构大致相同，均设有审判庭、检察所和书记室。其中，高等审判庭下设刑事审判庭、民事审判庭。地方审判厅设有刑事审判庭、民事审判庭附设简易庭及六个地方分庭。地方分庭是在接收原治安审判厅基础上形成的。各审判庭均设有报到处，当事人来法院诉讼、候审，需要向报到处报到并登记。书记室下设民事科、刑事科、文牍科、统计科、会计科、翻译处。[①] 法院下另设两个登记处，此是中国最早的公证机构。1921年9月，为了方便当事人诉讼，书记室增设问事处，指派翻译官及俄籍书记官免费回答当事人的询问。1926年8月，地方审判厅又结合涉外案件审理的现实需要，增设民事执行处以办理强制执行事务，保证民事判决的顺利解决。

司法部为东省特别区域法院中"特别机构"的运行，制定和颁布了相应的组织制度条例。例如，1920年10月31日，司法部颁布了《东省特别区法院编制条例》，1920年11月13日颁行《东省特别法院配置检察官办事权限大纲》，1921年3月2日颁行《东省特别区域清理俄人旧案处章程》，1921年8月4日颁行《东省特别区域清理俄人旧案处领译文卷办法》，1921年9月1日颁行《东省特别区域法院高等审判厅问事处规则》。

特别要指出的是，与其他新式法院审、检两厅分立不同，东省特别区域法院实行审检合署，地方审判厅和高等审判厅下设检察所。根据

---

① 参见殷梦霞、邓泳秋：《民国司法史料汇编》第27册，国家图书馆出版社2011年版，第58页。

《法院编制法》规定,各级审判厅均配置同级的检察厅,[①]而《东省特别区域法院编制条例》规定"高等审判庭、地方审判庭及分庭内各设检察所"。1920年11月13日司法部训令东省特别区域高等审判厅颁布《东省特别法院配置检察官办事权限大纲》,其中详细规定了检察组织、检察官职责等内容。[②]东省特别区域法院仿照日本等国检察制度,不另设检察厅,与以往审检两厅机构分离对峙、司法行政事务由检厅支配的制度明显有异。[③]这是为涉外刑事诉讼与国际化接轨的机构设置尝试。与此相似,1931年设立的上海特区法院也根据《关于上海公共租界内中国法院之协定》第5条在法院内设立检察处,开展案件的检察工作。[④]

另外,东省特别区域法院特设"清理俄人旧案处",专门审理原俄法院遗留下来的大量未能来得及审理完毕的民、刑事案件,同时公布了《东省特别区域清理俄人旧案处章程》(18条)作为俄旧案清理工作的规范性文件。[⑤]组织机构上,"清理俄人旧案处"及其下设之检察所,作为审理俄人旧案专门的临时审判机构,其"附设于东省特别区域高等、地方审判庭及各地方分庭内","设第一审庭、第二审庭"两个审判庭,其中"第一审庭为独任制,第二审庭为三人合议制",与其他审理新案的审判庭相对独立。人员薪酬上,"清理俄人旧案处"所有司法人员均系从现任东省特别区域法院各厅庭推事、检察官人员中遴员兼任,除特派者外,司法人员仅兼职、但不兼薪。管辖范围上,"清理俄人旧案处"清理的是"已判决之案曾经提起控诉者""已判决之案虽未提起控诉而依其本国法尚在上诉期者"及"未经判决者"。对于前两种已判决案件

---

① 参见朱勇主编:《中国法律史》,法律出版社2021年版,第348页。
② 《司法公报》1921年第131期,第16—17页。
③ 参见吴永明:《民国前期新式法院建设述略》,《民国档案》2004年第2期。
④ 参见姚远:《上海租界与租界法权》,上海三联书店2016年版,第119页。
⑤ 参见殷梦霞、邓泳秋:《民国司法史料汇编》第22册,第156页。

中的刑事案件由第二审庭作出终审判决,对于第三项未判决的案件中的刑事案件,由检察所侦查后再由第一审庭作出判决,其判决可上诉至第二审庭,第二审庭的判决为终审判决。判决后的执行也在该处进行,只有"政治犯案件得酌免"。法律适用上,"清理俄人旧案处"审理俄人民事案件基本上是适用中国法律、条例和现行法规,并不考虑外国人的民事法律规范和习惯,审理俄人刑事案件亦主要适用中国刑法,即"暂行新刑律",但也考虑到按照俄刑法处刑与中国刑法处刑不一致的情形,在俄刑法所定处刑较轻时,会酌情减轻刑罚至与其相等。

(二)甄拔"特种司法人员"并配套司法官制度

为了避免外国人对新式法院的指责,司法部尤其重视东省特别区域法院的人员选任。与其他新式法院相比,东省特别区域法院除推事、检察官、书记官、承发吏、检验员、法医外,还为涉外案件的审理配备了翻译官、外国咨议调查员,形成了具有专业化、精英化、涉外性特征的"特种司法人员"群体。为了进一步落实"特种司法人员"的选任、薪俸、叙等,司法部专门制定了配套的司法官制度。例如,1920年10月31日司法部公布《甄拔特种司法人员委员会章程》,1920年10月31日司法部颁行《东省特别区域法院外国咨议调查员任免暨办事章程》,1920年11月15日司法部颁行《东省特别区域法院咨议调查员办事及任免章程施行细则》,1921年7月3日司法部颁行《东省特别区域法院翻译官条例》《东省特别区域法院翻译官官等条例》《东省特别区法院翻译官官俸条例》,1921年7月8日司法部颁行《东省特别区域法院候补学习翻译官津贴规则》,1922年2月20日司法部颁行《东省特别区域司法官暨法院书记官叙俸简章》,1922年2月24日司法部颁行《东省特别区域法院承发吏考试任用章程》《东省特别区域法院承发吏考试章程施行细则》。从上述制度规范和人员配备可以看出,特别法院的"特种司法人员"具有以下特征。

第一,东省特别区域法院的特种司法人员甄拔的条件和程序严格,体现了对特种司法人员的专业化要求。1920年10月,司法部为东省特别区域法院甄拔审理外侨案件的专门人才制定并颁布了《甄拔特种司法人员委员会章程》(16条)。[①] 从其条件上看,特种司法人员应是熟悉俄文、有交涉事务经验、通过司法官考试、具有法律教育背景的司法人员,学问和经验是审查的重点。特种司法人员甄拔的前提条件为:

(1)熟悉俄国情形,通晓法令,会在东省办理交涉事务三年以上者;
(2)精通俄国语言文字而依司法官考试令,有应司法官考试之资格者;
(3)在欧美各国大学或高等专门学校修法政之学得有毕业证书者。

在符合上述学问、经验、品行方面的资格审查条件要求的前提下,特种司法人员需要通过笔试和口试考察应变能力和运用知识的能力。笔试科目包括"现行新刑律、民法、商法、民事诉讼法、刑事诉讼法、关于司法之现行法令",口试考查的科目和具体内容"由委员长临时定之",通常包括俄国情况和交涉事务等内容。

笔者通过对东省特别区域法院推事进行背景调查统计发现:推事中50%的人员曾有国外法学留学经历,另外50%的人员接受过国内法学

---

① 《政府公报》第1692号(1920年11月1日)。

专业教育;推事的平均年龄在 40 岁左右,最小的 33 岁,最大的 45 岁,正值人生判断力与精力旺盛时期;各级厅长、庭长、推事的专业化水平高,有秉公执法、清正廉洁的职业态度和严格遵照程序的职业理念。当时媒体评价"各厅务异常整肃,所隶推检人员承办民刑案件,亦各秉公守法,深得舆论之赞同"①,"法警、法官、书记官、翻译,都是特别精神,做事敏捷,手续清楚,有条不紊"②,《滨江时报》还以"朱检察官理案敏捷"为标题进行过报道③。1923 年东省特别区域法院朱树声、李葆光等 11 人分别获得过金质奖章和银质奖章的政府嘉奖。④这些都说明了东省特别区域法院的特种司法人员专业性极强。

东省特别区域法院人员配置齐全精干,并配置了较高比例的司法辅助人员,体现了司法官精英化发展的特征。以 1922 年为例,东省特别区域法院推事(包括高等审判厅、地方审判厅和地方分庭)共 31 人,司法辅助人员 121 人,推事人数约占法院总人数的五分之一,司法辅助人员占比远高于其他新式法院。因此,推事能从一般性的事务中解脱出来,提高业务水平、审判效率和审判质量。此外,东省特别区域法院司法官薪俸颇高,还提供员工宿舍、免费乘车票等福利。

根据 1920 年修订的《司法官官俸条例》的规定,各地方之高等审判厅厅长为"简任五级至简任一级俸",高等审判厅推事为"荐任十级至至荐任一级俸",各地方之地方审判厅厅长为"荐任八级至至荐任一级俸",地方审判厅推事为"荐任十四级至至荐任六级俸",而根据 1922 年《东省特别区域司法官暨法院书记官叙俸简章》的规定,东省特别区

---

① 《新华日报》,1921 年 3 月 2 日。
② 《北方杂志》,1926 年第 6 期。
③ 《滨江时报》,1921 年 11 月 25 日。
④ 《政府公报》第 4189 号(1923 年 12 月 22 日)。

域法院高等审判厅厅长系"简任三级至简任一级俸",高等审判厅推事系"荐任五级至至荐任一级俸",东省特别区域法院地方审判厅厅长系"荐任一级至简任四级俸",地方审判厅推事系"荐任六级至至荐任二级俸"。东省特别区域法院地方审判厅第二分庭推事郝树宝的月俸340元①,比同时期其他地方审判厅推事月俸高一倍,东省特别区域法院司法官整体俸禄水平虽略低于京师,却远高于各地方。

第二,由于东省特别区域受理的案件具有很强的涉外性质,为了保证涉外案件的顺利审理,法院不仅配有翻译官,而且"委用精通法律之外国人为咨议或调查员,以备咨询"。为了规范和限制外国咨议调查员在司法案件审理中的权利,司法部分别于1920年10月31日和1920年11月15日颁布了《东省特别区域法院外国咨议调查员任免暨办事章程》(14条)和《东省特别区域法院外国咨议调查员办事及任免章程施行细则》(11条)。②根据上述章程和细则,曾充外国法官和曾充或现充外国律师者可以遴选为外国咨议调查员。外国咨议调查员具有下列职责权限:法官与检察官案件咨询"陈述意见"的权利(第4条),"随时查阅卷宗"的权利(第5条),在审判厅长或分庭推事认为必要于法庭辩论时"莅庭"权(第6条),"莅庭"时向"当事人、证人或鉴定人发问"权(第6条),判决前向法院陈述"莅庭"意见权(第7条),"列席会议制法院评议"权(第7条),"拘提、逮捕或羁押外国人时"获得通知并"陈述意见"权(第8条),"视察拘禁外国人之看守所及监狱"权(第9条)。外国咨议调查员具有下列义务:"就刑事案件所知悉之情形得报告检察官"的义务(第10条),遵守"回避"制度的义务(第11条)。外

---

① 5-1-276,东省特别区域地方法院历史档案,哈尔滨市档案馆。
② 参见殷梦霞、邓泳秋:《民国司法史料汇编》第22册,第154—155页。

国咨议调查员接受咨询的范围包括：俄国法律之存废及其解释，俄国习惯，俄国宗教规律，俄国章程、命令、制度。

事实上，外国咨议调查员对什么样的案件可以陈述意见，对案件的什么问题可以陈述意见，主动权掌握在中国法官手中，这是咨议调查员制度的关键。特别法院借咨议调查员制度暂时缓解了涉外案件审判压力，吸收了外国人审判经验，了解了外国风俗习惯，为中国法院审理涉外案件奠定了基础。东省特别区域法院外国咨议调查员制度对上海华洋诉讼案件审理产生了重要影响。在1921年法权讨论委员会会议上，余绍宋提出《收回上海会审公廨意见书》，宝道、狄谷提出《审理上海商埠中外人混合案件裁判规则草案》，均主张任用外籍司法人员担任咨议。①

（三）民国诉讼法的区域"试行"与"特别"法令之补充

1920年的《收回中东路司法制度之临时办法》和《东省特别区域法院编制条例》中，除规定以"东省铁路界线"的地域管辖和"地方分庭与地方审判厅所设简易庭受理第一审涉外案件，高等审判厅受理第二审涉外案件"的级别管辖外，并没有具体明确地规定东省特别区域法院的案件管辖范围。1920年12月28日司法部电令"东省特别区域内华人与华人涉讼案件应由地方审检两厅"审理，同时东省特别区域法院有"有领事裁判权国人民诉讼案件受理权"；1921年2月14日《东省特别区域内地方分庭设置地点暨管辖区域》规定各地方分庭的地域管辖范围；②1921年5月26日，司法部电令进一步明确，无领事裁判权国人

---

① 参见吴文浩：《跨国史视野下中国废除治外法权的历程（1919—1931）》，《近代史研究》2020年第2期。

② 5-1-274，东省特别区域地方法院历史档案，哈尔滨市档案馆。

的案件由东省特别区域审判厅审理、无领事裁判权国人控告有领事裁判权国人的案件按条约进行领事管辖,东省特别区域法院管辖权逐步明确为"铁路界内除适用领事会审制度外的一切涉外民刑事案件"。管辖范围较成立时呈扩大化趋势说明东省特别区域法院的运行效果良好,既展现了中国的司法主权,也兼顾了东省特别区域撤废领事裁判权后过渡时期的特点。

民国政府在继承发展《大清刑事民事诉讼法草案》、吸收借鉴域外诉讼立法最新成果的基础上,先后颁行了《刑事诉讼条例》和《民事诉讼条例》,并率先在东省特别区域试行,随后推行全国。① 由于俄侨当事人对诉讼程序的要求标准较高,诉讼程序法对司法权收回后司法制度建立影响关系重大,因此,诉讼条例率先在东省这一专门审理外侨案件的特别法院施行。在民国政府大总统令中有言:

> 民事诉讼程序关系甚重,现在东省法院甫经收回,俄侨喁望尤切,……应准将民事诉讼法草案自本年九月一日起先就东省特别法院区域施行……②

《民事诉讼条例》《刑事诉讼条例》在东省特别区域试用的经验为北京政府司法制度尤其是程序法律系统的建立,提供了重要参照。1921年11月14日,民国政府将《民事诉讼法草案》《刑事诉讼法草案》更名为《民事诉讼条例》《刑事诉讼条例》,并在同日公布了施行条例,对两部诉讼法的效力及其与其他法律的配套作出规定,以配合条例的适用。

---

① 参见杨鸿烈:《中国法律发达史》,清华大学出版社2003年版,第219、221—225页。
② 殷梦霞、邓泳秋:《民国司法史料汇编》第23册,第940页。

按照1922年1月6日大总统令，此前仅试行于东省特别区域的《民事诉讼条例》和《刑事诉讼条例》自1922年7月1日全国施行。

除全国性立法的适用，东省特别区域法院还拟定了"特别法"。民国时期，诉讼案件数量大幅增长，"执行难"问题加剧，为此，司法部在调研民事执行实际情况的基础上制定了《民事诉讼执行规则》，作为全国各级审判厅办理民事执行案件的法律依据。东省特别区域审判厅根据涉外民事判决执行的需要，单独拟定了《东省特别区域法院民事诉讼执行规则》，呈报司法部后于1926年8月10日颁布，成为《民事诉讼执行规则》外的"特别法"。《东省特别区域法院民事诉讼执行规则》创造性地扩大了民事诉讼执行人员的范围，由《民事诉讼执行规则》规定之"承发吏"扩大为"书记官、翻译官、执行员、承发吏"[①]，提高了法院民事执行的整体运行效率。此外，对于从前俄法院审理旧案的执行问题，《东省特别区域法院民事诉讼执行规则》第5条还做了特别规定："当时依外国审判、衙门之判决声请强制执行时，须经中国审判厅以判决许其执行者为限，始得开始强制执行。"[②] 这保证了中国人与外国人间诉讼案件的公平公正。

（四）"审慎变通"的审理依据

东省特别区域法院在审理外侨案件时严格依据民国法律、单行法规及司法部训令，在司法实践中遇到问题时及时呈请司法部、大理院，经回复批准后，针对特别区域特点，在审理依据上审慎变通，以弥补当时实体法和程序法的不足。

[①]《司法公报》1926年第226期，第11页。
[②] 同上。

1. 刑事案件以民国法律为主、司法部训令为补充

从东省特别区域法院司法档案中的刑事案卷看,东省特别区域法院审理外侨刑事案件所依据的刑事实体法主要是1912年《暂行新刑律》和1928年《中华民国刑法》,刑事程序法主要是1922年《刑事诉讼条例》、1928年《中华民国刑事诉讼法》和1920年《刑事简易程序暂行条例》,单行刑事法规依据包括1914年《惩治盗贼法》、1920年《科刑标准条例》等。

特别要指出的是,东省特别区域法院刑事案件审理中也有不宜适用民国法律的特殊情形。例如,盗匪案件不适用《惩治盗匪法》。《惩治盗匪法》规定,一经判决死刑,待上级核准后便立即执行而不得上诉,[①] 而考虑到外国人如果判决不得上诉必然导致外交事件,难免阻碍收回治外法权,东省特别区域高等审判厅呈请司法部,司法部训令:"事关对外,似应融通办理,拟请嗣后对外国人民一律免于适用该法,以示怀柔。"[②] 又如,对于无领事裁判权国人民刑事重罪的处刑问题。部分国家刑法当时已废除死刑制度,1920年12月司法部呈报大总统,提出对被告所属国未废除死刑的案件可以判处被告死刑,对被告所属国已废除死刑的案件则酌情判处被告无期徒刑。虽然在当时中外司法矛盾激烈的情况下,这一处刑原则有一定的合理性是值得肯定的,但因"俄政不网,盗贼充斥"导致治安隐患,1923年东省特别区域在东省特别区域地方审判厅厅长朱树声呈请司法部训令"撤废无领事裁判权国人民犯罪变通处罚办法"。[③] 阔尔尼洛夫等杀人案就是第一例判处俄国人被告死刑的案件,该案当时引发了社会各界的关注。

---

① 参见谢扶民:《中华民国立法史》,上海书店出版社1996年版,第1166—1167页。
② 5-1-33,东省特别区域地方法院历史档案,哈尔滨市档案馆。
③ 《政府公报》第185号(1923年11月30日)。

整体而言，东省特别区域法院通过审慎变通地适用民国法律、单行法规及司法部训令审理外侨刑事案件，以依法定罪、从轻量刑为原则，审判依据详叙于判决书理由部分，遇到疑难问题及时呈报司法部，对无领事裁判权国人所犯重罪先"分别处刑"后"酌处死刑"，体现了民国政府既"示体恤"又"坚信仰"的态度。①

2. 民事案件以民国法律与当事人本国法律、习惯兼用

相较于外侨刑事案件审理的"审慎变通"态度，东省特别区域法院对外侨民事案件审理更尊重当事人的"平等""合意""自由处分"等权利。从东省特别区域法院司法档案中的民事案卷看，东省特别区域法院审理外侨民事案件所依据的基本法律主要是《大清现行刑律》中的民事有效部分、1922年《民事诉讼条例》、1920年《民事简易程序暂行条例》等，以及1914年《商人通例》《公司条例》，1922年《票据法草案》《不动产登记条例》等民商事相关法规。

特别要指出的是，由于外侨案件审理的特殊性，东省特别区域法院审理外侨民事案件常以当事人本国法律、习惯为依据。例如，1922年拉倭石倪阔夫斯基遗嘱案②中关于遗嘱效力的认定，就是依据1918年《法律适用条例》第21条第1款"遗嘱之成立要件及效力，依成立时遗嘱人之本国法"③之规定，指出依照"俄国民法遗嘱应用两面纸书写，并须证人两人以上证明，做成遗嘱时，遗嘱人精神清爽，脑力充足，方始有效"，而被告人呈出之遗嘱，只用一面纸写，虽在遗嘱上载有三个证人，但此三人均不能证明作成遗嘱时是否精神清爽、脑力充足，所以判决适用遗嘱人本国法认定遗嘱无效的。又如，1922年独拔洛霍夫诉物拉索

---

① 《民国日报》,1921年1月3日,第6版。
② 5-1-234,东省特别区域地方法院历史档案,哈尔滨市档案馆。
③ 《中华民国法规大全》第4册,商务印书馆1936年版,第5496页。

夫期票案中关于利息的认定,是按照俄人民事习惯确定"按年利六厘给付利息"①而判决。

司法实践中也常有影响重大的特殊案件,东省特别区域法院通常呈报大理院,依据大理院的法令解释审理案件,东省特别区域法院的呈请在一定程度上推动了民国相关法律制度的发展。

例如,东省特别区域法院审理的未登记不动产买卖、抵押纠纷案件。根据1922年《不动产登记条例》采登记对抗主义,东省特别区域内外国人因"登记仅对抗第三人",多数人表现出"若无瓜葛,即不登记"的态度,东省特别区域法院将这类案件呈报大理院,在呈请书中分析了不动产登记制度的对抗主义和要件主义之利弊,建议《不动产登记条例》第5条改为"依法律行为而有不动产物权之得丧变更,依本条例应行登记之事项,非经登记不生效力"。②大理院于1926年11月批准在东省特别区域内"试办"登记要件主义原则,东省特别区域法院不仅依据大理院解释审理了案件,还推动了不动产登记制度的发展。

又如,东省特别区域法院审理的医疗责任纠纷认定案件。中西医治疗方法迥异,西医遇到"非经解剖,无从救治"的情况时需要得到病人亲属同意,而国人与西医认知往往存在差异。1925年东省特别区域高等审判厅呈请大理院解释责任认定问题,呈报书中写道:"(一)与病人解剖时是否仅有病人书面同意(愿书)即足?(二)按照中国法律,中国人至何年龄为成年人,即至何年龄方有独立出具书面同意(愿书)之权?(三)妻未得夫之同意,对于解剖时是否有权出具书面同意(愿书)?(四)如妻无此权,则妻患重病必须迅速解剖而其夫又不在场时,

---

① 5-1-246,东省特别区域地方法院历史档案,哈尔滨市档案馆。
② 《司法公报》1927年第231期,第9页。

则将如何办理？（五）如小儿病时，父亲不在场时，则母亲是否有权对于小儿之解剖出具愿书？（六）已达成年而未出嫁之中国女子，是否有权对于自己受外科疗治时出具愿书？或必须父亲之同意？（七）对于受病者因为病状或伤状重大受伤流血等之重症时，是否应得患病者之同意方与治疗等？"① 上述内容不仅涉及中西医疗习惯的碰撞，更是现代民事关系对传统亲族关系的突破，大理院在复函中明确了医生提醒注意义务在先原则，并承认了女性民事行为能力和法律地位。在司法实践的促进下，医患双方的责任更加明晰。

整体上，东省特别区域法院尊重当事人合意，在适用中国法律的同时兼用当事人本国法律和习惯，遇到新问题及时呈报大理院，大理院解释对部分法律条文的修改不仅是司法实践中的重要区域性尝试，而且为这些法律规范在全国推行积累了先行经验。

五、结论：近代中国新式法院的"先行者"

一部《收回中东路司法制度之临时办法》的贯彻，深度展现了近代中国新式法院中第一个"特别法院"的建制历程。从宏观层面，《收回中东铁路司法制度之临时办法》确定了收回中东铁路司法权的总体方向，到中观层面《东省特别区域法院编制条例》明确建立特别法院规划，再到微观层面的一系列组织法令、司法官法令、诉讼法令的出台和运行，特别法院在摸索中建制，成为近代中国新式法院的"先行者"，完成了收回中东铁路司法权的历史任务，推动了东北地区乃至全国法制近代化和国际化的步伐。

---

① 《政府公报》（1925年5月7日），第3268页。

(一)东省特别区域法院是收回治外法权的"先行者"

东省特别区域法院的设立为特殊区域治外法权收回迈出了"第一步"。法院建设的目标是"内以固我国法权,外以博外人信仰",经过创设机构、甄拔人员、建立制度成为"规模较内地为大,法官待遇,亦视他法院为优"①的新式法院代表,朝阳大学《法律评论》对其给予了"外人当信我具有收回领事裁判权之能力"的高度评价,为其后收回治外法权进程中法院建设树立了样本。正如司法部对东省特别区域设立之评价,"终达收回目的,实为吾国收回治外法权之嚆矢,兹分志于此以为吾国之前途幸"。②东省特别区域法院的建制对上海收回租界治外法权亦产生了重要的影响,从北京政府于1921年法权讨论委员会讨论"设立特别法庭代替上海会审公堂之办法"提议建立上海租界特别法院,③到上海特区法院建立并设立内设检察所的法院组织,特别法院的经验不断积累。东省特别区域法院成为民国时期收回治外法权行动的第一个"对外窗口"。

(二)东省特别区域法院是新式法院建设的开拓者

东省特别区域法院建立起了具有新式法院特征的组织制度和司法制度。"特别法院"被纳入民国新式法院系统,颁布了一系列规范性文件,实现了立法创制性的探索实践,建立了较为系统化的司法组织运作机制,与"衙门司法"相比职权更明确、运行更高效,制定了"特种甄拔""高薪俸给"的特种司法人员队伍保障机制,实现了法院职权的扩张,审判权、司法行政权、检察权配置逐渐清晰。这些都是东省特别区

---

① 《法律评论》,1923年第4期,第1页。
② 殷仙峰:《哈尔滨指南》卷二,第10页。
③ 参见吴文浩:《跨国史视野下中国废除治外法权的历程(1919—1931)》。

域法院作为新式法院的典型代表的探索性实践。

（三）东省特别区域法院是法制近代化与国际化的推动者

自清末法制改革以来，我国先后引入诸多西方理念和制度。东省特别区域法院从司法机构的设置、司法人才的选任到组织制度、诉讼制度、执行制度的建立，既反映了当时中国社会的内在变革，又呈现了国际化的特点。东省特别区域法院作为中外司法交涉的前沿，深受近代司法理念的影响，其法制近代化水平远高于其他地区。该院率先发展，在一定程度上推动了法制从传统到近代的转型和发展，具有进步性。同时，在中西法律文化交流互鉴的过程中，全国性立法《民事诉讼条例》《刑事诉讼条例》等新法在此展开区域试验，实现了本土化与国际化融合过程中的制度调试。

（四）东省特别区域法院是涉外法院、铁路法院的探路者

学界通常认为我国铁路法院是1954年仿照苏联模式建立的，是"计划经济"时期历史的产物。[①] 但追溯历史可以发现，苏联铁路法院的模式是在铁路修筑过程中建立铁路管理机构、行政管辖机构和专门司法审判机构的产物，其铁路法院实有中东铁路司法治理的影响。事实上，东省特别区域法院是中国第一次建立的铁路区域专门法院，也是第一次专门审理涉外案件的专门法院，这是一次大胆的尝试，也是无奈的尝试。但却为专门法院审理专业类型的案件提供了思考空间，也提供了历史法源的参考。

然而，必须要客观地认识到，东省特别区域法院的建制存在一定的

---

① 参见刘忠：《我国特别类型法院设置制度史考察》，《环球法律评论》2023年第6期。

历史局限性。其一,制度设计具有临时性、过渡性的特点。由于涉外案情复杂,中外法律冲突较多,经验不足,还有领事裁判权的交涉问题,特别法院建制之初并没有详细的、系统的制度规范,而是"摸着石头过河",用临时性的、有针对性的命令和电文进行调整和补充。虽然解决了燃眉之急,但是在一定程度上缺少系统性和科学性。其二,"先司法、后行政"的倒叙式发展决定了司法治理的效果欠佳。一般来说,区域的发展顺序应当是先建立行政管辖机构,再制定法律、执行法律,但由于俄国领事裁判权撤销后,北京政府亟须建立以俄国人为被告的刑事案件的司法管辖,东省特别区域法院在情急和无奈之下先形成了特别司法区域,然后才把该区域建设成为行政区域。这种区域"倒叙"发展的特殊性,决定了该区域行政治理乏力。在较长时间段内考察该法院的运行,就会发现其行政供给力不足的问题。

虽然有诸多不足和缺点,但瑕不掩瑜,这一"特别法院"的建制尝试是近代收回治外法权的嚆矢,为民国时期陆续在上海等地建立特别法院提供建制经验参考,也为近代中国审理涉外案件提供了重要的审判参考。

"减少人民诉讼负担":哈尔滨解放区地方法院的调解实践*

宋 鋆 何长春**

摘 要 哈尔滨解放区地方法院成立于1946年8月23日,是在全国解放的第一个大城市建立的人民法院。城市人口众多、民事讼争多样复杂,哈尔滨解放区地方法院在传承农村革命根据地调解传统的同时,进行了有益的城市调适与创制。在1946—1949年的案件办理工作中,哈尔滨解放区地方法院以保护人民利益为基本原则,大量使用调解结案的方式为解放区人民群众解决诉讼纷争,提高了司法效率,稳定了社会秩序,使哈尔滨成为解放战争中稳固的后方中心城市。

关键词 哈尔滨解放区 法院 调解

中国共产党在解放哈尔滨之前,已在广大农村根据地取得了有益的调解工作经验,哈尔滨作为中国共产党领导解放的第一个大城市,案

---

* 本文为2023年度西北政法大学本科教育教学改革研究项目《以课程思政建设推进新时代"陕派"法学生培育研究》(XJYZ202327)和2023年度陕西省社会科学基金项目《新时代西北人民革命大学红色基因的内涵与传承研究》(2023XWT04)的阶段性成果。

** 宋鋆,西北政法大学法治学院、法律硕士教育学院讲师;何长春,西北政法大学法治学院、法律硕士教育学院硕士研究生。

件纠纷较农村根据地更为复杂和多发。根据笔者掌握的革命历史档案，1946—1949年哈尔滨解放区地方法院民事案件审理工作大力推广适用调解方式解决民事案件，及时地解决了讼争，适应了城市群众对于司法工作的要求，取得了良好的司法效果。本文将分析哈尔滨解放区地方法院调解实践，以期展示其"减少人民诉讼负担"的司法效果与革命意义。

一、工作传统：保护人民利益

保护人民利益是革命根据地法院的优良传统，也是其调解工作的圭臬。由于革命背景和群众内涵的变化，各时期的保护对象有所差异。如中央苏区法院以保护工农劳苦大众为工作任务，陕甘宁边区法院以保护抗日的人民为工作任务，到哈尔滨解放区时期，"人民群众"的内涵更为丰富。① 在中央苏区建设过程中，中央于1929年给红四军前委的指示信中，有"红军与群众"一章，将"发动群众斗争，实行土地革命，建立苏维埃政权"作为红军三项基本任务之首项，帮助群众建立自己的群众组织，提高群众对组织的信仰，增加群众组织的威信。苏区时期"群众"即工农劳苦大众。1931年中华苏维埃共和国成立，宣布建立工农民主专政的国家，② 便民原则是工农民主政权重要的司法原则。这一原则要求各级司法机关及其司法人员在开展工作时，要深入贯彻执行党的群众路线，积极践行司法为民的根本宗旨，坚持司法工作的群众性。③

---

① 参见孙光妍：《"从农村到城市"：人民法院的转型实践——以哈尔滨解放区人民法院为例》，《中国社会科学报》2018年8月22日。
② 中国现代史资料编委会：《苏维埃中国》，中国现代史资料编委会1957年版，第54页。
③ 参见陈少峰、朱文龙、谢志民编著：《中央苏区法制建设研究》，江西高校出版社2017年版，第181页。

调解是便民原则在司法中的重要体现。中央苏区政权重视人民调解工作,通过基层苏维埃政府组织、群众团体、人民法庭等积极开展人民调解工作,化解各类矛盾纠纷,维护工农劳苦大众利益。

在哈尔滨解放区之前的中央苏区、陕甘宁边区多是农村根据地,群众在诉讼中的利益诉求主要围绕土地展开,而哈尔滨是一个具有国际性特色的大城市,城市人口构成远比农村复杂多样。市民阶层包括工人、职员、知识分子、工商业者、市郊农民等,①工商业者占市民人口60%以上,农民仅占26%。此外,哈尔滨市还有大量的外侨。1947年哈尔滨市的户口调查显示,哈尔滨市有外侨38 134人,其中包括苏联人31 809人、朝鲜人3039人、日本人2111人,其他外侨1175人。②由此可见其国际化程度。城市人口构成不同于农村根据地,其利益诉求也当然不同。1946年,面对城市群众的复杂情况,《中共哈尔滨市委员会关于目前哈市工作的决定》提出,"不论哈市能否确保或保持时间长短","对于群众工作,对各阶层人民的政策,以及与广大人民群众生活有重大关系的市政设施等,仍须作长期打算",应争取"在群众中生根,扩大党的政治影响"。③哈尔滨解放区地方法院延续了群众路线这一指导思想,通过调解工作保护了城市解放区人民的婚姻自由、取得劳动报酬等合法利益。

二、工作方式:简利便民

哈尔滨解放区地方法院的调解工作主要体现为简利便民。该传统

---

① 5-1-3 "松江省主席冯仲云致词",革命历史档案,哈尔滨市档案馆全宗号。
② 5-1-5,革命历史档案,哈尔滨市档案馆。
③ 哈尔滨市档案局(馆)编:《哈尔滨解放:1946.4.28》,中国文史出版社2017年版,第100页。

来源于对农村根据地调解工作特别是马锡五审判方式等重要精神的传承。同时，哈尔滨解放区地方法院进行了多元的城市创制与调适，在调解中重视法治教育宣传的作用。

（一）对农村根据地调解工作的传承与调适

1946年哈尔滨解放区地方法院建立伊始，便沿袭了农村根据地的做法，将调解作为诉讼的必经程序。哈尔滨特别市政府"秘字第二十二号通知"规定，一切民事纠纷必先经所在区、街政府调解，一旦调解协议达成，无须再到法院起诉；若调解不成，则需要区、街政府将案件内容材料或介绍信转送法院，并附加处理意见，以"减少人民对诉讼上的负担"。1946年，法院受理民事案件213件，[①] 中止、撤销和无结果的案件数为68件，以判决和裁定方式结案的案件数为23件，以调解方式结案的案件数为122件，调解率高达57%；1947年，法院审理民事案件1080件，[②] 调解结案的有702件，调解率达65%；1948年，审理民事案件共2008件，调解结案的有1486件，调解率升至74%。[③]

1948年后，哈尔滨解放区法院认识到调解结案过滥之危害，意识到工作"必须严格注意法治精神、用法治来具体体现民主政治"，[④] 于是在1948年《人民法院与区民事调解工作之联系办法》中明确规定了"调解非诉讼必经程序"。[⑤] 调解原则为："不违反人民政府政策、法令及照顾民间善良风俗习惯（落后的除外）；双方自愿不得强迫；调解非诉讼必经程序如不宜调解，或当事人不愿在区调解者，得径向人民法

---

① 54-MSG-1，革命历史档案，哈尔滨市人民法院档案室。
② 5-1-45，革命历史档案，哈尔滨市档案馆。
③ 同上。
④ 5-1-8，革命历史档案，哈尔滨市档案馆。
⑤ 5-1-7，革命历史档案，哈尔滨市档案馆。

院起诉。"①

哈尔滨解放区施行的三项基本调解原则,是在东北行政委员会1948年发布的《关于建设司法工作的几项具体指示》的指导下,② 以根据地调解工作的实践经验为基础逐步形成的。三项基本调解原则之间相互联系,共同保障了人民调解工作的规范化和当事人调解自愿的实现。其主要包含三层含义。第一,"不违反人民政府政策、法令及照顾民间善良风俗习惯(落后的除外)"的原则,即要求哈尔滨解放区人民调解工作在政策、法令的范围内进行,调解不是无原则地"和稀泥",而是明辨是非,调解可以照顾进步、善良的习俗,但不能迁就落后、有害的习俗,对于侵害国家利益、社会公众利益及当事人利益的落后风俗,在调解工作中不应予以采纳。从而在兼顾社会风俗习惯的前提下,避免了以往调解"久调不决"现象的发生。第二,"双方自愿、不得强迫"的原则,禁止强行调解,并对调解方式方法和调解协议方面做了规定,充分尊重案件当事人的真实意愿。③ 在不违反革命政策法令等的前提下,保障当事人自愿调解,协商一致的诉求。第三,哈尔滨解放区"调解非诉讼必经程序如不宜调解,或当事人不愿在区调解者,得径向人民法院起诉"调解原则的规定,有利于"加强区街政权的调解工作并与法院建立业务上的指导关系"④,有利于实现调解的民主,保证当事人民主权利的充分实现。纠纷发生后,当事人可以选择以调解或诉讼的方式结案,案件当事人若不经调解直接向司法机关起诉,司法机关不得以该案未经调解而拒绝受理。

---

① 5-1-7,革命历史档案,哈尔滨市档案馆。
② 5-2-1,革命历史档案,哈尔滨市档案馆。
③ 参见李昌道:《司法调解与和谐社会》,《复旦大学学报(社会科学版)》2007年第2期。
④ 5-1-45,革命历史档案,哈尔滨市档案馆。

(二)多元的调解形式

哈尔滨解放区法院对调解形式进行了适合城市情况的调整,如减少民间自行调解、规范群众团体调解、承认政府调解、注重法院调解等。具体说来,哈尔滨解放区的调解形式主要包括以下几类。

其一,民间自行调解,即人民群众自己解决纠纷,由双方当事人都信赖的有威望之人进行调解。这种调解方式没有固定的组织形式,以双方自愿为原则,曾在农村根据地适用,并取得了良好的社会效果。[①]但从现在哈尔滨解放区革命历史资料来看,这种调解形式在哈尔滨解放区的应用并不广泛。其二,群众团体调解,即群众组织来解决群众之间的争议纠纷,如由农会、工会、妇救会等调解。[②]哈尔滨解放区工商业较发达,在长春解放前,哈尔滨是工业中心,各种团体组织较多,农会、工会、妇女协会以调解形式解决群众纠纷亦属应然。[③]其三,政府调解,即政府机关主持调解民间纠纷,若当事人违反调解协议,司法机关可予以强制执行。哈尔滨解放区政府广泛应用了调解方式。例如1948年,政府调解成为民事纠纷立案的前置条件。其四,法院调解。法院调解是哈尔滨解放区的重要调解形式之一,属诉讼内调解,分法庭调解与庭外调解,经过人民法院调解所达成的协议,对双方当事人皆具有同等的法律约束力。

哈尔滨解放区时期调解的范围与陕甘宁边区时期基本相同,多限于民事案件及轻微的刑事案件。笔者梳理哈尔滨市中级人民法院档案

---

① 蓝全普编:《解放区法规概要》,群众出版社1982年版,第143页。
② 各抗日根据地的群众团体情况不尽相同,在陕甘宁边区,各群众团体设有专门的调解委员会,而在晋冀鲁边区的太岳区,工农青妇各群众团体以及冬学、互助组直接履行调解的职能,不另设调解委员会。
③ 如哈尔滨解放区时期存在的哈尔滨市工商业联合会、哈尔滨市工会、哈尔滨市妇联协会等。

馆馆藏卷宗后发现,哈尔滨解放区法院多以调解结案的方式审理民事案件,判决结案相对较少。这种民事案件结案方式提高了办案效率,便利了诉讼人民,贯彻强化了城市解放区的群众路线,调解的范围不限于债务、婚姻、土地、继承等根据地常见的纠纷,还包括夫妾关系、房屋迁让、劳资纠纷等,[①]体现了鲜明的城市特色。因城市政治、经济、文化存在集中性和复杂性,[②]"城市人民的时间要求亦不同于农村",[③]"人民"内涵不似农村根据地时期那般简单。[④]在司法工作中,哈尔滨解放区在重视调解工作的同时,明确调解工作必须严格注意法治精神,体现民主政治,[⑤]不可强制调解、调解非诉讼必经程序,尊重城市人民以诉讼方式实现权利救济的选择,切实保障了人民群众的合法权益。

(三)重视调解的教育功能

调解有利于减少冲突纠纷,促进社会稳定,并可通过温和的方式引导教育群众遵守和信任法治。哈尔滨解放区调解工作在吸取农村根据地调解经验基础上,因时、因地制宜,创造出了城市特色的调解制度和工作方法。陕甘宁边区时期马锡五曾提出调解一方面让人民懂得了道理,在调解中促进了法制宣传,另一方面发扬调解结案方式可以让讼争减少,让当事人重修旧好,促进团结。哈尔滨解放区时期,调解工作对象转变为多元化的利益主体,人民调解工作既包括民众之间的纠纷,又包括民众与企业、企业与企业间的纠纷,案件复杂,牵涉利益群体广泛,城市虽然"交通咫尺",但人与人之间不似农村根据地那般熟悉,就地

---

① 5-1-8,革命历史档案,哈尔滨市档案馆。
② 同上。
③ 同上。
④ 同上。
⑤ 同上。

调解宣传的方式在城市实施较为困难,这为调解工作中的教育宣传内容带来了挑战。1948年发布的《人民法院与区民事调解工作之联系办法》体现了城市的试验性探索,提倡既重视解决矛盾,又重视发挥调解工作之教育作用,以实现传达法治精神的目的。《人民法院与区民事调解工作之联系办法》规定:

> 人民法院认为有教育意义的案件,经院长审核批准,送达有关区民政股,可采取有效办法,进行宣传教育。依工作需要,人民法院于指定区设立专用黑板报,由区民政股管理及涂写,稿件由人民法院供给。人民法院每半月,将富有教育意义的材料,编纂印刷,送达区民政股。[1]

从上述规定可以看出,哈尔滨解放区的调解工作目的不仅在于解决矛盾、平息纠纷,还追求在城市进行广泛普法以实现社会效果。哈尔滨解放区提倡司法调解不仅要注重解决纠纷和"息事宁人",更强调其是法治信息传播重要渠道,指出它可以用以教育群众,进而改造社会。[2]

(四)典型案例

笔者通过对哈尔滨地方法院以调解方式结案的民事案件卷宗进行梳理,窥见当时的司法者投入大量气力求得快速而和谐地解决民事讼争,特别是离婚纠纷、劳资纠纷等贴近市民生活的案件,多以调解方式结案。

---

[1] 5-1-7,革命历史档案,哈尔滨市档案馆。
[2] 强世功:《调解、法制与现代化——中国调解制度研究》,中国法制出版社2001年版,第231页。

案例一：王文彩诉魏云生支付工资案。

原告 14 岁时经人介绍在被告家学徒，18 岁时学徒期满，因不堪虐待逃归家中，其后被告之兄以"未满徒未效三年力"为口实，拒绝支付原告工资。1947 年 4 月 8 日推事刘毅进行调解。

经过调解，双方达成调解协议，魏云生支付王文彩工资 10 000 元。推事刘毅认为，王文彩在事实上为魏云生经营的商铺提供了劳动，虽然满徒后未能效力三年，但是因不堪虐待而逃走，且王文彩身为贫困农民，因胆小和长期遭虐待而一直不敢讨要工资，其权益应当得到保障。①

案例二：苏维德诉哈尔滨实业银行支付工资案。

原告苏维德曾充任哈尔滨实业银行行员，月薪 7000 元，1947 年 2 月末退职，被告认为原告退职后未能交代清楚担任事务，为此拒绝给付一、二两月薪俸，为此原告请求给付薪俸 14 000 元。1947 年 4 月 8 日推事董伯申进行调解。

推事董伯申充分考虑了双方诉求，认为原告获得报酬之权利应得到保障，被告请求原告退职后交接工作的诉求亦为合理。在推事的努力调解下，原被告最终达成协议："原告将其在职中所担任之事务交代完了后，被告对其给付工资一万四千元。②"

案例三：赵延龄诉李玉真离婚案。

原告赵延龄与被告李玉真婚后发生冲突，赵延龄对李玉真施暴导致李玉真逃回母家。1947 年 3 月 13 日，经推事刘毅调解，二人和好。

法院查明原被告婚后感情尚可，只因某夜被告对原告心生猜忌，拒绝同居，导致二人互殴，被告气愤之下逃回母家。经法院调解，双方达

---

① （1947 年）民 256 号，哈尔滨市中级人民法院档案室。
② （1947 年）民 266 号，哈尔滨市中级人民法院档案室。

成一致协议,从此原被告继续同居,原告不得对被告有任何侮辱虐待行为,被告不得有"无故别居"行为,原告须保证"并无另外妻子,如有另外妻子时担保损害赔偿责任"。① 可见法院当时不仅对夫妾关系予以取缔,并在夫妻相互忠诚义务方面做了宣传工作。

案例四:张桂英诉杨建福离婚案。

被告杨建福婚后因嫖娼染病,导致两名子女因遗传梅毒而夭折。推事董伯申于1947年4月26日调解双方离婚。

在调解过程中,女方因男方"不务正事,时常出去逛窑子、喝酒",并将梅毒传染给子女导致三名子女中两人夭折,被告杨建福也提出"我见她就有气",法院据此认定夫妻感情破裂,调解离婚。在财产分割方面,因被告无固定收入,原告须返还被告"被一床、毡疙瘩一双、黄单衣服一套",以免被告生活窘迫。②

案例五:姚淑媛诉吴庆祥解除婚约案。

原告未成年时与被告订立婚约并被送至被告家中当童养媳,被告家支付了彩礼。1947年4月12日经推事张大平调解,原被告解除婚约。

在婚约效力方面,法院查明原告之母有鸦片嗜好,曾在原告8岁时以"二十个烟份"作为彩礼许下婚约,至原告13岁时,被告之母将其接到家中做童养媳,现强迫原被告结婚。原告认为"实违反婚姻自由原则,今为争解放,请求解除婚约"。但在彩礼方面,被告家中曾支付彩礼2万余元,并支付了原告来哈尔滨市的各类资费,因此法院调解原告返还被告损失费1万元。③

---

① (1947年)民154号,哈尔滨市中级人民法院档案室。
② (1947年)民262号,哈尔滨市中级人民法院档案室。
③ (1947年)民249号,哈尔滨市中级人民法院档案室。

案例六：盛于氏诉盛振伦同居案。

原告盛于氏与被告盛振伦系夫妻关系，后盛振伦纳妾丁淑卿，此后较少与盛于氏同居并经常对其虐待殴打。1947年3月6日，经推事张大平调解，盛振伦与丁淑卿解除夫妾关系。

原被告及第三人丁淑卿达成的协议包括：盛振伦与盛于氏继续同居，丁淑卿与盛振伦脱离关系，盛振伦应将丁淑卿之物品全部交与丁淑卿，盛振伦每月向丁淑卿支付两千元生活费直至丁淑卿再婚，盛振伦找妥善保人保证此后不再与丁淑卿发生关系、不虐待原告盛于氏。

该调解协议体现了当时解放区法院对夫妾关系的态度。其一，在夫妻、夫妾关系发生冲突时，采取"割小留大"的做法。盛于氏案调解期间，丈夫盛振伦曾明确表示："我现在已经三十六岁了，一事无成，尤其关于这事，先得应由我负责，我现在觉悟了，愿意和原告继续同居。"其妾丁淑卿也表示："盛振伦曾告诉我过他有大女人在山东家，不过感情不好，不到一年原告（盛于氏）由山东家返回，时常与我口角。"丁对夫妾关系表示反悔："愿意趁现在还年轻的时候与盛振伦离婚，免去将来大家的痛苦。"[1] 其二，坚决反对家庭成员之间的暴力、虐待等行为。包括被告对妻子的殴打，如"盛振伦又至市内将原告殴打一顿致原告头部颜部均负有青肿殴打伤"，也包括妻妾互相殴打，如"盛振伦发怒，将原告与丁淑卿二人共驱，以致令二人互殴"。法院在调解中对当事人的该类行为提出了批评教育。其三，虽然法院提倡婚姻自由、男女平等，但是在当时的社会环境下，诸多女性若离婚，并无独立生存的能力，故经法院调解，盛振伦在丁淑卿再婚之前，须付其生活费。[2]

---

[1] （1947年）民132号，哈尔滨市中级人民法院档案室。
[2] 同上。

在调解的过程中,当事人不仅可以化解干戈、重修旧好,还可通过与人民法院调解人员座谈的方式,了解革命政策法令,如劳资两利、男女平等、一夫一妻、鼓励生产等。可以说,调解不仅对当事人而言是简单便利的实现权利的方式,对于中国共产党不论在农村或城市的社会治理而言,也是实现社会稳定、人民群众团结和谐的重要方式。

三、工作效果:定分止争、稳定政权

1946—1949年,哈尔滨地方法院本着保护人民利益、及时解决讼争的目的,对民事案件审理工作开始了积极的探索,形成了颇具"城市"特色的调解工作方法,减轻了人民在诉讼上的负担,取得了良好的社会效果。

(一)稳定新生政权

哈尔滨解放后至哈尔滨解放区地方法院建立前,民主政权尚不稳定。陈云等领导人在《关于哈尔滨市近况及目前主要工作致中央并东北局电》中曾指出哈尔滨市的政权隐患,民主联军进入哈尔滨市不是通过战争途径实现的,城市的基本设施虽未遭破坏,但仍是危机四伏:

> 表面一切似尚平静,但问题极为复杂,市内隐患未除……群众反映我军比苏军及国党军好,但尚存有怀疑、戒惧。工商业资本家等上层分子则组织人民军事招待处,负责我军供给,其中大部分害怕反奸清算,并表示如国党继续北上时,希望我军和平退出,不在哈市打仗。①

---

① 哈尔滨市档案局(馆)编:《哈尔滨解放:1946.4.28》,第93页。

当时饱经战争困苦的哈尔滨市民对新政权顾虑不止于此,如城市人民有着强烈的复工复产、恢复正常经济生活的诉求,并希望金融秩序、物价等方面得以稳定有序,让城市的秩序重新建立起来。而农村围绕土地展开的一套工作方法在哈尔滨不能完全适用。哈尔滨解放之初,大破大立的工作方法不利于打消群众顾虑,稳定新生政权。调解工作成为这一时期与人民群众之间的重要"黏合剂"。

城市调解工作为恢复与发展工商业、解决失业工人的生活提供了保障,有利于民主政权吸收城市工商自由资产阶级一同来反对敌伪和封建残余。正是在调解中严格遵行法治原则,哈尔滨解放区地方法院才有了大力支持和恢复城市经济的原则性依据,① 在保护民族工商业者的同时,使劳动者的生活得到保障。为了保护工人、店员阶层利益,维护劳动者的利益,保障工商业发展,哈尔滨解放区地方法院调解了大量给付报酬金、清算账目等纠纷,维护了劳动者和工商业者利益。

这一时期哈尔滨解放区的调解实践拉近了干部与解放区群众的距离,提升了司法公信力。哈尔滨解放区地方法院《对民主法院审判工作上的几点说明》中曾评价旧法院:"一提到进衙门、打官司,真够吓唬人。只要说一声'法律'就把我们老百姓吓得莫名其妙。"过去的审判机构是"保护与代表反动阶级利益的",是"镇压与统治群众的",而民主政权下的法院是"保护人民利益的"。从1947年1月6日的《哈市地方法院总结工作会议记录》可见,当时哈市很多群众认为"状纸写得漂亮,就容易打赢官司"。对此,哈尔滨地方法院明确指出:"在民主的、人民的法院不讲这一套。不在有无状纸,也不在能说会道,而在于有理

---

① 中共哈尔滨市委党史研究室编:《解放战争中的哈尔滨》,黑龙江人民出版社1991年版,第301—302页。

没有理,有证据没有证据。只要你有理有据,法院是会给你断赢官司的。"法院的这种态度打消了群众的疑虑,让群众投入更多气力在举证与讲道理上,也让调解工作变得更易被群众所接受,让群众放心坐下来"不拘形式地谈问题"。1948年哈尔滨地方法院曾总结人民法院要真的成为人民的法院,"不仅表现在他执行的法律应是人民的法律",而且表现在法官应是"与人民血肉相连的亲民之官",应是"人民法官"。大量的耐心调解结案的民事案例充分地彰显了当时地方法院的法官服务人民的初心。

此外,哈尔滨解放区的调解工作为日后解放的城市提供了一种可行的城市调解样本。哈尔滨作为全国首个解放的大城市,自1948年颁布《人民法院与区民事调解工作之联系办法》之后,便开始了人民调解制度的城市进程,此后解放的城市均对该办法中明确的三个调解原则进行借鉴和吸收。例如华北人民政府1949年2月《关于调解民间纠纷的决定》,天津人民政府1949年3月《关于调解程序暂行规程》,都明确了"自愿不得强迫""不违政府法令及善良风俗""非必经程序"等原则。

(二)支援解放战争

哈尔滨解放区地方法院通过调解工作有力地支援前线战争,城市解放区民主政权肩负着恢复生产和发展经济的任务,并以此为前线提供有力支持。哈尔滨市解放之初,物价飞涨,秩序混乱,民事纠纷多发,哈尔滨地方法院通过民事调解工作及时解决争议纠纷,维护了社会秩序,打消了城市人民群众对新政权的顾虑,也赢得了解放区群众的拥护,间接地支援了前线。哈尔滨解放区地方法院通过对劳资、婚姻、民生等案件的调解直接或间接地支援了解放战争。

早在哈尔滨地方法院接收之前,市委便针对哈尔滨市解放后的情况,提出分种公地、修住官房、打击土匪支援前线等方针,以安定社会秩序。这些方针政策的推进实施都需要法院的司法活动,特别是调解工作的保障。哈尔滨市民在城市秩序的逐渐恢复之中加深了对民主政权的信任和拥护,自发自愿地支援解放战争,为前线运送粮食、棉被、衣物等。特别是曾被禁锢于封建旧式婚姻中的广大妇女,通过哈尔滨解放区地方法院的调解工作获得自由后,积极参与了军鞋、军被等劳动生产以支援前线。如在蔡畅回国大会上,妇女代表提到过去哈尔滨的妇女多被束缚在封建传统思想里,"在民族和人民当前的斗争中是隔离的",既无勇气也无条件去支援前线、参加劳动生产,如今却可以看到"妇女做了多少惊天动地的事情"。① 此外,大量医护领域人员自发奔赴前线,为以双城为主的前线战斗奉献自己的专业力量。在调解工作之余,解放战争时期的哈尔滨解放区地方法院工作人员薪俸微薄,在此条件下,法院人员本着"能省一匹布就省一匹布"的原则,节衣缩食,优先为前线战士提供物质保障。②

（三）便利诉讼人民

哈尔滨解放区地方法院民事案件调解实践大大减轻了人民诉讼负担,提高了战时司法效率。处在解放战争时期的哈尔滨解放区地方法院,财力人力双重匮乏,法院的工作人员依然使用旧法院遗留的办公用品（包括含有伪满"康德"年号的各类表格纸张,经涂改后使用）,及时处理了大量民事纠纷。法官在调解案件时,"开庭坐好了之后,就问两

---

① 《用哈市妇女工作欢迎我们的蔡大姐》,《哈尔滨日报》1947 年 7 月 30 日。
② 参见孙光妍:《"从农村到城市":人民法院的转型实践——以哈尔滨解放区人民法院为例》。

边叫啥名字,啥事,然后就开始劝,劝不动了就休庭,叫上一边出去接着劝,实在不行了才下判决"。哈尔滨地方法院推事刘光炎曾回忆:"调解工作,第一要有爱心,豁得出时间;第二要考虑双方的情况,来打官司的,一般双方都有自己的立场和一定的道理,要考虑周全。"当时哈尔滨解放区地方法院的调解工作"能解决很多问题","让百姓都服"。除了调解实践,法院还延续了农村根据地时期免费起诉、免写诉状,当事人"口头说说"后由书记员记录等措施,让群众认识到人民法院"为了人民""便利人民",旧法院"压迫人民""刁难人民"。① 通过座谈式的调解,迅速维护群众的合法权益,在这一过程中让群众意识到司法权力就在人民手中。

"赶快了"也是这一时期哈尔滨解放区地方法院调解工作便利诉讼人民的重要体现。"赶快了"是哈尔滨解放区法院对办案效率的要求。较之判决,调解结案更能迅速结案。1948年哈尔滨市政府发布的《健全组织领导中的一些问题(草案)》指出:"城市人民反映问题很快,要求解决问题亦很快。"② 哈尔滨解放之时,司法资源非常匮乏,但大城市群众的民事纠纷亟待解决,民事案件不论数量还是复杂程度都是当时法院无法回避的问题。于是哈尔滨地方法院要求打破"形式的官僚主义的过大堂"、处理案件要"赶快了"。③ 根据《哈尔滨市地方法院1948年工作总结》,以1948年1月至3月民事案件的结案时间为例,三日内结案的案件便占该季度结案数的77%。哈尔滨地方法院"审判着重在'赶快了',未着重'分析是非,明察始末'"④ 的行为虽然让办案过程不甚规

---

① 参见黄晓云:《新中国司法界的不老松——记最高人民法院原副院长王怀安》,《中国审判》2006年第12期。
② 5-1-2,革命历史档案,哈尔滨市档案馆。
③ 同上。
④ 同上。

范,但是在当时的社会环境下,及时地解决了大量的民事纷争,稳定了社会秩序。毕竟以当时的审判人员数量来应对大量复杂的城市民事纠纷案件,若按照原来旧法院的效率审理,那么案件审结率堪忧。从群众的角度,法院受理案件后长期没有结果,会让群众怀疑法院的效率,甚至怀疑审判人员的纯洁性。长远来看,不利于安定民心、巩固政权。通过对卷宗的梳理,可看出调解结案对"赶快了"的重要作用。

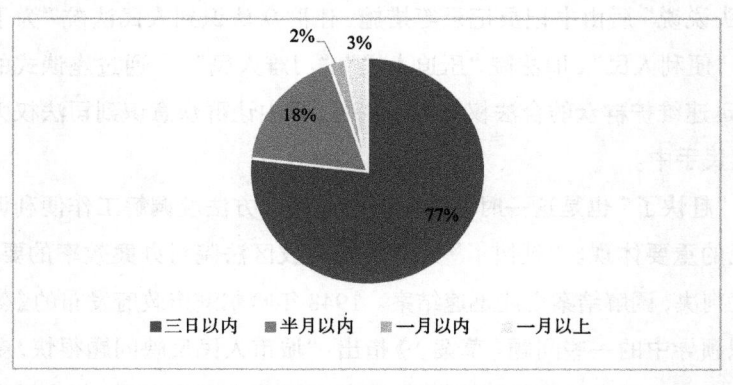

图1 1948年1—3月民事结案时间统计

(资料来源:5-1-5,革命历史档案,哈尔滨市档案馆)

从上图可见,哈尔滨解放区法院当时结案效率颇高,多为调解结案的作用。值得一提的是,为了达到"赶快了"这一快速结案效果,哈尔滨解放区地方法院的传票送达非常迅速,主要负责送达工作的人员为法警。事实上,当时法警的工作包括戒护犯人、看守犯人、送达传票等,还要依政联的规定听取推事的指示、听取外界的材料并向推事反映。[①]择一传票送达报告书如图所示:

---

① 5-1-2,革命历史档案,哈尔滨市档案馆。

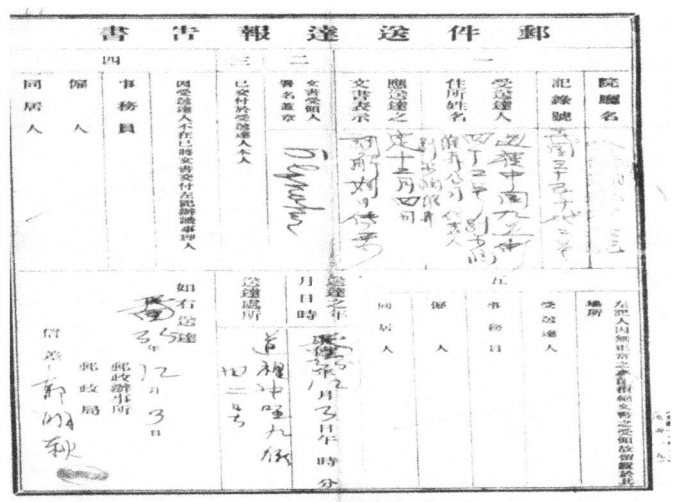

图 2 传票送达报告书(信差郝明秋是被留用人员中的一名法警)

(资料来源:54-MSG-3,哈尔滨市中级人民法院档案室)

这一时期哈尔滨解放区地方法院的调解工作提高了办案效率,解决了城市人民"要求解决问题亦很快"的问题,简化了诉讼程序,打破了人民对法院的神秘感,提高了人民群众对民主政权法院的信任,快速解决了城市解放区的各类民事纠纷,回应了哈尔滨市群众的诉求。

1946—1949 年的哈尔滨解放区地方法院开展了积极的调解探索,继承了农村根据地的优良传统并形成了颇具城市特色的调解特色,完成了调解实践从农村向城市的过渡,为此后解放的城市乃至中华人民共和国建立后的司法工作提供了宝贵经验。在调解工作中,哈尔滨解放区地方法院使"保护群众利益"成为调解工作方针,采取了一系列便民措施,打破了过去"诉讼必经调解"的旧规定,是"根据地也没有的"。[1]

---

[1] 5-1-2,革命历史档案,哈尔滨市档案馆。

此外,哈尔滨解放区法院通过"赶快了"等结案措施达到了便民、教育群众、宣传新政权下的政策法规等多重社会效果,打消了城市人民群众对新政权的顾虑,及时解决了民事纷争,维护了社会秩序,有力地支援了前线,使哈尔滨成为解放战争中稳固的后方中心城市。

马锡五审判方式的历史考察

刘 瑶[*]

摘 要 马锡五审判方式是中国共产党领导下,在抗日战争时期形成的一种特殊审判方式。这种审判方式是人民司法集体智慧的结晶,也与马锡五个人的生活经历及陕甘宁边区的政治、经济与司法环境密切相关。通过对马锡五审判方式生成过程的历史考察与分析,揭示了马锡五审判方式的精神内核:坚持原则,依法办案的政治性;从实际出发,深入群众的人民性;手续简便,修复社会关系的和谐性。虽然马锡五审判方式诞生于特定历史时期,但其精神内核对于新时代的法治建设与和谐社会构建依然具有深远的影响和借鉴价值。

关键词 陕甘宁边区 马锡五审判方式 群众路线

习近平总书记指出:"红色资源是我们党艰辛而辉煌奋斗历程的见证,是最宝贵的精神财富。红色血脉是中国共产党政治本色的集中体现,是新时代中国共产党人的精神力量源泉。"[①] 马锡五审判方式是在抗日战争时期陕甘宁边区的特殊历史环境下形成的红色司法实践,是中

---

[*] 刘瑶,新疆政法学院讲师。
① 习近平:《用好红色资源 赓续红色血脉 努力创造无愧于历史和人民的新业绩》,《人民日报》2021年10月1日第1版。

国共产党领导下的坚持群众路线的人民司法方式,承载着新中国红色司法的精神内核。1945年12月,陕甘宁边区司法工作会议在总结报告中归纳了马锡五的审判方式,并总结为三项原则,这三项原则是:"(1)深入农村,调查研究;(2)就地审判,不拘形式;(3)经过群众解决问题。这些原则,贯穿一个基本精神,就是民主。"[1] 1949年5月,在延安大学回答学生提问时,马锡五总结了他的审判方式,并将之归纳为以下几点:"就地审判,不拘形式,深入调查研究,联系群众,解决问题。"[2] 在这一审判方式中,马锡五与其他司法工作者基于陕甘宁边区的特殊历史条件和人民民主制度,深入农村、倾听群众意见、解决问题,注重实际调查研究和对案件事实的准确把握,努力使纠纷得到公正解决和修复社会关系。通过对马锡五审判方式的历史考察与再认识,可以更好地理解抗日战争时期的红色司法实践和人民司法的追求,传承红色法治基因,赓续红色法治血脉,更好地把握司法的政治效果、法律效果和社会效果的有机统一,为实现社会公平正义、维护社会稳定和推动中国的长治久安做出新的贡献。

一、马锡五审判方式的历史生成

马锡五的审判方式的产生与历史背景及其个人生活经历密切相关。贫困家庭出身的他深刻了解劳苦大众的生活艰辛,加之陕甘宁边区当时较为落后和保守,在处理案件时,马锡五会从实际出发,充分考虑人民的实际需求,尊重和顾及当地人民的习俗和观念,并以此为基础进行

---

[1] 张希坡:《马锡五与马锡五审判方式》,法律出版社2013年版,第188页。
[2] 同上书,第188页。

积极的调解和处理。他不仅关注案件本身,更关注如何维护社会和谐稳定。在处理一些典型案件的同时,马锡五也会借此对群众进行教育,借助案件的具体情况向群众传递正确的思想和观念,促进人民的思想觉悟和进步。

(一)马锡五个人生活经历①

马锡五出身贫苦农民家庭,小学毕业后,由于家庭贫困,为了谋生养家,他尝试过许多不同的职业。在他年轻的时候,他当过警察,但警察的工作未能解决他的困境,反而让他见识到社会的黑暗和不公,看到社会底层人民的苦难和无助。于是他转行做生意,希望通过自己的努力和智慧改变命运。然而,商业的道路同样坎坷曲折,马锡五在经商时期也遭受了许多挫折和失败。此后,马锡五进入旧政府工作,成为一名旧县政府的职员,但是他很快就意识到旧政府并不能真正解决社会问题,更不能满足人民的需求。他感到社会中的不公与冷漠,彻底失去了对旧社会和其统治者的信任和希望。在马锡五徘徊失望之际,机缘巧合下,他遇到了刘志丹,一位争取革命的年轻人。刘志丹以他先进的思想和坚定决心深深吸引住了马锡五。通过与刘志丹的接触和交流,马锡五逐渐认识到,只有通过革命,打破旧社会束缚在人民身上的枷锁,才能够真正改变人民的命运,给予他们希望和幸福。因此,马锡五毅然决定献身于人民解放事业,并最终于1935年光荣地加入了中国共产党。

入党后,马锡五积极参与革命运动,为推翻反动军阀与豪绅的旧政权而投身战斗,在革命斗争中他付出了巨大的努力和牺牲。他用自己

---

① 参见中共陕西省委党史研究室、陕西省中共党史人物研究会编:《中共陕西历史人物传》第4卷,陕西人民出版社2003年版,第1—11页。其中关于马锡五的早年经历,参见第2—4页。

的行动证明了一个人不仅可以改变自己的命运,也可以为他人带来改变。1937年,马锡五被委任为庆环专区的专员兼曲子县县长,其间他展现了卓越的领导才能和坚定的革命信仰,为党组织在陕甘宁边区的发展做出了重要贡献。他以深入了解和接触群众为己任,明白理论与实际相结合的重要性,积极主动走访群众、倾听他们的声音和需求,以更好地了解基层情况,并有效地制定了政策和计划。同时,他坚决完成党组织下达的任务,以极大的决心和执行力履行职责,始终贯彻群众路线的工作方式。这种坚韧不拔的工作态度赢得了党组织的高度评价。1943年,马锡五因其杰出的工作成绩被西北局评为生产英雄,毛泽东亲自为他题字:"马锡五同志一刻也离不开群众。"[①] 马锡五这一荣誉不仅是对他个人的认可,也是对他在群众工作和党组织任务方面出色表现的充分肯定。

(二)马锡五审判方式生成的社会背景

政治背景。1941年11月,陕甘宁边区政府颁布了《陕甘宁边区施政纲领》,其中第五条规定了抗日民主政权的性质和政权组织形式。这个具有宪法性质的法律文件之所以如此规定,就是为了团结一切可以团结的力量共同抗日。毛泽东在《抗日根据地的政权问题》一文中指出:"在抗日时期,我们所建立的政权的性质,是民族统一战线的。这种政权,是一切赞成抗日又赞成民主的人们的政权,是几个革命阶级联合起来对付汉奸和反动派的民主专政。"[②] 这一政权性质的明确规定是为了推动抗日斗争的深入进行。在抗日战争的背景下,中国共产党提

---

① 毛泽东:《为西北局奖励二十二位生产英雄题词》,《解放日报》1943年2月3日。
② 毛泽东:《抗日根据地的政权问题》(1940年3月6日),载中共中央文献研究室、中央档案馆编:《建党以来重要文献选编(一九二一——一九四九)》第17册,中央文献出版社2011年版,第169页。

出了构建广泛的民族统一战线,吸收各阶层人士参与抗日工作的策略。这种政权组织形式旨在巩固各方力量的团结,共同抵抗日本侵略者,同时体现对汉奸和反动派的民主专政。这意味着抗日民主政权将对这些叛徒和反动势力实行严厉的打击和限制,保障人民的权益和自由,其宗旨在于建立一套公正、民主的社会秩序,为抗日斗争提供坚实的基础。

经济背景。陕甘宁边区的地理环境和经济状况在一定程度上影响了当时的司法体制。陕甘宁边区位于黄土高原地带,干旱少雨,自然灾害频繁,这对当地居民的生活造成了极大的困难。农、牧业是当地的主要经济支柱,但由于缺乏先进的农业技术和设施,陕甘宁边区的农业生产水平相对较低。此外,陕甘宁边区的经济状况也受到国民党封锁政策的影响。抗战进入相持阶段后,国民党对边区实施了封锁,限制了边区与外界的经济交流,导致边区经济的困境进一步加剧,这使得边区面临着巨大的物质困境和压力。为了突破国民党的经济封锁,陕甘宁边区政府需要大力发展农业和经济。与此同时,陕甘宁边区的非农业生产人口急剧增加,党政机关、学校、军队等人员数量增加,吸引了大量难民和移民。到1945年,边区的难民和移民人数达到了26 6619人。[①] 而且,由于历史上的信息闭塞和经济落后,陕甘宁边区居民的思想观念相对传统和保守,因为风俗习惯和价值观念等差异导致的矛盾与纠纷时有发生,以致陕甘宁边区诉讼量的增加。在这样的背景下,从前烦琐的司法程序对于边区来说显得不太适用,因为这样的程序通常耗时长、流程烦琐,不利于快速解决矛盾和推动经济发展,陕甘宁边区需要建立一套灵活高效的司法体制,以适应边区的具体情况和发展需求。

---

① 参见陕甘宁边区财政经济史编写组编:《抗日战争时期陕甘宁边区财政经济史料摘编》第9篇《人民生活》,陕西人民出版社1981年版,第399页。

司法背景。在探讨抗日民主政权建立前的陕甘宁地区司法背景时，值得注意的是，此前该地区在国民党统治下，司法系统存在腐败现象，公众对司法公正的信任严重流失。一个典型的案例就是马锡五处理的"合水县丁、丑两家土地争议案"[①]，这个案件经历了两个不同时期的司法审判，得到了三种截然不同的裁判，但只有在抗日民主政权的司法体制下，才获得了妥善处理，得以成功解决。在抗日民主政权的司法体制下，法律和政策成为司法决策的基础，人民群众的意见得到了充分的尊重。这确保了案件的公正处理，并产生了良好的政治效果、司法效果和社会效果。在这一体制下，司法提升了公信力，恢复了公正性，增强了政权的稳定性。通过有效解决纠纷和矛盾，人民的合法权益得到保障，社会秩序得以修复。马锡五在"合水县丁、丑两家土地争议案"中的处理，体现了抗日民主政权司法体制的优势。他依据法律审判，深入群众，注重公平正义，尊重人民的利益和权益，增强了人民群众对司法公正与保护的感知和对司法机构的信任。

二、马锡五审判方式的精神内核

马锡五审判方式的精神内核表征为依法办案的政治性、深入群众的人民性与修复社会关系的和谐性。马锡五在担任陇东分庭庭长期间，通过深入农村、调查研究、联系群众等方式贯彻了群众路线。他注重解决群众的实际问题与修复社会关系。马锡五审判方式以其独特的思想与操作方式，深受边区干部和群众的拥护与支持。

---

① 参见张希坡：《马锡五与马锡五审判方式》，第180—181页。

（一）坚持原则，依法办案的政治性

政治性是马锡五审判方式的根本遵循。陕甘宁边区司法工作的政治性可追溯到中国共产党在抗日战争时期的政治目标。这个时期，中国面临着外部侵略和内部动荡，陕甘宁边区成为中国共产党政权建设的重要一部分。在这种情况下，司法工作的目标不仅是维护法律秩序，还必须与革命事业相一致，确保党的政治目标的实现。① 马锡五的审判方式始终服务于革命事业，表现出了明确的政治性。在具体的司法审判过程中，马锡五能够以人民为中心，坚持原则，依法处理案件。在"华池县封捧儿与张柏的婚姻上诉案"中，马锡五和石静山对案件进行了细致的调查。他们深入了解了封彦贵屡次贩卖女儿的行为，以及张金才等人纠众"抢亲"的具体情况，并对封捧儿是否自愿与张柏结婚进行了分析。经过周密的调查，马锡五认定封捧儿与张柏的婚姻是出于双方自愿，并未受到压迫或强制包办的影响，据此推翻了华池县司法处先前作出的婚姻无效裁决，确立了封捧儿与张柏婚姻的自主有效性。同时，马锡五对封彦贵的买卖婚姻行为和张金才等人的"抢亲"行为进行了法律惩处，展现了其对法治原则的坚持和依法办案的立场。② 在司法实践中，马锡五始终遵循党的领导原则，这一原则在中国共产党的领导下，成为陕甘宁边区司法工作的核心。他的案件处理不仅考虑了法律条文，还综合考虑了案件的政治背景，确保了司法判决与党的政策和革命事业的整体方向保持一致。马锡五的审判方式显著体现了以人民为中心的理念，这一理念贯穿于中国共产党的核心理念之中。在处理

---

① 参见梁久军：《马锡五审判方式在新时代的承继与创新——以人民法庭建设为视角》，《山东法官培训学院学报》2021年第2期。
② 参见张希坡：《马锡五与马锡五审判方式》，第174—177页。

案件时,他注重查实案件事实,特别是在婚姻案件中,关心是否存在压迫和强制包办的情况,以及人民权益是否受到侵害。这种做法增强了陕甘宁边区人民对司法工作的信任感。马锡五的审判还严格遵循依法办案的原则。通过对案件的详细调查,他判断婚姻是否自愿且符合法律规定,这种坚守法律原则的做法保障了司法工作的合法性和公正性。在案件判决中,马锡五同样体现了审判的政治性特征。他对封彦贵等人的判决表明了其对包办婚姻的坚决反对,与党的政策相吻合,对张金才等人的判决则反映了对社会治安的重视,符合革命时期维护社会秩序的迫切需求。

(二)从实际出发,深入群众的人民性

从实际出发,深入基层群众进行细致调查研究、不凭空下结论是马锡五审判方式的主要思想路线。马锡五审判方式注重对案件事实的调查和研究,他以基层群众为出发点,深入案件发生的地区,亲自了解案件的背景、涉及的人民群众的生活状况以及社会环境等,以更好地理解案件的全貌,特别是在刑事案件中避免因刑讯逼供造成冤假错案。在1945年的时候,陕甘宁边区的一些刑事案件处理中依然存在刑讯逼供的情况,"刑讯的主要原因除了习惯的惯性之外主要有两方面:一是由于缺乏仔细的实地调查研究,另一方面是边区专业化程度低侦查技术缺乏,从而导致对口供的依赖性增大"[①]。马锡五深刻认识到这一问题的存在,并意识到仅凭口供和表面证据很容易导致错误的判决和冤假错案的发生。因此,他坚持从实际出发,深入基层群众进行细致调查研究,以确保审判的准确性和公正性。在实际的司法工作中,马锡五通过

---

① 李娟:《马锡五审判方式产生的背景分析》,《法律科学(西北政法学院学报)》2008年第2期。

深入案件发生地区,亲自与当事人和目击者交流,了解案件的背景、细节及其社会背景等。他不依赖口供,而是通过详细的调查,获取更准确和全面的证据。例如,在"曲子县苏发云兄弟谋财杀人嫌疑案"[①]中,马锡五得知在认定苏发云兄弟为嫌疑犯之前,曲子县司法处仅仅凭借被害人与苏发云同行和在苏发云家发现血迹等表面证据,就将苏发云兄弟关押了一年之久。马锡五多次深入当地进行调查研究,最终排除了苏发云兄弟的嫌疑,找到了真正的杀人凶手。通过这种实地调查和深入人民群众了解案情的做法,使得马锡五能够获取更准确和全面的证据,避免了错误的判决和冤假错案的发生。这种审判方式有效地保障了被告人的权益,既维护了司法公正,也增加了人民群众对司法机关的信任。

(三)手续简便,修复社会关系的和谐性

坚持群众路线,简化司法手续,审调结合,便利群众,从诉讼源头解决问题,修复社会关系是马锡五审判方式的主要宗旨。为了更好践行群众路线,陕甘宁边区政府和司法系统采用巡回法庭的方式就地审判,体察了群众的疾苦,并简化了诉讼程序,减少了诉讼花费,这一举措得到了人民群众的认同。[②]作为一种灵活的审判方式,巡回法庭能够将司法服务移动到离法院所在地较远的地区,就地开庭审理案件这种方式更贴近基层群众,减少了他们前往司法机关的时间和经济成本,也避免了长途奔波给生产、生活带来的困扰。通过巡回法庭的实施,司法机关能够更好地了解和解决群众的实际问题,简化了诉讼程序和减少了人

---

① 参见张希坡:《马锡五与马锡五审判方式》,第177—178页。
② 闫斌:《论马锡五审判方式中的法律合法性思想》,《太原师范学院学报(社会科学版)》2015年第1期。

民群众的花费,增强了司法的公正性和效率。这一做法在当时的历史背景下,为解决边区司法工作的特殊问题和满足群众的诉讼需求提供了切实有效的措施,对于促进革命事业的发展和维护社会稳定起到了积极的作用。马锡五在巡回法庭的基础之上,进一步深入群众,简化手续,他从纠纷源头出发,做到调审结合,以修复当事人双方社会关系为宗旨,保证了在边区这个特殊的历史环境下,社会关系被战争和敌人的侵略所破坏。马锡五深知修复社会关系的重要性,所以他在审判过程中着力调解纠纷,促使当事人和解,重建社会关系。他的审判方式注重案件的调解,以和解与和谐为目标,旨在为社会的稳定和发展创造良好的环境。例如在"合水县王治宽企图霸占王统一的场院案"中,王治宽经过马锡五的批评教育,深刻认识到自己霸占王统一场院的错误,最终王治宽给王统一"装烟赔礼",修复了王治宽与王统一之间的关系,双方达成和解并结案。[①]

三、结语

马锡五审判方式作为抗日战争时期陕甘宁边区司法实践的重要成果,其形成与马锡五的个人经历及时代背景紧密相连,展现了特定历史条件下中国共产党人法治理念的实践探索。虽然马锡五审判方式有其时代局限性,但其精神内核在当今法治社会建设进程中仍具有深远的启示作用。学习借鉴马锡五审判方式能够传承红色法治的基因,延续红色法治的血脉,弘扬共产党人的法治精神谱系。红色法治代表了中国共产党在革命时期对法治观念的独特贡献,强调以人民为中心,注重

---

① 张希坡:《马锡五与马锡五审判方式》,第 178 页。

社会公平和正义,彰显了红色法治的核心价值。通过深入研究并运用马锡五审判方式,可以更好地理解和传承这一红色法治的精神,将其融入当代法治建设的实践。同时,马锡五审判方式的核心原则强调公正、高效解决案件,保障人民合法权益。这可以更好地把握诉讼的本质目标,即迅速且公平地解决争议和冲突,维护社会秩序。在今天,公正高效的司法体系仍然是法治建设的核心要求。借鉴马锡五审判方式的理念,能够为维护人民权益提供高效、公正的司法保障,也延续了红色法治的法治传统。马锡五审判方式强调在解决案件过程中注重修复社会关系。在审判中,仅仅解决当事人之间的争议是不够的,还应该考虑如何使各方当事人和社会关系得到修复与协调。这需要突出审判的社会功能,强调司法在维护社会稳定与和谐中的重要作用。在新时代,随着社会发展和人民需求的变化,法治建设必须与时俱进,适应新的需求,在司法审判过程中应更加注重审判的人性化、智能化与高效化,通过运用现代科技手段改善司法服务,提高司法质效,更好地满足人民群众对于公正司法的期待,进而构建更加公正、高效、便民的司法体系,实现社会治理和谐稳定的目标。

图书在版编目（CIP）数据

近代化与法治改革 / 张生主编. -- 北京：商务印书馆，2025. -- ISBN 978-7-100-25500-4

I . D929.5

中国国家版本馆 CIP 数据核字第 202558PG29 号

权利保留，侵权必究。

近代化与法治改革
张生　主编

商　务　印　书　馆　出　版
（北京王府井大街36号　邮政编码100710）
商　务　印　书　馆　发　行
北京虎彩文化传播有限公司印刷
ISBN 978-7-100-25500-4

| 2025 年 8 月第 1 版 | 开本 880×1240 1/32 |
| 2025 年 8 月第 1 次印刷 | 印张 9 |

定价：76.00 元